羊城学术文库·政法社会教育系列

中小学公民教育政策

变迁与展望

Citizenship education policy of primary and secondary schools: changes and prospect

黄晓婷 著

社会科学文献出版社
SOCIAL SCIENCES ACADEMIC PRESS (CHINA)

“羊城学术文库”
总　序

学术文化作为文化的一个门类，它是其他文化的核心、灵魂和根基。纵观国际上的知名城市，大多离不开发达的学术文化的支撑——高等院校众多；科研机构林立；学术成果丰厚；学术人才济济，有的还产生了特有的学术派别，对所在城市乃至世界的发展都产生了重要的影响。学术文化的主要价值在于其社会价值、人文价值和精神价值，学术文化对于推动社会进步，提高人的素质，提升社会文明水平具有重要的意义和影响。但是，学术文化难以产生直接的经济效益，因此发展学术文化主要靠政府的资助和社会的支持。

广州作为岭南文化的中心地，以其得天独厚的地理环境和人文环境，其文化博采众家之长，汲中原之精萃，纳四海之新风，内涵丰富，特色鲜明，独树一帜，在中华文化之林中占有重要的地位。改革开放以来，广州成为我国改革开放的试验区和前沿地，岭南文化也以一种崭新的姿态出现在世人面前，新思想、新观念、新理论层出不穷。我国改革开放的许多理论和经验就出自岭南，特别是广州。

在广州建设国家中心城市，培育世界文化名城的新的历史进程中，在“文化论输赢”的城市未来发展竞争中，需要学术文化发挥应有的重要作用。为推动广州的文化特别是学术文化的繁荣发展，广州市社会科学界联合会组织出版了《羊城学术文库》。

《羊城学术文库》是资助广州地区社会科学工作者的理论性学术著作出版的一个系列出版项目，每年都将通过作者申报和专家评审程序出版若干部优秀学术著作。《羊城学术文库》的著作涵盖整个人文社会科学，将按内容分为经济与管理类，文史哲类，政治、法律、社会、教育及其他等三个系列，要求进入文库的学术著作具有较高的学术品位，以期通过我们持之以恒的组织出版，将《羊城学术文库》打造成既在学界有一定影响力的学术品牌，推动广州地区学术文化的繁荣发展，也能为广州增强文化软实力、培育世界文化名城发挥社会科学界的积极作用。

广州市社会科学界联合会

2012 年 5 月

摘 要

我国现代化建设引发了深刻的社会转型。传统社会向现代社会过渡是一项艰巨的历史使命，它内在地要求公民意识、公民道德和公民理性健全地发展，使公民社会尽快得到发育，社会形成自我调节的良性发展机制。然而，公民资质不是自然形成的，需要通过教育来养成。实现公民教育不仅是教育理想，也是政治理想。当前，在我国学校教育中，以政治思想和道德教育为核心的公民教育无法有效实现培养现代公民的目标。我国社会转型期寄希望于通过中小学公民教育培养健全的公民，公民教育政策创新已成为政府无法回避的话题。

公民教育政策是政府、执政党或其他社会公共权威部门，在一定历史时期，为开展公民教育、养成公民基本价值观、传授公民知识与技能、培养社会合格公民所制定的行动准则。公民教育政策对公民教育具有管制、引导、调控、分配的功能。从公共政策构成要素的角度看，公民教育政策的价值取向、政策目标、政策内容、实施途径和保障措施构成了公民教育政策的五个基本要素，它们决定了学校教育中公民教育的理念、目标、内容、方法和效果，并构成了本研究剖析社会转型期我国公民教育政策变迁、建构与改进的基本分析维度。

改革开放以来，我国中小学公民教育政策历经演变，在政策目标、内容和实施方面呈现出明显的阶段性特征：在恢复重建期，政策目标定位于培养有觉悟的劳动者，以思想政治和道德教育为主；在加快发展期，政策提出了“四有公民”的培养目标，初步建立了德育政策体系；在调整充实期，政策价值取向重新强化了意识形态政治要求，转为培养“社会主义事业的建设者与接班人”；在提升推进期，政策提出了素质教育的价值取向，正式设置公民教育知识课程，并将心理健康教育、环境教育、科学教育等纳入公民教育范畴；在扩展丰富期，政策突破性地提出了“合格公民”的培养目标，并将人权教育、公共安全教育纳入中小学公民教育课程。经过 30 多年的变迁，我国中小学公民教育政策价值取向日益重视学生的主体性，政策目标定位逐步切合我国经济、社会发展的现实需要，政策变迁层面逐步从外围层深入中间层，政策实施方式逐步从以课堂教学为主，转向课堂教学、学科渗透与实践活动并重，政策保障措施逐步从完全依靠学校，转向全社会共同参与。在肯定我国中小学公民教育政策取得了长足进步的基础上，也应看到当前公民教育政策仍存在诸多局限，例如政策对中小学生的政治要求超越了其认知水平；政策目标培养功能单一，未能体现立体的现代公民角色；政策内容零散、重复，缺乏系统思考和有效整合；政策变迁停留在表浅层面未触及公民培养的核心理念等。依附观念浓厚的人治思想、培养圣人的儒家文化、政策评估机制欠缺、政策变迁存在路径依赖等是造成以上政策缺失的主要原因。

对国内 6 个城市学校公民教育政策实施的调查表明，当前学校公民教育政策实践中仍存在以下问题：中小学公民教育政策的制定未能让教师和家长参与，政策的学科类课程内容与现实生活脱节，活动性课程无法充分开展，教师的教育理念、教学方法离实施公民教育的要求有差距。究其原因，政策制定“内输入”为主削弱了政策的民主性、科学性，政策实施未得到应有的重视和支持，部分教师不具备开展公民教育的知识和技能，政策实施所需的公民文化缺失等影响了政策实施的效果。国际比较研究表明，美国、英国、日本三国均重视公民教育政策的制定与实施，政策内容勾勒了完善的现代公民教育体系，政策制定过程发动全社会广泛参与，并将全球教育作为政策的重要组成部分。

要使我国中小学公民教育政策切合社会转型的需要，我国政府就要克服政策变迁的路径依赖，采取将政策变迁推进到政策核心层的方式推进政策创新。首先，分层设置公民教育政策价值取向，从最基本的培养具有爱国精神、守法意识和基本道德的国家公民，到培养具有参与意识、理性精神和合作能力的社会公民，进而培养具有宽容精神、全球意识和多元文化理念的全球公民。其次，完善中小学公民教育政策体系。采取体现公民教育核心理念的政策价值取向，设置有利于学生公民资质形成的政策目标，围绕公民知识、公民能力和公民德行安排课程，以学科渗透、校园文化、网络技术等多渠道推进政策实施，依靠师资队伍建设、管理制度完善和公民文化培育等提供政策保障。最后，全面创新我国中小学公民教育政策构成要素。将政策价值取向从培养服从性人格转向孕育健全独立人格；政策培养目标从国家公民扩展至多维立体的公民；政策内容从以德育为主转为以培养公民为主线的全方位教育；政策实施从德目主义教育模式转为综合教育模式；政策保障以教师队伍专业发展和全社会公民文化培育为重点。

社会转型是一个长期追求的目标，公民教育政策创新也非一朝一夕能成功。在公民文化相对缺乏的环境下，我国中小学公民教育政策改进将会面临各种困难和压力，公民教育政策创新能够顺利推进，政府的决心和意志起着至关重要的作用。

关键词： 社会转型　公民教育　公民教育政策　公共政策分析

Abstract

China's modernization led to the rapid and profound social transformation. The transition from traditional society to modern society is an arduous historical mission. It inherently requires the sound development of the citizenship and civil society. However, citizenship is not natural formation of humanity, it is developed through education. In our schools, civic education practice is weak. With the political, ideological and moral education as the core, our civic education can not effectively achieve the goal of cultivating modern citizens. Civil education is not only an educational ideal, but also a political ideal. The lagging behind of our civic education to some extent rooted in the flaws of civic education policy.

Civil education policies are the guidelines developed by the government, the ruling party and other public authorities, in a certain historical period, to conduct civic education, to develop basic civil values, to teach civic knowledge and civic skills, aiming at training qualified citizen of community. Civil education policies have the functions to guide and control civic education. Values of education policy stipulates the concept of civic education, training objectives specify the policy task of civic education, content of the policy frames the civic education curriculum, implementation of the policy decides the ways and means of civic education, security measures influence the policy effects of civic education.

Since the Reform and Opening up, elementary and middle schools' civic education policies of China have experienced changes. In the stage of reconstruction, civic education policy aimed at training workers with socialist consciousness. It conducted the basic knowledge of political and moral education. In the stage of acceleration, policy on civic education established the goal of training citizens with "ideals, morality, culture and discipline", and initially formed moral education policy system. In the stage of adjustment, civic education policy gave top priority to political orientation. The training objective adjusted to "builders and successors of socialist career of China". In the stage of promotion, policies on civic education required to carry out quality education and formally set civics courses, with mental health education, legal education, science education and environmental education as important parts. In the stage of extension, moral training objective was revised to "qualified citizens", with human rights education, public safety education included in civic education.

Elementary and middle schools' civic education policies of China in transformation reflect progressive trends. Policy values-orientations emphasized the subjectivity in student. Policy targets gradually meet the practical needs of economic and social development. Policy changes gradually shift from the outer layer deep into the middle layer. Implementation of the policy turned from only relying on the classroom teaching, to both academic and practical activities infiltration. Policies security measures gradually turned from entirely relying on school to participation of the whole society.

There are also a number of shortcomings in the elementary and middle schools' civic education policies of China. The political requirements are too high for the young students. Policy objective is limited and can not reflect the three-dimensional character of modern citizen. Policy content lacks of effective integration. Policy changes did not reach the core concept of civic education. The rule-by-leader thought, Confucian sage tradition, the lack of the evaluation mechanism, and the existence of path dependence all reasons of policies' defects.

In our survey of policy implementation of Nanjing, Guangzhou, Wuhan, Hefei, Xi'an, and Kunming, it shows some deficiencies of implementation of civic education policy, such as policy makers did not involve in teachers and parents, academic courses are out of touch with reality, activity curriculum can not be fully carried out, the educational philosophy, teaching methods of teachers are to be improved, and so on. The main reasons include, "insiders input" policy-making model weakens the democratic and scientific character of the policies; implementation of the policy does not receive due attention and support; some teachers do not have the knowledge and skills of civic education; the lack of civic culture that needed by the policy implementation reduced the consequences of policy.

The comparative study shows that, the United States, the Unite Kingdom, and Japan all emphasize civic education policy formulation and implementation; the content of their policy outlines a complete system of modern civic education; civic education policy-making process involved in the whole society; global education is regarded as an important part of policy content.

To improve elementary and middle schools' civic education policies of China, policies should raise the national citizen who is patriotic, obeying the law and of the cardinal virtues; the social citizen who has the civic consciousness, radical spirits and ability of participation in public life; the world citizen who has the tolerant spirit, global consciousness and the multicultural idea, and to strengthen the consciousness of the citizen to be equal in status and power-and-responsibility's equality. Policy system should manifest the core idea of the civic education, the policy goal should aim at forming citizen characteristics; the content of the policy should include citizen knowledge, skills and virtues; policies should be implemented by disciplines, campus culture, networking and other channels; policies implements should depend upon the teachers troop construction, management system formulation and the citizen culture cultivation. The elementary and middle schools' civic education policies in the social transformation period of our country should value the orientation of raising independent personality, raise thee-dimensional citizen. The policy content should construct the modern civic education system. The policy implementation should deepen teaching instruction reforms and carry out social practice. The policy safeguard should emphasize the teachers professional development and civic culture cultivation.

Social reforming is a long-term pursue goal, the civic education policy's innovation also by no means can be realized in short time. Under the environment that lack of citizen culture, the civic education policy's reform and the advancement are going to face all kinds of difficulties and pressure. It needs diligent work, and its success depends on government's determination and the will.

Key Words: Social Transformation; Civil Education; Civil Education Policy; Policy Analysis

目录

CONTENTS

第一章 引论…………………………………………………………… 001
一 研究背景………………………………………………………… 001
二 概念界定………………………………………………………… 006
三 相关研究综述…………………………………………………… 019
四 研究目的、范围、对象与价值………………………………… 041
五 研究内容与方法………………………………………………… 042

第二章 公民、公民教育、公民教育政策与社会转型………… 045
一 公民、公民教育与公民教育政策……………………………… 045
二 我国社会转型与公民教育的实施……………………………… 070
三 社会转型期我国公民教育政策的结构性要素………………… 082

第三章 转型期我国中小学公民教育政策变迁的阶段性特征………………………………………………………… 093
一 恢复重建期的阶段性特征（1976～1982年） ………… 094
二 加快发展期的阶段性特征（1982～1989年） ………… 100
三 调整充实期的阶段性特征（1989～1995年） ………… 108
四 提升推进期的阶段性特征（1996～2003年） ………… 121
五 扩展丰富期的阶段性特征（2003年至今） …………… 137

第四章　转型期我国中小学公民教育政策变迁动向、缺陷与成因 …… 157
一　转型期我国中小学公民教育政策变迁的基本动向 …… 157
二　转型期我国中小学公民教育政策变迁的若干缺陷 …… 169
三　转型期我国中小学公民教育政策变迁缺陷的主要原因 …… 179

第五章　我国中小学公民教育政策实施实证研究 …… 184
一　我国中小学公民教育政策实施问卷调查 …… 184
二　我国中小学公民教育政策实施随机访谈 …… 193
三　我国中小学公民教育项目实施的多案例分析 …… 199
四　我国中小学公民教育政策过程中存在问题分析 …… 204
五　我国中小学公民教育政策实施存在问题的原因 …… 208

第六章　中小学公民教育政策的比较与借鉴
——以美国、英国、日本为例 …… 213
一　美国、英国、日本中小学公民教育政策简况 …… 213
二　美国、英国、日本中小学公民教育政策的目标与内容 …… 222
三　美国、英国、日本中小学公民教育政策的实施 …… 231
四　美国、英国、日本中小学公民教育政策的新动向 …… 238
五　美国、英国、日本中小学公民教育政策存在的问题 …… 240
六　美国、英国、日本中小学公民教育政策的共同特点与趋势 …… 244

第七章　转型社会我国中小学公民教育政策改进路径 …… 251
一　转型社会中小学公民教育政策价值导向调整 …… 251

二　转型社会中小学公民教育政策文本要素确定 …………… 267
三　转型社会中小学公民教育政策实施改进 ………………… 291

第八章　结语 ……………………………………………… 311

附　录 ………………………………………………………… 314
一　社会转型期我国中小学公民教育相关政策目录 ………… 314
二　社会转型期我国中小学公民教育政策问卷调查（家长问卷） …………………………………………… 321
三　社会转型期我国中小学公民教育政策问卷调查（教师问卷） …………………………………………… 325

参考文献 ……………………………………………………… 330

后　记 ………………………………………………………… 350

第一章
引　论

一　研究背景

（一）现代化建设引发深刻的社会转型

现代化作为世界性的历史过程，是指人类社会从工业革命以来所经历的急剧变革，这一变革以工业化为推动力，导致传统农业社会向现代工业社会的全球性大转变。它使工业主义渗透到经济、政治、文化、思想各个领域，引起深刻的相应变化。① 依据现代化建设的基本进程，社会转型期大致分为四个阶段：以经济改革为主体的阶段、以社会改革为主体的阶段、以政治改革为主体的阶段和以文化改革为主体的阶段。无论是以经济建设或社会建设为主体的改革，还是以政治建设为主体的改革，只有最终培育出现代的文化，并内化成人们的思想、意识，社会转型才算真正完成。② 从传统社会向现代社会转变，在人类历史上具有划时代的意义，由此所造成的社会转型，无疑也是人类历史上最深刻、最剧烈的。尽管不同国

① 罗荣渠：《现代化新论》［M］，北京大学出版社，1993，第 8 ~ 17 页。

② 严振书：《对中国社会转型四个阶段的分析与思考》［EB/OL］，http：//www. sociologyol. org/yanjiubankuai/fenleisuoyin/fenzhishehuixue/zhengzhishehuixue/2011 - 02 - 24/2011 - 03 - 07。

家和民族的历史、文化、社会发育程度有所不同，但从以自然经济为基础、人的依赖关系为特征的传统社会向以商品—市场经济为基础、人的独立性为特征的现代社会转变则是任何国家和民族共同的历史走向。世界历史上，18 世纪英国工业革命之后，西方国家就开始了社会转型的过程。而古老的中国，由于国际、国内诸多复杂的因素，没能跟上世界的步伐，所以近代中国一直是个落后的农业国。新中国成立后实现了民族独立，但现代化建设进程缓慢。20 世纪 70 年代末，我们放眼世界，重新审视自己，最终选择了改革开放之路，直到这时候，中国才进入了真正意义上的社会转型时期。30 多年来，中国经济取得了飞速的发展，国际竞争力也随着综合国力的增强而越来越强，但是中国要想跻身世界发达国家的行列，还有很长的路要走。要想走稳走好这段路，加速社会转型是必然选择。并且，从社会发展的指标看，我国正处在人均 GDP 1000 美元向 3000 美元过渡的时期，也是加速转型的关键时期。这个时期恰恰是我国社会发展“三步走”战略第二步中的第一个阶段，即由总体小康向全面小康迈进的阶段。世界各国的发展经验表明，这个阶段既是“黄金发展期”，带来的是机遇，也是“矛盾凸显期”，面临的是风险①。事实证明，不转型，我们将会落后于世界的现代化进程；转型，则必然产生矛盾和问题。只有积极应对，我们才能在社会转型期妥善处理矛盾、解决问题、抓住发展机遇，顺利实现社会主义现代化。

（二）社会转型需要公民教育作支撑

现代社会的典型特征是公民社会。它反对国家对公民社会内部事务的随意干涉，要求从法律上划定国家权力和国家行动的边界，确保公民社会与国家的分离，使公民社会成为一个真正自主的领

① 谭运莲：《浅议社会转型》［EB/OL］，http：//www.14edu.com/shehuixue/0512319152010_2.html.2010-05-12/2010-10-03。

域；鼓励公民参与国家政治生活和社会公共事务，倡导公民个人或公民社会组织以多种方式积极参与社会公共生活；强调人的尊严、人的基本权利，以及人性尊严和基本权利的平等性，认为国家和公民社会都应以保护和增进公民权利和利益为旨归。[①] 因此，只有当国家的权力被限制在法定范围内；公民社会组织以谋取公共利益和提供公共服务为目标，以自愿、民间的形式组成，在运行、管理、财政上都在相当程度上独立于政府；公众在公共领域能通过合理交往形成公共意志和公共观点（公共舆论），开展自由的、理性的、开放的和批判性的讨论；形成以契约精神为基础，以公民精神或公民性为集中体现的，包括志愿精神、人本精神、法治精神和自治精神的公民文化，这个社会才能称为真正的现代社会。否则，即使引进了先进的技术、制度和观念，也不会有可持续的和长期稳定的经济增长和社会变化。[②] 也就是说，人的现代化是现代社会产生的核心与关键。没有现代公民，就没有现代社会。[③] 在任何国家和地区，人的现代化都是社会现代化的基本要素，只有一国国民从思想到行为都发生转变，形成独立自主的健全人格，才能推动整个社会政治、经济、文化等各个领域发生变化，从而使传统社会顺利转型进入现代社会。纵观世界，发达国家对公民意识的培养以及对公民教育的关注，与国家的现代化进程是基本同步的。现代公民意识产生于现代化的进程中；反过来，现代公民意识和公民素质的高低对社会现代化进程起着不可忽视的促进作用。可以说，现代化的实现，传统社会向现代社会的成功转型是以现代公民的培养为基础的。公民教育不但是时代的需要，也是历史的必然。

---

① 《什么是公民社会》[EB/OL]，http://baike.baidu.com/view/660324.htm. 2010-06-23/2010-10-03。

② 〔美〕西里尔·E. 布莱尔编《比较现代化》[M]，杨豫等译，上海译文出版社，1998，第15页。

③ 罗谟鸿等：《当代中国社会转型研究》[M]，西南师范大学出版社，2007，第81页。

（三）我国中小学公民教育未能满足社会转型需求

中小学阶段是青少年成长的主要阶段。青少年正处于社会化的关键时期，世界观、人生观、价值观尚未定型，理性选择能力和是非辨别能力有待提升，在道德发展、价值选择和人生取向方面都面临着多元选择，对如何履行合格公民的权利和义务没有十分明确的认识。他们需要在教育者的指导下，学会自我判断、自我抉择和自我成长，不断发展和完善自身的主观能动性。研究显示，青少年时期是公民养成的重要时期。斯坦福大学青少年中心主任威廉·戴蒙（William Damon）指出，人生的重要态度与倾向是从青少年期开始发展，倘若这一时期未能培养起公民精神，以后也很难培养起来。[①] 美国国家社会科学协会（National Council for the Social Studies，简称 NCSS）也指出，中学阶段是青少年批判思考能力及问题解决倾向快速发展的关键期，这一阶段的青少年不仅适逢个人认同与目标建立的时期，更是探讨个人对所属社群相互依赖与厘清角色的重要时期。因此，中小学阶段的学习经验应该帮助学生获得成为有效公民的各种能力。[②]

改革开放以来，以 1979 年 9 月 5 日教育部发布《全国中小学思想政治教育工作座谈会纪要》为起点，我国陆续出台了一系列关涉公民培养的重要政策，如《中共中央关于社会主义精神文明建设指导方针的决议》《爱国主义教育实施纲要》《公民道德建设实施纲要》等。根据 1985 年国家教育委员会下发的《关于落实中学思想政治课改革实验的通知》，我国部分初中曾开设《公民》课。1986 年在《中共中央关于社会主义精神文明建设指导方针的

---

① 刘秀嫚、张秀雄、张佩雯：《公民行动取向的社会科课程发展与教学研究》[A]，张秀雄、邓毓浩主编《多元文化与民主公民教育》[C]，台北：公民与道德教育学会，2006。

② National Council for the Social Studies. *Social Studies in the Middle School* [J], Social Education (55): 292 - 293.

决议》中首次提出："社会主义精神文明建设的根本任务，是适应社会主义现代化建设的需要，培育有理想、有道德、有文化、有纪律的社会主义公民"。从"公民"培养目标的提出至今已 20 多年，当年的中小学生已经成长为青壮年公民。然而，日常生活中公民意识缺失的案例仍比比皆是，我国公民的基本素养明显落后于现代化建设的步伐。这使人们不得不反思我国中小学公民教育政策长期以来存在的问题与不足。

（四）我国中小学公民教育政策亟须改进

与现代化进程相伴相生的公民文化和公民教育在西方国家有一个自然生长和逐步完善的过程。原生型的现代民主国家都有着悠久的公民文化传统，并深深地植根于当代人的思维方式与行为模式中。公民教育是西方国家学校教育、社会教育中约定俗成的内容，并对公民文化的形成起着潜移默化的作用。公民文化孕育了公民教育，公民教育延续和滋养了公民文化。中国是一个"后发型"的现代国家，长达千年之久的封建统治通过世代相传留给后人的是具有浓厚封建色彩的文化传统。现代公民文化从以农业文明为基石的传统政治那里无法找到自己存在和壮大的根基。新中国成立后，在大规模政治动员的状态下，公民文化的意义被历史曲解了，或者说，公民文化发展极不正常，它以超乎热情的参与损害了民主的实质。政治思维取代了法律思维，权力立场取代了权利立场，中央集权取代了自主发展。虽然建立了公民身份与"公民"话语体系，但只停留在法理的成分上，无法构成社会运动的非制度性动力。①在 20 世纪上半叶，我国也曾有过短暂的公民教育实践，但它最终未能理想地发展。改革开放后，随着社会主义现代化建设的不断深入，我国公民教育政策得到了明显丰富，公民的概念逐步在党代会

① 陶建钟：《公民身份、公民文化与公民教育》［J］，《浙江学刊》2009 年第 3 期，第 18 ~ 21 页。

报告、政府文件中渐次出现。进入21世纪，《公民道德建设纲要》等公民教育政策文件的颁布使我国公民教育受到前所未有的重视。虽然我国培养公民的政策文件数量众多，但总体而言，我国中小学公民教育政策以德育政策为主体，各项政策的要求是零散的、单一的，缺乏系统的公民教育政策。国家对中小学培养社会主义公民的政策要求散见于国家法律、党代会报告、基本教育政策、德育政策、科学教育政策，以及环境教育政策当中。以培养“有理想、有道德、有文化、有纪律的社会主义公民”为目标，以政治教育、道德教育为主要内容的公民教育政策不能满足社会转型的现实需求。我国正在加速向现代化国家转型，如果不能及时地调整公民教育政策，培育人格独立、德行良好、知识渊博、积极参与、权责一致的公民，那么，我国公民教育的缺陷将成为制约社会顺利转型的重要因素。

二　概念界定

（一）社会转型

社会转型的范畴来自西方社会学的现代化理论。“社会转型”是英文“social transformation”一词的解释，是对生物学“transformation”概念的转用。在生物学中，“转型”是指生物界物种间的变异。西方社会学家借用这个概念来描述社会结构具有进化意义的转换和性变，说明传统社会向现代社会的转换。台湾社会学家范明哲在其《社会发展理论》一书中，把“social transformation”直接译为“社会转型”，并认为“发展就是由传统社会走向现代化社会的一种社会转型与成长过程”。[1]

① 胡瑞琴、俞祖华：《近代中国社会转型问题研究综述》，《青岛大学师范学院学报》2006年第3期。

关于“社会转型”的含义，在我国社会学学者的论述中，主要有三方面的理解：一是指社会制度变迁，即社会政治、经济等制度发生替代、转换的过程，其中制度创新扮演着重要的承前启后的角色，它所留下的便是制度变迁与创新的路径或轨迹。[①] 二是指社会结构变动，认为“社会转型”意指社会从传统型向现代型的转变，或者说由传统社会向现代社会转型的过程，即从农业的、乡村的、封闭的或半封闭的传统社会，向工业的、城镇的、开放的现代型社会的转型，着重强调的是社会结构的转型。在这个意义上，它和社会现代化是重合的，几乎是同义的。[②] 三是指社会形态变迁，指“中国社会从传统社会向现代社会、从农业社会向工业社会、从封闭性社会向开放性社会的社会变迁和发展”。[③] 本书中，社会转型是指社会从传统型向现代型转变的过程，是社会的结构性变革和整体性发展，它既包括经济基础的变革，也包括上层建筑的调整，通过确定新的社会经济秩序，整合社会资源，推动社会经济结构、政治结构、社会结构和文化结构的整体性变迁。

（二）公民

1. “公民”的内涵与本质

公民作为一个词汇（citizen），起源于法语“citoyen”，而法语citoyen，又起源于拉丁语“civitas”，原意为国家、城邦，或者说一个人类的定居点。《辞海》对于公民的定义是“具有本国国籍，并依据宪法或法律规定，享有权利和承担义务的人”。这表明公民的三个基本特征：一是公民是现代国家的产物；二是公民身份依托现代法律制度而成立；三是公民身份通过权利和义务体现。在不同的

① 叶行昆：《论商鞅变法与制度创新》［J］，《财经研究》1999年第2期。

② 郑杭生、李强等：《当代中国社会结构和社会关系研究》［M］，首都师范大学出版社，1997，第19页。

③ 陆学艺、景天魁主编《转型中的中国社会》［M］，黑龙江人民出版社，1994，第23页。

学科视野下，“公民”的内涵不同。

作为法律概念，公民指在法律上享有权利和承担义务的主体，受国家宪法、法律管辖和保护的人；作为政治概念，公民是指行使一定政治权利的人。在西方，政治意义上的公民是“公民”这一概念的最初所指。早在古希腊的城邦国家中，一部分居民就被称为公民，因为他们具有参加司法活动以及担任官职的特殊资格；作为伦理学概念，公民其实就是符合公民应有的身份、角色的公民，即“好公民”，包括通晓公民权利与义务、积极参加志愿活动等，它侧重的是公民个人应有的行为态度和品质。[①] 不同学科视野下“公民”的概念具有多样性和歧义性，突出了“公民”概念内涵的不同侧面。从根本上说，“公民”是一个人在公共生活中的角色归属。

就“公民”一词的核心意义而言，它是指一种公民身份。古斯特纳（Herman van Gunsteren）认为，“公民”概念是在公共领域中人们对“我是谁”“我应该做什么”之类问题的回答。“公民”的现实性就是他的“公民身份（citizenship）”。也就是说，公民是外在的称谓，而公民身份才是内在的本质。有了公民身份的公民，才是完全的、真正意义上的公民。事实上，西方文献中，“公民”与“公民身份”是等同的。公民身份是成为公民并承担相应责任和权利的条件，它表达的是一种公共认同（public identity），即一个政治共同体中完全并且平等的成员资格。它包括两个方面的内容：第一，它承认由公民们所组成的公共权威；第二，它指明了占有公民身份而具有的地位，就是有能力享用权利和由公共职位所引申的便利。现行各国有关公民身份条件的规定各有不同，大致而言，获得公民身份的条件包括以下一种或几种：在某一领土内出生、从具有公民身份的父母继承、与某国公民通婚、归化。这可以归结为两个主要原则：一是出生地原则，无论其父母的公民身份如

① 焦国成主编《公民道德论》[M]，人民出版社，2004，第2页。

何，一个人出生在该国的领土内就可以因其出生而获得公民身份；一是血缘原则，只要在他出生时，父母中的一个人有某国公民身份，无论他出生何处，都可以获得与父母相同的公民身份。可见，每个国家都有权决定，以什么条件可以获得该国的公民身份。但无论人们为公民身份注入什么样的价值观，无论公民身份的概念如何变化，公民身份都意味着与国家中的政治生活和社会生活相关。

2. “公民”一词与相关概念的区别

（1）公民与私民

公民是指人的社会属性，私民是指人的自然属性。公民是一个社会人的存在形态，即一个人在公共生活中的角色归属，而私民强调人的自然性、动物性特征。“私民也就是个别存在的自然人，是以其个人的私欲和利益及其因自然人的身份而衍生的人际关系作为处世原则的，故私民无他，只有个人的‘权利’，没有对他人、社会的责任和义务”。[①] “公民”与“私民”的区别就在于公民是公共生活中人的身份，是“社会人”（Social Man）的角色展现；私民只具有自然性、动物性特征，还没有获得“人”的社会属性。

（2）公民与人民

公民是法律概念，而人民是政治概念。公民是指取得某国国籍，并根据该国法律规定享有权利和承担义务的人。在法律上，凡具有我国国籍的人都是我国的公民。人民是指以劳动群众为主体的社会基本成员。在政治上，凡拥护社会主义，拥护祖国统一的阶级、阶层和社会集团，都属人民的范围。公民中的人民，享有宪法和法律规定的一切公民权利并履行全部义务；公民中的敌人则不能享有全部权利，也不能履行某些义务。

（3）公民与国民

“国民”表明一个人的国籍，而“公民”除了表明国籍外还有

① 李萍、钟明华：《公民教育——传统德育的历史性转型》［J］，《教育研究》2002 年第 10 期。

更深刻的内涵。政治学中通常认为，“国民”（nation）多指拥有国籍的国家主权构成者。法国政论家约瑟夫·塞亚斯（1748～1836年）主张的国民便是生活在同一宪法下，作为立法代议机构主权代表的人们共同体，而“公民”指具有一个国家的国籍，根据该国的法律规范享有权利和承担义务的人。公民，除了表现人的国籍特征外，还蕴涵着地位相互平等，拥有相应的权利与义务等。

（4）公民与臣民

公民身份体现出的是独立性人格，而臣民身份体现出的是依附性人格。公民是公民社会中的主体要素，具有人伦关系上的主体性、独立性、自由性地位，以及在权利与义务关系上的对等性质。只有在独立人格的前提下，社会成员才能真正成为“公民”，而公民在自愿原则基础上形成的自治组织和公共领域，才能相对独立于政治国家，不受国家的任意干预。臣民（子民）是君主专制制度下人的无主体性、不自由、不平等的社会存在状态，它所体现的是依附型人格、身份差别、人群对立、政治歧视、消极盲从权威等前现代性特征。[①] 公民的社会角色作为它的对立面，通过对臣民角色属性的颠覆与否定，在相反向度上呈现出它在现代社会中的本质特征。

（三）公民教育

1. 公民教育的概念

在国际社会中，表述“公民教育”的相关词汇包括广义的公民教育（citizenship education）、狭义的公民教育（civil education）、社会科学（social sciences）、社会学科（social studies）、社会（society）、社会研究（studies of society 或 social studies）、生活技能（life skills）、道德教育（moral education）等。[②]

---

① 曾盛聪：《论中国现代化进程中的公民社会——实然与应然的分析视角》[J]，《学海》2005年第2期。

② 范国睿：《欧美主要国家的学校公民教育：基于教育政策的分析》[J]，《教育发展研究》2006年第6期。

国外学者将公民教育界定为：第一，公民教育（civil education）是所有学校的一项基本教育任务，通过教育使每个学生获得公民知识、技能和价值观方面的训练，从而使人们能够了解、判断、决定和参与公共事务，并且进一步关心其他人的福利以及其他社会的福利。[①] 第二，公民教育（civil education）指培养公民能有效地在各种社会组织中从事政治参与所必需的知识、技能和价值观，包括遵守法律并了解如何影响立法、支持并有能力选择最好的公务人员、忠于制度和制度化的程序并致力于使其能更公平地运作。公民教育也指帮助学生获得各种能力，能够在不同的社会组织中采取有效的行动，以保障个人和团体利益；同时考虑到其行动对他人可能造成的影响。第三，公民资质教育（citizenship education）是指培育与民主生活方式有关的态度，形成和民主社会一致的行为模式，并发展个人能成功地在民主国家中担负公民责任所必需的各项技能。[②] 第四，公民教育（civil education）或公民资质教育（citizenship education）包括显性和隐性的课程，它使个人社会化成为地方和全国政治社群的成员，其主要宗旨包括对国家的忠诚、对历史和政治制度结构的认知、对政治权威的积极态度、服从法律及社会规范、相信平等是社会的根本价值、对政治参与的兴趣、沟通分析的技能等，有时也包括指导学生加强对全球性议题及资料的了解。[③]

我国学者从不同角度对公民教育进行了概念界定，主要有：第一，公民教育应当是以公民的本质特征为基础和核心建立起来的教育目标体系，它必须以公民的独立人格为前提，以权利与义务的统

① Gross, Richard. E. & Dynneson, Thomas. L. (Eds). *Social Science Perspectives on Citizenship Education* [M], N. Y.: Teacher College Press, 1991: 6.

② Stanley E. Dimond: *Encyclopedia of Educational Research* [M], New York: Macmillan, 1960: 207.

③ Tonney, J. V., Oppenheim, A. N. & Farnen, R. F. *Civil Education in Tencountries.* N. Y.: John Wiley & Sons, 1985: 125.

一为基础，以合法性为底线。[①] 第二，公民教育是面对全体公民的、以平等为特征的、权利和义务相统一的教育，对于我们这样的社会主义国家来说，其实质是对国家主人进行如何做主人的教育。[②] 第三，公民教育是以公民理念为核心和目标展开的为民主社会培养一代又一代积极、负责、有效能的社会成员的教育过程，它贯穿于公民的整个生命历程，有赖于家庭、学校、社会和媒介的共同教育作用，是终身教育过程[③]。第四，公民教育涉及个人与社会的关系，包括协助受教育者建立正确的个人与社会观念，培养其个人主体性和共同意识，并教育他们了解公共事务和政府架构的运作，使其能明白公民所享有的权利和应尽的义务，并鼓励其参与公共事务的执行与管理，使他们成为社会发展的基本动力。[④]

上述概念界定表明，国外学者对公民教育的概念界定注重民主观念的形成和公共事务的参与，我国学者对公民教育的概念界定注重公民独立人格和权责一致观念的培养。

2. 公民教育的内涵

公民教育的内涵极为丰富，它既包括做一个好公民所应具备的条件、态度和作风，也包括参与民主政治、理解政府的组织和职能，具有法律常识和守法精神，还包括基本的伦理道德，如诚信、尊重、友爱、互敬、互谅等。家庭教育、学校教育、社会教育中都应实施公民教育。

国外学者采取实证方式分析了公民教育的内涵。美国公民教育家陶尼（Judith V. Tonney）、欧本海默（A. N. Oppenheim）、法尔伦

① 李萍、钟明华：《公民教育——传统德育的历史性转型》［J］，《教育研究》2002 年第 10 期。

② 蓝维：《公民教育的现代崛起与现时代特征》［J］，《江西教育科研》1999 年第 2 期。

③ 王颖：《当代中国公民教育历史性复兴的现实反思》［J］，《教育理论与实践》2003 年第 2 期。

④ 萧扬基：《公民与公民教育——新世纪公民教育发展方向》［J］，《公民训育学报》第 10 辑。

(Russell F. Farnen) 研究了 10 个国家（包括芬兰、伊朗、英国、以色列、意大利、荷兰、新西兰、瑞典、德国、美国）的公民教育，认为公民教育包括认知层面、感情层面和行为层面的内涵。[①]美国教育学者布朗曾主持美国一项全国性公民教育调查研究，他强调公民教育应达到的目标为：第一，了解政治制度的理想及其运作形式；第二，培养参与公民生活的知能；第三，培养民主价值观念及分析能力；第四，培养对个体的尊重及体会公民生活参与的价值。[②]

我国学者从公民身份的视角界定了公民教育的内涵，包括几个方面：第一，“造就公民的教育”，它既不是“私民教育”，也不是排斥个人思考的“机械公民”教育或“旨在培养精英阶级公民的教育”；第二，“对公民的教育”，它不仅包括学龄阶段的教育，而且延伸到成人社会，帮助公民解决终生面临的公民生活课题；第三，“通过公民生活的教育”，通过校园和社会公共生活的参与，使学生和社会成员在行动中理解公共问题的复杂性，进而培养其归属感、责任感，以及谅解、宽容等公民美德，并获得相应的知识和技能。[③]

总体而言，公民教育的内涵极为宽泛，涉及政治、法律、伦理、经济等不同学科和各种教育手段，目标指向个人与国家、社会的各种关系，贯穿家庭、学校、社会各个层面，具有不同的分析视角。宏观层面的公民教育就是个人的社会化，包括政治社会化、法律社会化和道德社会化的过程，即生活中能产生公民教育效果的一切活动；中观层面的公民教育是一切与公民培养有关的教育活动；

---

① Judith V. Tonney, A. N. Oppenheim, Russell F. Farnen: *Civil Education in Ten Countries* [J], New York: John Wiley & Sons, 1975: 32 – 42.

② B. F. Brown: *Education for Responsible Citizenship—The Report of The National Task Force on Citizenship Education* [J], New York: McGraw-Hill, 1977: 10.

③ 檀传宝:《论“公民”概念的特殊性与普适性——兼论公民教育概念的基本内涵》[J],《教育研究》2010 年第 5 期。

微观层面的公民教育指学校公民教育的具体活动。

本书公民教育的内涵是学校教育机构运用各种教育手段使受教育者形成公民意识和公民美德，掌握法律、政治、伦理等方面的社会知识，获得理性思考和参与能力的教育过程，其目标是使受教育者养成独立健全的人格，在社会生活中能正确行使权利和履行义务。

3. 公民教育与相关概念的区别与联系

（1）公民教育与义务教育

义务教育是根据法律规定，适龄儿童和青少年都必须接受，国家、社会、家庭必须予以保证的国民教育，其实质是国家依照法律规定对适龄儿童和青少年实施的一定年限强迫教育的制度，具有强制、普及、公共、适龄、免费等特性。公民教育是对全体国民而言，无论大、中、小学各级学校的学生，以及离开学校的成人，均为公民教育的实施对象，它具有全体性、公共性、社会性等特点。因此，在我国中小学阶段，公民教育与义务教育是交叉的，小学至初中的公民教育是通过义务教育实施的，也具有一定的强制性。

（2）公民教育与国民教育

国民教育是国家为本国国民（或公民）举办的教育。国民教育与国家相对应而产生，国民的出现带动了国民教育的产生。公民教育是社会培养公民，使其成为依法享有权利和履行义务的权责主体，成为在政治、经济和社会生活中有效成员的过程。公民与公民教育是与民主、共和的政治制度相伴而生的，公民教育在现代社会才得以完善和发展。因此，国民教育比公民教育历史更长，适用范围更广。

（3）公民教育与素质教育

公民教育萌芽于古代社会，发展并完善于现代社会。公民教育建立在公民的社会角色定位上，强调责权主体教育，保障个体行使权利和履行义务的能力。素质教育产生于我国20世纪末，是对片面追求升学率和过于强化应试教育的纠正。素质教育针对我国教育中存在的问题，以全面提高全体学生的基本素质为根本目的，尊重学生主体性和主动精神，注重学生的个性、特长、创新精神和实践动手能力方面的培养。公民教育与素质教育密不可分。素质教育是全面提升公民素质的教育，公民教育指向的政治素质、法律素质、道德素质、心理素质等也是素质教育追求的目标。

（四）公民教育政策

1. 公民教育政策的概念

公民教育政策（Citizenship Education Policy）是指政府、执政党或其他社会公共权威部门，在一定历史时期，为开展公民教育、养成公民基本价值观、传授公民知识与公民技能、培养社会合格公民所制定的行动准则。其作用是规范、指导和调节社会机构、团体和个人与公民教育相关的行动，其表达形式包括法律法规、国家领导人口头或书面的指示，以及行政规定或命令，如规划、计划、纲要、意见等。在公民教育政策指导下，学校及其他教育机构开展法律教育，让公民懂得运用法律保障自身自由和权利；开展政治教育，让公民了解国家制度的运作和自己作为公民所拥有的权利和义务；开展伦理道德教育，让公民掌握在社会生活中待人接物的基本道德准则。

我国公民教育政策从内容看，上至国家法律、党代会报告、国家发展政策，下至基本教育政策、德育及其他单项教育政策等都涉及公民教育内容。本书将与中小学公民素质培养相关，对中小学公民教育的方向、目标、内容和实施有指导作用的政策，都界定为中小学公民教育政策。按照所在层面和发挥作用的领域，我国中小学公民教育政策分三个层次：首先，关涉公民教育的宪法、教育法律、党代会报告、国家发展政策等属于公民教育总政策，如《义务教育法》《关于社会主义精神文明建设指导方针的决定》，这类政策决定了我国公民教育的基本价值取向；其次，指导各级各类教育，并关涉公民教育的国家基本教育政策属于公民教育基本政策，如《中共中央关于教育体制改革的决定》（1985）、中共中央国务院《关于深化教育改革全面推进素质教育的决定》（1996）等，这类政策与第一类政策一起明确了公民教育的培养目标；最后，直接指导学校开展公民教育活动的综合指导意见、课程教学政策、单项指导意见、师生行为规范等属于公民教育具体政策，如《小学德育纲要》《九年义务教育小学思想品德课和初中思想政治课程标准（试行）》《中小学心理健康指导教育纲要》《中学生日常行为规范（试行）》等，这类政策规定了公民教育的课程教学内容、实施途径和保障措施。

2. 公民教育政策的类型

（1）权利型公民教育政策与义务型公民教育政策

按照教学内容不同，公民教育政策分为权利型与义务型。权利型公民教育政策追求的是个人的自由和权利，侧重于对公民权利意识的培养，它把公民的权利放在突出位置，主张使所有公民都享有自由、集会、结社权，以及表决权和劳动权，以法国和美国等西方国家的公民教育政策为代表；义务型公民教育政策追求的是群体价值和社会价值，侧重于对公民义务意识的培养，它推行的公民教育首先强调的是国家、社会和集体的利益，重视的是国家意识的培养，目的是增强国家、社会和集体的凝聚力，以中国、日本和新加坡等东方国家的公民教育政策为代表。

（2）知识传授型公民教育政策与价值引导型公民教育政策

按照教学方法不同，公民教育政策分为知识传授型与价值引导型。知识传授型公民教育政策以一元价值观为前提，主张由教育者向教育对象系统讲授或由受教育者系统地进行公民知识学习，重视正面积极的引导，强化主流价值观念，以中国、日本和新加坡等东方国家的公民教育政策为代表；价值引导型公民教育政策强调道德或价值观不是靠教育获得的，而是经过自由选择、反省和行动澄清而来。因此，它主张创造条件，利用一些特别的途径和方法帮助青少年澄清他们做出选择时所依据的价值观，以英国和美国等西方国家的公民教育政策为代表。

（3）道德熏陶型公民教育政策与技能训练型公民教育政策

按照教学目标不同，公民教育政策分为道德熏陶型与技能训练型。道德熏陶型公民教育政策重视挖掘传统资源，以传统的道德教育为基础和重点，将传统文化中的美德发扬光大，进行价值熏陶，规范青少年学生言行，以中国、日本和新加坡等东方国家的公民教育政策为代表；技能训练型公民教育政策认为，作为自治共同体的成员，公民想要行使其权利并履行其职责，不仅需要获得一整套知识，而且还需要获得相关的公民技能，包括智力技能和参与技能。它将公民教育融入日常活动中，重视个体参与技能的培养，以英国、法国和美国等西方国家的公民教育政策为代表。

3. 公民教育政策与德育政策的联系与区别

公民教育政策与德育政策有非常密切的联系。首先，从概念上看，品德教育是公民教育的主要内容，德育政策是公民教育政策的重要组成部分；其次，从实际上看，在我国，德育是“五育”（即德育、智育、体育、美育、劳育）之首，公民教育主要是通过德育实施的。目前，我国中小学德育政策推行的教育除了品德教育之外，还有政治教育、思想教育、道德教育、法制教育、心理健康教育，以及公共安全教育、诚信教育、廉洁教育等一系列与公民素质培养相关的教育。因而，德育政策是我国中小学公民教育政策的主体。

然而，公民教育政策并不等同于德育政策，表现在：其一，目的不同。公民教育政策培养的是掌握法律、政治、伦理等方面社会知识，具备独立思考、参与公共事务能力的健全自律的公民，德育政策培养的是具备社会公德、职业道德、家庭美德等公民美德的品德高尚的国民。其二，内容不同。公民教育政策涵盖了公民价值观与态度、公民德行、公民知识、参与公共事务技能等要求，德育政策只是包括道德认知、道德情感、道德意志、行为规范等道德修养的要求。其三，对象不同。公民教育政策面向全体公民，每一位具有公民资格的国民都应自觉接受公民教育，正确行使权利和履行义务，而德育政策是国家基础教育、职业教育和高等教育政策的重要组成部分，主要面向在校学生。其四，要求不同。公民教育政策培养具有独立人格、公民德行、公民知识和参与技能的现代社会合格公民，而德育政策不仅培养具有基本道德水准的国民，而且培养品德高尚的社会主义建设者和接班人。

（五）政策变迁

1. 政策变迁的概念

西方学者认为，政策变迁，是指一个或多个政策取代现有政策，包括新政策的采行和现存政策的修改或废止。政策变迁可能以以下三种形式出现：第一，现有政策的渐进改变；第二，特定政策领域内新法规的制定；第三，选民重组选举之后的重大政策转变。[①] 我国学者认为，公共政策变迁是制度变迁正式而又主要的形式，任何时代和社会条件下的制度变迁基本上都是以政策及其文本的形式作为载体表现出来的。制度变迁就是新制度安排替代、转换和交易旧制度安排的过程。一般来说，制度变迁具有两重含义：一是制度创新问题，即新的制度安排如何产生的问题；二是如何从旧制度安排过渡到新制度安排，即新旧制度如何转轨的问题。[②] 因而，政策变迁就是新政策替代、转换旧政策的过程，包括通过政策创新、旧政策被新政策替代，以及通过政策转换、旧政策转变成新政策两个方面。

2. 政策变迁的类型

（1）按照政策变迁的过程划分

豪格伍德（Hogwood）和彼莱斯（Press）指出了政策变迁的四种类型：政策创新、政策接续、政策维持、政策终结，其中政策接续包括六种形式：直接取代、合并、分割、部分终结、附带延续以

① 〔美〕詹姆斯·E. 安德森：《公共决策》［M］，华夏出版社，1990。

② 柳新元：《利益冲突与制度变迁》［M］，武汉大学出版社，2002，第31页。

及非线性延续。①

（2）按照政策范式的形态划分

豪尔（Hall）借用库恩（Kuhn）的“范式”理论及“常规科学”“非常规科学”的观点，提出“政策范式”，并据此将政策变迁划分为“常规政策变迁”和“非常规政策变迁”两种类型。“政策范式”指影响政策制定者定义公共问题的性质、确定政策目标、选择政策工具的观念与标准。据此，豪尔认为，没有改变政策范式的可称为“常规政策变迁”；改变了政策范式的政策变迁则属于激进的“非常规政策变迁”。②

（3）按照政策变迁的模式和速度划分

豪利特（Howlett）和拉梅什（Ramesh）结合前人的观点，依据政策变迁的模式和政策变迁的速度两个方面将政策变迁分为“范式性政策变迁”和“渐进性政策变迁”两种类型。“范式性政策变迁”分为“快速的范式性政策变迁”和“慢速的范式性政策变迁”，“渐进性政策变迁”分为“快速的渐进性政策变迁”和“慢速的渐进性政策变迁”。③

三　相关研究综述

（一）公民教育研究综述

1. 国外公民教育研究

古典公民教育思想是围绕培养公民善德以维护良好的政治秩序

① Hogwood, W. Brian and Press. B. Guy. *Policy Dynamics* [M], 1983.

② Hall, Peter A. Policy Paradigms. *Social Learning*, *and The State*: *the Case of* Economic *Policymaking in Britain* [J], Comparative Polities. 1993. 25 (3): 275 - 297.

③ Howlett, Michael and Ramesh, M., *Policy Subsystem Configurations and Policy Change*: *Operationalizing the Postpositivist Analysis of the Politics of th Policy Process.* Policy Studies Journal, 1998 (3): 473.

展开的。柏拉图（约前 427 ~ 前 347 年）最早对公民教育进行了系统论述。在他看来，公民教育的主要目的是培养有德行的国家公民。亚里士多德（前 384 ~ 前 322 年）继承并发展了柏拉图的公民教育思想，他所指的公民教育是一种政治教育，强调公民对国家的认同和政治的参与。随着近代资产阶级革命的胜利，公民教育重新出现，并且获得了新的含义。卢梭（1712 ~ 1778 年）在《爱弥尔》中的教育思想体现了从人性自由的自然教育到具有城邦善德的公民教育的过渡。康德（1724 ~ 1804 年）对公民社会做了深刻的思考和阐述，他把建立一个普遍法治的公民社会看成是人在历史中要解决的最大问题，而培养健全的公民便成为教育的核心。随着资产阶级民族国家的形成和发展，一些资产阶级思想家，如德国的黑格尔和费希特等，都倡导通过公民教育培养国家的合格成员，维护资本主义制度。到了现代，公民教育思想不仅围绕善德展开，而且实现了从公民德行和政治教育向整体人格培育的扩展。德国教育家凯兴斯泰纳（1854 ~ 1932 年）全面论述了公民教育的目的，他主张，一切教育的目的就是要培养忠于国家的公民，并指出“现代国家实现其教育目的的最明智方式是教育每一个成员，使他们大体上懂得国家的职能，从而有能力也乐意尽最大努力担负起他们在国家组织中的职责”。① 杜威（1859 ~ 1952 年）进而将公民教育从服务国家推及完整的人格。他主张，在民主国家里，教育“要养成配做社会的良好分子的公民”，良好的公民必须是社会的、完全有能力的、有用的成员，是能够全面支配自己的生活的人。

20 世纪 80 年代以来，西方国家再次掀起公民教育研究的热潮，世界各国的学者对公民教育展开了广泛的研究，并取得了丰硕的研究成果，对中小学公民教育产生了重要的影响。其中，有代表性的观点主要有：

① 〔德〕凯兴斯泰纳：《公民教育的目的》［A］，余强译，载瞿葆奎主编《教育学文集·教育目的》［C］，人民教育出版社，1989，第 460 页。

（1）美国学者约翰·佩奇（John Patrick）的多要素公民教育思想

约翰·佩奇认为，民主的公民教育应该包括公民知识、公民认知技能、公民参与技能、公民气质倾向四个因素。他特别强调在设计课程与实施教学时要重视四个要素之间动态、持续性的互动关系。这些相互联结的重要理念可以帮助公民认识、区分和评估公民社会的本质。其中，公民认知技能（cognitive civil skills）使公民能确认、描述、说明与评估所接受的各种资讯和理念，当他们面对公共议题时也能熟练地做出决定，并能为其决定做辩护；公民参与技能（participatory civil skills）使公民有能力影响公共政策的决定，并使政府为政策负责。公民参与技能与公民认知技能相结合，成为公民行使权利的工具，当公民（个人或团体）面对公共议题时，既能维护个人利益又能兼顾公共利益；公民气质倾向（civil dispositions）是一种维护与改善民主政治所必需的人格特质。如果公民要享受其权利，那么他们必须承担义务来促进社会公共改善，并建设性地参与社会的公民活动。这就涉及公民德行的实践，如自律、公民性、诚实、信任、勇气、同情、包容、节制，及尊重个人的价值与尊严等。这些都是促进民主的公民社会的有效运作所不可或缺的要素。① 这一模式中的"公民知识"和"公民认知技能"属于知识领域，"公民参与技能"属于技能领域，"公民气质倾向"则属于道德领域。约翰·佩奇的多要素公民教育思想涵盖了教育目标的认知、情感、技能三大领域，形成了完整的公民教育框架，对公民教育产生了重要影响。

（2）美国学者科根（Cogan）等和奥迪杰（Audigier）的多维度公民教育思想

科根、卡布、格洛斯曼和尼诺美亚（Cogan，Kubow，Grossman

① Patrick，John. *Concepts at The Core of Education for Democratic Citizenship* [A]，Charles Bahmueller and John Patrick（Eds.）*Principles and Practices of Education for Democratic Citizenship* [C]，Bloomington：The ERIC Clearinghouse for Social Studies/Social Sciences Education. 1999：200 – 227.

& Ninomiya）根据科尔（David Kerr）和科根（Cogan）等学者的跨国公民教育研究，提出了世界公民应有的特质。他们指出，理想的公民资质应该是多维度的（multidimensional），包括个人维度、社会维度（the social dimension）、空间维度（the spatial dimension）和时间维度（the temporal dimension）四个维度。个人维度（the personal dimension）的公民资质是个人在公民伦理方面的能力和承诺，涉及一连串的心理、态度和行动上对个人和社会负责的习性，例如：能批判地、有系统地进行思考，能理解、接受和容忍文化差异，愿意以非暴力的方式解决冲突，以及愿意保护环境和捍卫人权等；社会维度（the social dimension）的公民资质强调公民能与他人合作共事并承担社会角色与责任，能参与公共讨论或辩论，能参与地方、国家和国际层级的政治事务，最重要的是，能通过其经济、文化和社会等层面的参与而促成公民社会的形成；空间维度（the spatial dimension）的公民资质是指公民能融入从地方到国际的不同层级的社群生活，能认知自己所抱持的看法未必是普世共享的观点，能了解不同社会的不同思想和生活方式，并能以国际社会成员的立场检视和处理问题；[①] 时间维度（the temporal dimension）的公民资质指公民对本国历史和世界历史有深入的了解，注重历史对现代社会的启示，同时也强调公民必须能觉察当前行动对未来公民的影响。[②] 此外，奥迪杰（Audigier）在吸收维尔杜斯（Veldhuis）研究成果的基础上提出了“民主公民教育”的四个维度：政治与法律维度——权利和尊重政治体制、法制的责任；社会维度——个体之间的关系，对人际关系的基础，如社会团结的理解；经济维度——产品、服务的生产与消费、劳动；文化维度——集体表达与集体想

---

① Kubow, P., Grossman, D, & Ninomiya, A. *Mutidimensional Citizenship: Educational Policy for The Twenty-first Century* [A], J. J. Cogan & R. Derricott. (Eds.) *Citizenship for The 21st Century* [C], London: Kogan Page. 1998: 115 - 134.

② Cogan, J. J. Multidimensional Citizenship: *An Executive Summary of The Citizenship Education Policy Study* [M], Tokyo: Sasakawa Peace Foundation. 1997: 256.

象、共同价值。多维度的公民教育理念已经在世界范围内得到广泛认可，为我国公民教育提供了具体而深刻的学科内容。

（3）英国学者大卫·科尔（David Kerr）的公民教育连续性框架理论

大卫·科尔提出的“公民教育连续性框架理论”将公民教育的各种属性按其表现的强弱与充分程度，组成一个相互关联的连续体，连续体的一端表示正规的或传统的公民教育的各种典型特征，称为对公民教育的“最小限度的解释”；另一端则更注重公民教育的广泛性和包容性，是对公民教育的“最大限度的解释”，更多地体现了现代公民教育的特征。这个框架所涉及的公民教育的三级层次或类型依次是：第一，有关公民的教育（education about citizenship），将重点放在如何做公民的知识性学习上，强调对国家历史、政体结构和政治生活过程的理解；第二，通过公民的教育（education through citizenship），主要是让学生通过积极参与学校和社会的活动来进行公民教育，这种学习不仅有助于所学知识性内容的强化，而且有利于学生公民行为的养成；第三，为了公民的教育（education for citizenship），除了包含上述两个层次的公民教育含义外，还十分注重通过各种途径，在知识与理解、技能与态度、价值取向等各个方面培养学生，使学生在未来的成人生活中能够真正行使公民的职责。[①] 这一分析框架为人们比较和借鉴各国公民教育提供了参照系，是公民教育比较研究中常见的分析工具。

（4）加拿大学者派克和塞比（Pike & Selby）的世界公民教育研究

全球化是当代最具影响力的浪潮，不但改变人类生活世界的样貌，也带来新的问题和困境。如何培养适应全球化变动的需求，愿

---

① Kerr, D., *Citizenship Education: An International Comparison* [A], Lawton, D., Cairns, J. & Gardner, R. (Eds.), *Education for Citizenship* [C], London: Continuum, 2000: 200 - 227.

意并能有效参与全球社会的世界公民？很多学者开展了这方面的研究。派克和塞比提出了一个四维的世界公民教育框架，包括核心议题、空间范畴、时间范畴和内在体验。核心议题包括五个主要的问题范畴：不平等与平等、不正义与正义、冲突与和平、环境破坏与保护、疏离与参与；空间范畴着重探索核心议题的全球关联，包括互赖与从属的本质；时间范畴强调对核心议题的过去、现在与未来之间相互关联性的探索；内在体验着重参与性和经验性的教育，通过探索不同的价值观来发展具有政治觉知的本土——世界公民。[①] 这一世界公民教育框架使全球公民教育从思潮过渡到实际操作层面。

依据派克和塞比的世界公民教育框架，英国的“乐施会（Oxfam）发展教育计划”提出了“世界公民资质课程”。课程的主要内涵分为知识与理解、技能、价值与态度这三大范畴。知识与理解范畴，包括社会正义与平等、全球化与相互依赖、和平与冲突、可持续发展、多样性五项知识；技能范畴，包括批判思考、有效辩论的能力、合作与解决冲突的能力，以及挑战不平等和不正义的能力；价值与态度范畴，包括同情心、认同感和自尊、自信、重视并尊重多样性、关怀环境和可持续发展、信守社会正义和平等。[②] 这一框架把世界公民教育课程与一般课程目标联系起来，进一步增强了可操作性，在世界各国产生了广泛的影响。

2. 我国公民教育研究

我国经历了漫长的封建社会，在很长的一段时期内没有“公民”，只有“臣民”“顺民”“统治者”的思想，在独特的历史文化中没有形成“公民”的概念，自然就不存在公民教育研究。在我国，最早的公民教育研究发端于戊戌变法前后，其中，严复的

① Pike, G. & Selby, D. *In The Global Classroom 2* [M], Toronto: Pippin Press. 2000: 133 - 135.

② Hicks, D. *Thirty Years of Global Education: A reminder of key principles and precedents* [J], Educational Review, 55 (3): 265 - 275.

“三育救国论”主张发展体育、智育、德育，用资产阶级的民主、自由、平等，代替中国封建宗法制度和伦理道德，[①] 是近代公民教育兴起的思想启蒙与舆论先导。1902 年 2 月至 1903 年 11 月间，梁启超撰写的《新民说》全面探讨了国民性改造问题，从理论上论证了提高国民素质的重要意义。他还从国民道德素质的角度设想了“新民”应具有国家思想、权利思想、义务思想、进取、冒险、自由、尚武、合群、毅力等品性，为公民教育奠定了观念基础。[②] 辛亥革命以后，蔡元培于 1912 年 2 月 10 日在《教育杂志》上发表《新教育意见》，主张对清末学部制定的忠君、尊孔、尚公、尚武、尚实的教育宗旨加以修正，改为国民教育、实利教育、公民道德、世界观、美育五项。后来，蔡元培在《对教育方针之意见》中谈及新教育方针时，主张以“公民道德教育”为核心，并将公民道德教育的宗旨定位在“自由、平等、博爱”上。[③] 20 世纪 20 年代，以俞庆棠、晏阳初、陶行知、黄炎培等为代表掀起的国民教育思潮，也蕴涵了公德、合作精神等公民教育的基本元素。

新中国成立后，政治思想教育代替了传统德育，公民教育的概念在我国教育研究中很少出现。只有少数几位学者的研究中提及公民教育概念，如叶圣陶认为，“受教育的目的和意义是做人，做社会的够格成员，做国家的够格公民”。[④] 20 世纪 80 年代以来，随着改革开放的逐步深入，社会主义市场经济的不断发展，民主法制的日趋完善，公民教育的重要性日益显现出来。我国教育理论界引介了大量西方公民教育理论成果，围绕公民教育的背景、思想、理论建构等开展了研究。

---

① 胡斌武：《社会转型时期学校德育的现代化》［M］，中央编译出版社，2006，第 31 页。

② 张品兴等主编《梁启超全集》［M］，北京出版社，1999，第 684 页。

③ 高峰：《公民·公民教育·思想政治教育》［J］，《东北师范大学学报（哲学社会科学版）》2002 年第 4 期。

④ 李士江：《叶圣陶公民教育思想初探》［J］，《苏州教育学院学报》2002 年第 2 期。

（1）公民教育背景研究

我国学者从不同角度阐述了公民教育对我国社会主义现代化建设的意义。首先，我国是人民共和国，国家性质要求学校教育要把受教育者培养成为合格的公民；[①] 其次，改革开放以来，我国逐步构建起社会主义市场经济体系，市场经济作为一种多元利益的竞争经济和理性规则的法治经济，要求社会成员以公民资格和平等身份参与市场竞争和利益分配，公民教育的实施是社会主义市场经济的内在要求；[②] 再次，一个国家民主政治的完善，取决于这个国家的公民意识和公民教育，因为公民教育不仅可以使个体成为一个合格的公民，而且可以使一个国家在宪政的框架内得以凝聚、延续和稳定运作，[③] 社会主义政治文明需要由具有相应资格的公民来实现；最后，开展公民教育也是在全球化时代背景下国际性公民交往和国际事务参与的必然要求。[④] 总而言之，培养公民是一切教育目标表述的基础，是国家对教育的基本要求。[⑤] 通过“公民教育”培养无数健全自律的公民，进而建设一个健全自律的“公民社会”，是当今我国现代化历史进程对学校教育提出的迫切要求。[⑥]

（2）公民教育思想研究

较具有代表性的西方公民教育理论观点主要有四种：即自由主义的公民教育观、公民共和主义的公民教育观、社群主义的公民教育观和多元文化主义的公民教育观。不同的公民教育思想显示出不尽相同的价值取向。自由主义倡导人性的解放，尊重公民在民主社

---

① 黄崴：《公民教育：责权主体的教育》［J］，《现代教育论丛》1997 年第 2 期。

② 高峰：《西方政治社会化的基本评估与我国的公民教育》［J］，《中共天津市委党校学报》2007 年第 4 期。

③ 丁建军：《公民教育与中国民主宪政建设》［J］，《沧桑》2007 年第 6 期。

④ 王颖：《当代中国公民教育历史性复兴的现实反思》［J］，《教育理论与实践》2003 年第 2 期。

⑤ 万明钢：《论公民教育》［J］，《教育研究》2003 年第 9 期。

⑥ 葛新斌：《公民教育：我国现代化历史进程中的深切呼唤》［J］，《清华大学教育研究》2000 年第 3 期。

会中的自由与平等；公民共和主义重视国家的整体利益，注重公民爱国心、责任感和参与能力的培养；社群主义重视社群成员群我关系及社群的共享价值，强调培养学生对社群的认同感；多元文化主义呼吁要正视弱势群体的问题，尊重多元文化，培养公民宽容的态度和合作的精神。有学者认为，自由主义是西方公民教育思想的前设，公民共和主义、社群主义，以及多元文化主义则从不同角度对自由主义理论进行了修正。[①] 也有学者认为，尽管有关公民教育的理论在政治学领域引发了新的思想观点，但是相关的两种理论传统，即公民共和主义和自由主义仍起主导作用。[②] 还有学者认为，重视公民德行是当代公民教育思想的特点。以罗尔斯为代表的新自由主义重视必要的公民德行，认为道德可以强化制度的成效。社群主义则承袭了共和主义的传统，认为公民除了是一个社群的成员、具有成员资格所赋予的权利和义务外，公民的认同和公民的德行才是公民资格所具备的最核心的意义。[③] 这些不同的观点在各国公民教育实践中得到了不同的体现，反映出当代民主社会对公民的基本要求。

（3）不同学科视野下公民教育内容研究

法学视野的公民教育关注公民的权利与义务教育。主要观点有：一是权利与义务并重。公民教育内容包括公民权利的教育和公民义务的教育两个方面，缺少任何一方面都不正确。[④] 二是强调权利教育。我国应在教育中实现从“责任本位”向“权利本位”的转换，改变那种仅仅只强调受教育者和公民遵守纪律和履行义务的状况。[⑤] 新时期的公民教育应当注意公民权利和义务教育的平衡。

---

① 王文岚：《当代西方公民教育理论探微》［J］，《兰州大学学报（社会科学版）》2005 年第 6 期。

② 焦国成主编《公民道德论》［M］，人民出版社，2004，第 51 页。

③ 赵晖：《当代世界公民教育的理念考察》［J］，《外国教育研究》2003 年第 9 期。

④ 黄崴：《公民教育：责权主体的教育》［J］，《现代教育论丛》1997 年第 2 期。

⑤ 黄甫全：《自我意识的发展与公民教育的基本策略》［J］，《学术研究》1999 年第 2 期。

所谓“平衡”，主要是说不仅要有义务的教育，还应当突出进行公民权利意识的培育。[①] 三是强调法制教育。公民教育的重要任务是培养公民的法制意识，使其形成遵守法律和运用法律参与国家生活的良好习惯。[②] 与此同时，学校公民教育还要培养学生的法治精神和律法性人格。[③]

伦理学视野的公民教育关注公民道德教育的基本范畴和重点领域。主要观点有：一是公民教育与德育关系密切。公民教育是传统德育的历史性转型，这一转型以国家、社会的政治、经济、文化的变迁及社会文明制度形态的转型为前提和条件。公民教育以公民的独立人格为前提，以权利与义务的统一为基础，以合法性为底线。[④] 二是公民道德教育应突出社会公德。除了国家生活中的道德规范外，公民道德规范还包括社会生活、职业生活、家庭生活、学校生活、社区生活等多个领域的道德要求。[⑤] 其中，公民教育应突出社会公德教育，使学生养成文明礼貌、诚实守信、互助友爱的良好品质，养成遵守公共秩序、爱护公共财物、维护社会公益、遵守环境道德、自觉维护生态环境的良好行为习惯。[⑥]

政治学视野的公民教育关注维持政治稳定和推进民主政治的教育。主要观点有：第一，公民教育是为了维持政治稳定所必需的公共知识、态度、价值观和群体认同传承的过程，也是公共知识、态度、价值观和群体认同被赋予个人意义，并且内化为行为准则的过程。[⑦] 公民教育的实质在于使年轻一代接受和继承前人传递的政治

---

① 檀传宝：《通过公民生活　实现公民教育》[J]，《生活教育》2006 年第 1 期。

② 叶飞：《公民教育与公民意识的培养——兼论公民教育在学校德育中的实施》[J]，《思想理论教育》2008 年第 5 期。

③ 曾盛聪：《论中国现代化进程中的公民人格教育》[J]，《探索》2006 年第 3 期。

④ 李萍、钟明华：《公民教育——传统德育的历史性转型》[J]，《教育研究》2002 年第 10 期。

⑤ 焦国成主编《公民道德论》[M]，人民出版社，2004，第 2 页。

⑥ 刘国华：《学校公民教育刍议》[J]，《学术研究》1998 年第 2 期。

⑦ 王文岚：《社会科课程中的公民教育新取向及其教学策略》[J]，《教育研究》2007 年第 7 期。

文化，在于实现政治社会化。[①] 第二，政治社会化必须由反社会化加以平衡。公民教育不仅要培养年轻一代对民族以及国家权威的认同，更重要的是要提升公民主体意识和实践能力，培养“见多识广的公民”“反思型公民”和“批判型公民”，使公民具备独立思考和理性参与的能力。[②]

社会学视野的公民教育关注教育对加快公民社会形成的功能。主要观点：一是我国建设健全自律的公民社会要依靠公民教育。受传统文化的影响，我国存在国家与社会高度一体化的问题，要尽快解决国家与社会之间的关系问题，消除政治权力对于社会生活的全面渗透和干预，就必须大力培育出一个健全自律的公民社会。这就要求培育出无数健全自律的公民。[③] 二是公民教育能引导公民克服对社会公共事务的疏离。现代社会的分工、交换及市场经济的发展，使公民具备了独立、自由、平等的基本特征，同时也滋生出一系列社会问题，如个人主义、工具理性等。公民教育突出了公民个体在社会中的责任与使命，用强大的道义力量催逼公民参与社会，[④] 这有利于克服各种现代社会问题。

心理学视野的公民教育关注传统性人格向现代性人格转变的过程。主要观点有：一是要培养公民与现代化相适应的公民意识。公民意识的确立与培育是人的现代化的基本构成，是社会现代化的重要社会心理基础。如何排除传统社会心理的消极影响，是公民教育实施中必须严肃对待的重大课题。[⑤] 二是要培养健全独立的公民人

---

① 张斌贤：《试论公民教育的意义、动力和实施途径》[J]，《教育评论》1997 年第 3 期。

② 张秀雄主编《公民教育的理论与实践》[M]，台北：师大书苑公司，1998，第 209 页。

③ 葛新斌：《公民教育：我国现代化历史进程中的深切呼唤》[J]，《清华大学教育研究》2000 年第 3 期。

④ 吕丽艳：《现代社会、现代性与公民教育》[J]，《高等教育研究》2007 年第 12 期。

⑤ 路红、戴健林：《现代公民教育与中国传统社会心理》[J]，《学术研究》1999 年第 11 期。

格。公民人格是公民对自身作为权利与义务的存在统一体的意识自觉。只有当公民自觉意识到自己是社会的价值主体以后，公民人格才可能在本质上得以确立。[①]

全球视野的公民教育关注世界公民资质的构建。主要观点有：一是要培养包容和尊重具有世界各国文化差异的公民。全球化的时代，文化的多样性和个人身份的复杂性使得人们必须重新审视公民身份。无论是从国家的角度还是从地方社区的角度来看，只有培养从道德上、文化上对其他不同种族、地域和文化敞开胸怀的公民才能应对全球化的挑战。[②] 二是要培养具有跨文化适应能力的世界公民。世界公民教育除了应培养学生分析及批判思考的共通能力外，还应该包括世界历史与文化、政治发展、经济发展、贫穷与社会发展、战争与冲突、环境、国际社会与全球化、中国与世界的关系等方面的内容。[③]

（二）公民教育政策实践综述

1. 欧美国家的公民教育政策实践

欧美国家有悠久的公民教育政策传统，并在近现代形成了各自的特点。尽管不同国家在不同历史时期，其公民教育政策价值取向各不相同，但其中尊重人的主体性、注重个人参与国家、为民主生活培养良好公民的思想是其一以贯之的精神宗旨。20 世纪 90 年代后，全球化使培养世界公民成为公民教育政策的目标之一。公民教育要求学生理解世界，尊重多元文化，促进国际理解，愿意采取负责任的行动，促进世界和平与可持续发展。[④] 欧盟成立后，欧盟的

---

① 葛新斌：《公民教育：我国现代化历史进程中的深切呼唤》［J］，《清华大学教育研究》2000 年第 3 期。

② 万明钢、王文岚：《全球化背景中的公民与公民教育》［J］，《西北师范大学学报（社会科学版）》2003 年第 1 期。

③ 李荣安、古人伏主编《世界公民教育：香港及上海中学状况调查研究》［M］，香港：乐施会，2004，第 52 页。

④ 范国睿：《欧美主要国家的学校公民教育：基于教育政策的分析》［J］，《教育发展研究》2006 年第 6 期，第 74 ~ 80 页。

公民教育政策着力于培养承认共同文化遗产、忠于欧盟、自由迁移、具有政治参与性，并作为“积极公民身份”的公民资格。[①] 从1995～2005年，各种因素导致英国及其他国家更关注公民教育，出台更多公民教育政策。它们包括：全球范围内的不公正与不平等、全球化与移民问题、对公民和政治参与的关注、青年人的欠缺、冷战的结束以及反民主与种族主义活动。这一阶段英国民主公民教育（EDC）政策的关键主题有：多元与同一、全球与世界公民、儿童的公民权、民主化的学校教育、学生对公民与民主的理解、学校与社区的当代角色、欧洲公民、学校层面民主公民教育的实施等。[②] 近年来，英国公民教育政策以积极的福利社会、社群主义和社会资本理论为指导，平衡公民权利与对社会责任之间的关系，强调社会与道德责任、社会参与和政治常识。[③]

2. 中国内地的公民教育政策实践

公民教育政策导向直接关系到国家教育的发展水平，同时影响公民人格的塑造。理性的教育目的和内容将会培育出健全的公民人格，反之，则会扭曲公民人格。[④] 从20世纪八九十年代起，我国就有不少政策文件涉及培养公民的目标和课程，但是，由于社会主义建设进程曲折，这些政策文件还缺乏明晰有序的公民教育具体内容，公民培养还在小心谨慎的探索之中。进入21世纪，我国颁布了新中国成立以来第一个以政府为主导、以公民为主体，专门从公民角度提出的道德建设实施方案——《公民道德建设实施纲要》。自此，一系列政策文件从不同的角度和层面为公民教育的发展提供

① 段素菊：《全球化·公民资格·教育改革——欧盟教育政策个案研究》[J]，《学术论坛》2003年第3期。

② ［英］奥雅·奥斯勒、侯·斯塔克：《民主公民的教育：1995～2005公民教育的研究、政策与实践述评》[J]，《中国德育》2006年第12期，第26～37页。

③ 王璐：《英国和谐社会建设中公民的权利与责任及其对教育政策的影响》[J]，《比较教育研究》2008年第3期，第1～5页。

④ 杨静：《我国农村教育政策分析——兼论农村公民人格的培育》[J]，《理论界》2007年第3期，第109～110页。

了相关的政策引导和支撑。2006 年《中共中央关于构建社会主义和谐社会若干重大问题的决定》更是为公民教育发展提供了坚实的平台。但总的来看，目前“公民教育”作为一个完整的词语尚未进入我国教育政策文件中，政策文本中虽屡次强调或出现“公民”培养，或“公民道德教育”，或“四有”公民等字眼，但还从来没有完整明确地提出过“公民教育”。我国在德育政策下进行的公民教育，实质上只是探索性的实践，尚未完善。①

3. 我国香港特别行政区的公民教育政策实践

20 世纪 80 年代中期，香港就有专门的公民教育政策。香港教育署 1985 年发表《学校公民教育指引》，标志着学校公民教育受到重视；1996 年重新发布的《学校公民教育指引》则被誉为香港学校公民教育史上的“新里程”。② 1996 年版的《学校公民教育指引》以学生的学习为出发点，强调以学生为主体的公民教育，透过学校的公民教育计划，培养学生的批判性思考和自省的能力，让学生在公民态度上有积极的转变，能主动参与公民事务，并随时准备行使他们的公民权利和履行公民义务。③ 香港回归后的公民教育政策强调了国民身份的认同，2002 年颁布的《基础教育课程指引》克服了 1996 年版的《学校公民教育指引》内容过多、重点不突出的弊病，倡导培育积极参与的公民精神，“主动参与、积极实践、关心社会”的公民精神成为公民教育政策的灵魂。④

---

① 张晓东：《国家德育政策视域下的中小学公民教育》[J]，《教育导刊》2008 年第 10 期，第 9～11 页。

② The Curriculum Development Council of Education Department of Hong Kong Government. *Guidelines on Civil Education in Schools* [R], Hong Kong: The Government Printer of Hong Kong. 1996. ib.

③ 李军：《香港学校公民教育政策及九七后的对策》[J]，《华东师范大学学报（教育科学版）》1997 年第 2 期，第 36～46 页。

④ 王世伟、曹彦杰：《香港政府公民教育政策的演变趋势——从“疏离的子民”到“积极参与的公民”》[J]，《中国德育》2009 年第 6 期，第 87～89 页。

（三）政策变迁研究综述

自 20 世纪 70 年代以来，社会的不确定性增加，政府政策运作的社会经济环境发生急剧变化，迫切要求政策系统改变现行政策以适应现实的要求，导致了多种政策的变迁。另外，政府也需要检视政策的历史变迁，探索并归纳其表现出的内在规律性，总结经验教训，为以后的政策制定提供基础。为了回应这种需要，20 世纪 70 年代末期以来，西方公共政策研究开始重视这一领域，出现了越来越多的研究成果。[①]

1. 国外政策变迁研究

20 世纪 80 年代中期到 20 世纪 90 年代末期，西方政策科学家在整合早期研究途径或借鉴、改造各种新理论的基础上，构建起多种政策变迁模型。

（1）循环模型

一是施莱辛格（Schlesinger）1986 年提出的交替循环模型，也称周期型模型。指公共政策变迁在照顾公共利益和保护私人利益之间不断地来回变动[②]；二是阿曼塔和司考珀（Amenta & Skocpol）1989 年提出的“Z 字形”模型，指公共政策随着政策得利者改变而改变。[③]

（2）机会模型

一是金登（Kingdon）1995 年提出的“政策流与机会窗”模型，指政策发展的过程由问题流、政策流、政治流三股脉流交织而成，这三种要素大部分时间是独立的，在遇到机会窗时就会组合起来，

---

① 杨代福：《西方政策变迁研究：三十年回顾》［J］，《国家行政学院学报》2007 年第 4 期。

② Schlesinger, Jr., *Arthur M. The Cycles of American History* ［M］, Boston: Houghton Mifflin Company. 1986.

③ Amenta, Edwin and Theda Skocpol. “*Taking Explaining the Distinctiveness of American Public Policies in the Last Century*” ［A］, In F. G. Castle (ed.), *The Comparative History of Public Policy* ［C］, New York: Oxford University Press. 1989.

推动政策变迁。[1] 二是琼斯（Jones）和鲍姆格纳（Baumgartner）1993 年提出的间断—均衡模型，指当公共问题的新思考方式、新支持者的迅速动员、制度结构的改变及这些趋势偶然结合在一起所产生的自我增强效果，其中一种或多种情形结合出现时，会刺激政策制定者改变原来渐进而温和的政策调整模型，进入震荡且不稳定的时期。因此，政策变迁是间断平衡的，变迁的动因是内在和外在因素的复杂结合所导致的。[2]

（3）共识模型

该模型由哈耶斯（Hayes）于 1992 年提出，模型采用“共识性知识”和“共识性目标”两个指标将政策问题划分为四个领域：理性广博型的领域、价值不一致问题领域、知识基础不一致问题领域及渐进型的领域。政策变迁方式因技术进步、新证据发现、事件发生的因素在不同领域间移动。[3] 2001 年哈耶斯（Hayes）对该模型进行了完善，他指出，由于科技进步使知识获取变得容易，落在理性广博领域的非渐进型政策变迁议题很少。由于社会价值和政策目标的多元化，导致大部分问题落在渐进型领域，政策变迁自然也是以渐进方式居多。[4]

（4）学习模型

一是班尼特和豪利特（Bennett & Howlett）1992 年对政策学习相关观点进行的整合性研究。他们整合了政策学习相关文献，将政策学习的类型与政策变迁的关系归纳为三种类型的政策变迁：国家公务员通过政府学习改变政策过程导致组织变迁；政策网络通过吸取经验改变政策工具导致方案变迁；政策社群通过社会学习改变政

---

① 〔美〕约翰·W. 金登：《议程、备选方案与公共政策》［M］，中国人民大学出版社，2004，第 252 页。

② Baumgartner. Frank R. and Bryan D. Jones. *Agendas and Instability in American Politics* ［M］，Chicago：University of Chicago Press. 1993.

③ Hayes，Michael T. *Incrementalism and Public* ［M］，New York：Longman. 1992.

④ Hayes，Michael T. *The Limits of Policy Change：Incrementalism，Worldview and The Rule of Law* ［M］，Washington，D. C.：Georgetown University Press. 2001.

策理念导致典范转移；① 二是萨巴蒂尔（Sabatier）和金肯斯—史密斯（Jenkins-Smith）1993 年提出的倡导联盟框架。他们认为，在一定的条件下，不同政策联盟成员可经由对话过程而产生学习的行为，学习结果会导致信仰的改变，一旦信仰改变，政策就会随之改变。因此政策变迁就是政策取向学习的结果。②

（5）设计模型

一是罗伯茨（Roberts）和金（King）1996 年提出的政治创新模型。他们认为，政策创新是种激进的政策变迁形态，它是经过审慎思辨和有目的性的设计而发生的。即是说，无论是政策的外在条件或内在因素的改变，都仅是政策变迁的触媒或催化剂，必须经过设计的过程，才能引导变迁的出现。政策变迁的设计包括问题情境的界定和建构、危机或事件的诠释、处理方式的描述等，设计者是政策企业家，创新理念与企业家精神是政策变迁过程的推动力量。③ 二是奥斯特罗姆（Ostrom）1999 年提出的制度理性分析模型。该模型一部分以运动场域为分析单位，来分析、预测与解释制度安排下的行为，另一部分以行动场域为因变量，探讨影响行动场域结构的因素，如外在世界的物质条件、社群的属性、对规则的认知等。由于行动者会计算行动成本和结果收益，政策联盟必须设计制度诱因，对采取不同行动的人给予不同的回报，从而引导人们的行动倾向政策制定者期望的导向。④

（6）演化模型

该模型由约翰（John）于 2003 年提出。约翰（John）认为，

① Bennett, Colin J. and Michael Howlett, *The Lesson of Learning: Reconciling Theories of Policy Learning and Policy Change* [J], Policy Science, 1992 (3): 289.

② Sabatier, Paul A. and Hank C. Jenkins-Smith. *Policy Change and Learning: A Advocacy Coalition Approach* [M], Boulder, C. O.: Westview Press. 1993.

③ Roberts Nancy C. and Paula J. King. *Transforming Public Policy: Dynamics of Policy Entrepreneurship* [M], San Francisco: Jossey-Bass. 1996. 211.

④ Carlsson, Lars. *Policy Networks as Collective Action* [J], Policy Studies Journal 2000 (3): 20 - 21.

必须采用演化理论才能从微观层次发掘政策变迁的动因机制。演化理论是运用非线性过程、观念与非意愿性选择单元的分离、从基因源开始的观念任意性重新组合、选择单元间的竞争、中央政策制定者的目的被这些过程驱动的方式以及演化路径发展中的收益等要素及其组合来解释政策变迁的。[①]

2. 我国政策变迁研究

在我国，公共政策研究始于20世纪70年代末80年代初我国学者对西方政策科学研究成果的引介。从公共政策理论和我国国情出发，我国学者在吸收和借鉴西方政策科学理论成果的基础上，逐步建立起以政策功能、政策问题、政策结构、政策主体、政策客体、政策环境、政策系统、政策价值等基本概念为基础，以由政策议程、政策规划、政策采纳、政策执行、政策监督、政策评价、政策终结等环节构成的公共政策运行过程为中轴，以政策科学方法论为工具的理论框架。[②] 目前，我国对政策的制定和执行有了一定的研究，然而，政策变迁研究却相对薄弱，仅有相关教材对政策变迁的概念与基本类型进行了简要的介绍，也有一些研究论文对政策变迁过程和具体政策变迁进行了初步探讨。

（1）政策变迁过程研究

代表性的观点有：第一，政策变迁阶段理论。政策变迁表示不同政策间的替代和转换过程。从动态均衡的视角看来，政策变迁过程可分为政策失衡、政策创新、政策均衡三个阶段。政策失衡是指愿意改变既定政策的政策参与者的集合力量，超过愿意维持既定政策的政策参与者的力量集合时的一种状态；而政策均衡表示与之相反的一种状态。政策创新是指由旧政策到新政策的实质性

① John, Peter. Is There Life After Policy Streams, Advocacy Coalitions, and Punctuation: *Using Evolutionary Theory to Explain Policy Change* [J], The Policy Studies Journal, 2003 (31): 4.

② 丁煌：《发展中的中国政策科学——我国公共政策学科发展的回眸与展望》[J]，《管理世界》2003年第2期。

转换过程。[①] 政策变迁的起点是均衡状态，从政策发生失衡开始，经过政策创新，解决政策矛盾或问题，实现政策再次均衡，这就是一个政策变迁周期。每一次均衡都酝酿着下一次的变迁，每一次变迁都需要在均衡时期的准备。[②] 第二，政策变迁逻辑理论。政策变迁呈现为政策时滞、政策博弈、政策演进三个阶段组成的结构性逻辑，不同阶段下有九个政策变迁理论命题。一是政策变迁具有不可逆性，而且必然充满着“政策记忆”；二是政策变迁具有相当的惯性和惰性，而新政策的安排也通常居于滞后；三是政策时滞的长短与政策变迁的变量相关，且贴现率的高低也呈现不同变化；四是政策变迁过程必然是一个转轨的过程，合作博弈达成“双轨制”成为一定时期内的可能模式；五是由于集体行动的逻辑，政策变迁容易出现如同“公用地悲剧”般的非合作博弈困局；六是政策变迁是一个将政策受益由“零和博弈“转向“非零和博弈的”重复博弈过程，而政策结果形态便是一种纳什均衡；七是政策需求主要源于政策的收益函数比较，而强制性的国家主导型模式是政策供给的主要模式；八是政策变迁的效益模型呈倒 U 或半抛物线形，非平衡运动是政策演进的主要特征；九是政策演进具有内在的阶段性和可能性边界，确定转折点是把握政策变迁进程的关键。[③]

（2）政策变迁实践研究

代表性的研究方式有：第一，以具体政策内容分析，研究相应领域的发展变化。最常见的研究方式是研究者将政策变迁过程分解为相互衔接的阶段，列出不同时期具体政策的内容，进行事实和价值分析，指出政策的因果过程和主要特点，归纳基本经验并提出改

① 王骚、靳晓熙：《动态均衡视角下的政策变迁规律研究》［J］，《公共管理学报》2005 年第 4 期。

② 杨龙：《西方新政治经济学的政治观》［M］，天津人民出版社，2004，第138 ~ 142 页。

③ 陈潭：《公共政策变迁的理论命题及其阐释》［J］，《中国软科学》2004 年第 12 期。

进策略。这类具体政策研究旨在探讨政策所在领域的发展，较少借用政策理论，也并未提出普适性的政策变迁规律。我国目前大部分公共政策变迁研究属于此类。例如，有学者通过 1996 ~ 2007 年国家关于农村流动儿童义务教育的政策变迁分析，得出相关概念逐步清晰、重视程度逐年加大、从管制到服务理念转化、对地方工作要求逐步具体清晰等结论。[①] 第二，以具体领域政策为案例，研究政策变迁规律。研究者一般从西方政策过程理论中寻找一些框架或模型，将实际政策过程中相对应的含有理论关键成分的事件筛选出来，从而梳理出教育政策变迁过程的梗概或脉络，最终给出一个自洽的解释。例如，有学者以我国改革开放以来民办高等教育政策为具体的经验事实，从政策规范与政策实践之间偏离的常态出发，对政策过程中的要素进行了本土化的分类，并且阐明了各个要素之间的关系，从而抽象出一个政策过程的解释框架，最后试图从这个框架提供一种对中国教育政策变迁动力的解释。[②]

（四）已有研究的简要评述

综上所述，与本书相关的文献存在以下特点：

第一，我国公民教育研究以引介为主，主要集中在理论探讨层面。西方公民教育研究源远流长，著述颇丰。经过长期的积累，西方公民教育不仅形成了完整的知识体系，发展出多维的公民教育理念，而且还将全球化公民教育思想具体化，提出了相应的课程框架。我国公民教育起步于晚清学者试图以西方文明挽救中国之际，在辛亥革命后曾有所发展。经过半个多世纪的沉寂，公民教育随着我国改革开放的推进，重新受到学术界的重视。在引介西方公民教育理论的基础上，我国学者从不同学科视角逐步构建起本土的公民

① 吕少蓉：《1996 ~ 2007 年国家关于农村流动儿童义务教育政策的变迁》［J］，《教育导刊》2008 年第 6 期。

② 林小英：《中国教育政策过程中的策略空间：一个对政策变迁的解释框架》［J］，《北京大学教育评论》2006 年第 4 期。

教育理论体系，为本书提供了公民教育的理论基础。

第二，我国公民教育政策研究及政策实践明显落后于西方发达国家。欧美国家有悠久的公民教育政策传统，并在近现代逐步形成了完善的公民教育政策。随着全球化进程的推进，欧美国家公民教育政策更多的是放眼世界，关注全球动态，培养具有全球化知识和参与技能的世界公民。相比之下，在我国，“公民教育”作为一个完整的概念尚未进入政策文件，公民教育主要通过德育政策推进。但是，公民教育与德育之间在目的、范围、对象、要求等方面存在诸多差别。公民教育政策与公民教育政策研究是相辅相成的，任何一方的缺失都会导致另一方的落后。事实上，我国德育政策在承担公民教育任务的过程中也面临着定位、内容、目标、执行等方面的困境。公民教育政策研究的相对欠缺为本书提供了理论创新的空间。

第三，我国政策变迁研究尚处于起步阶段。西方公共政策变迁研究起步较早，基于环境的压力、政府的需求和大量政策变迁的案例，公共政策学者提出了政策变迁的概念、类型和不同的模型，充分体现了西方国家政府构成和政治体制的特点，同时也反映出西方国家政策变迁从无序到有序的进步过程。我国政策科学研究建立在引进和借鉴西方政策科学研究成果的基础上，初步提出了政策变迁过程的理论框架，并对具体政策变迁进行了一些尝试性的探索。这些研究为结合我国国情开展具体教育政策变迁研究提供了知识基础和理论框架。

最后，现有研究文献对我国公民教育存在认识上的差异。一方面，国内部分学者认为我国还没有公民教育或没有真正的公民教育。在20世纪90年代末，国内曾有学者指出，我国“基本没有专门的公民教育的内容”①；直至21世纪初，还有学者表示，“实际上在我国从小学到中学公民教育基本上是空白”②。至2008年，公

① 黄甫全：《学校公民教育：问题及其对策》［J］，《学术研究》1997年第4期。

② 万明钢：《论公民教育》［J］，《教育研究》2003年第9期。

民教育在我国的存在才开始受到初步肯定。有学者以德育政策视域研究公民教育，得出的结论是我国还缺乏明晰有序的公民教育的具体内容，在德育政策下进行的公民教育，实质上只是在探索性地实践，尚未完善。[①] 另一方面，国际上将我国德育视为我国公民教育。国外有研究文献对我国公民教育开展了专题研究，如迈克尔·威廉斯和格拉汉·汉弗莱（Thomas Kwan-Choi Tse and John Chi-Kin Lee）等编的《公民教育和终身学习：权力和地位》有专门论述我国的公民教育的章节，并指出“在中国，公民教育近年来被称为‘德育’”[②]；凡妮莎·L. 方和洛克·墨菲（Vanessa L. Fong and Rachal Murphy）的《中国公民：来自社会边缘的观点》也介绍了我国运用公民教育应对市场经济挑战的做法。[③] 不同的理论观点源于不同的概念界定，我国学者将西方公民教育视为模板而否定我国公民教育，西方学者则在接受我国文化差异和发展进程的基础上承认我国的公民教育。这种认识上的差异显然与我国后发型的现代化进程有关，西方国家的公民教育政策与经济、社会发展同步，而我国公民教育及公民教育政策明显落后于经济发展。

事实上，公民教育不能回避一国的文化背景和本土特征，因而，我国存在公民教育，只是它未能跟上经济、社会发展的进程。本研究将从我国公民教育政策变迁历程的分析着手，通过政策文本研究、实证研究和比较研究，从我国社会转型的实际需要出发，提出我国公民教育政策变迁的改进路径。

---

① 张晓东：《国家德育政策视域下的中小学公民教育》［J］，《教育导刊》2008 年第 10 期，第 9 页。

② Thomas Kwan-Choi Tse and John Chi-Kin Lee, China: *Defending Socialism with Chinese Characteristics* ［A］, Michael Williams and Graham Humphreys, *Citizenship Education and Lifelong Learning*: *Power and Place* ［C］, New York: Nova Science Publisher, Inc. 2003. 110.

③ Rachel Murphy. *Citizenship Education in Rural China* ［A］, Vanessa L. Fong and Rachal Murphy. *Chinese Citizenship*: *View from The Margins* ［C］, New York: Routledge. 2006. 9.

四　研究目的、范围、对象与价值

（一）研究目的

本研究在分析我国社会转型特征和提炼社会转型期所需公民教育政策基本要素的基础上，回顾我国公民教育政策变迁历程，指出我国公民教育政策变迁的阶段特征、发展趋势、存在问题与主要成因，并通过中小学公民教育政策实施现状的调查研究和借鉴发达国家的先进经验，提出我国中小学公民教育政策创新应采取的价值取向、基本构成和改进策略。

（二）研究范围

本研究的时间范围界定在社会转型期，即我国从传统社会向现代社会全面转型的时期。目前，学术界对我国正处于社会转型期的认识是一致的，但对社会转型的起始时间点则存在争议，主要有两种观点：一种观点认为，中国社会转型是从 1840 年的鸦片战争正式开始的，这一转型过程大致经历了 1840 ~ 1949 年的启动和慢速发展阶段、1949 ~ 1978 年的中速发展阶段和 1978 年至今的快速和加速发展阶段。[①] 另一种观点则认为，中国社会转型起始于 1978 年的改革开放，在此之前虽然现代因素渐渐显现在社会生活的各个方面，但传统因素占主导地位的状况并没有根本改变。从中国社会转型的实际情况看来，1840 年之后，在很长的时间内中国仍处于典型的传统社会，社会转型只是处于萌芽状态，并未展开，1840 年到改革开放之前，可以理解为“社会转型准备期”或“社会转型预热期”。本研究采用第二种观点，认为中国社会真正开始转型应该是起始于改革开放之后。这也是本研究的时间起点。

---

① 郑杭生主编《中国人民大学社会发展报告（1994 ~ 1995）——从传统向现代快速转型过程中的中国社会》[M]，中国人民大学出版社，1996，第 1 页。

（三）研究对象

社会转型期我国中小学公民教育政策的政策文本分析、政策实施与实践、政策变迁与改进路径。政策文本的范围包括改革开放以来我国在国家层面上颁布实施的中小学校公民教育政策，具体形式有：国家法律、党代会报告；党中央、国务院颁布的涉及中小学公民教育的公民教育总政策；党中央、国务院及教育部等颁布的涉及中小学公民教育的公民教育基本政策；教育部颁布的旨在培养公民素质的综合指导意见、课程教学要求、师生行为规范，以及各类行政部门、社会团体单独或与教育部联合颁布单项指导意见等公民教育的具体政策。政策实施与实践研究采取实证研究方式，通过问卷调查、多案例分析、个别访谈等方法，分析当前中小学公民教育政策实施的基本状况、问题及其成因。在文本分析、理论研究、实证研究、比较研究的基础上，从政策要素的各个层面上提出今后我国中小学公民教育政策的变迁与改进基本路径。

（四）研究价值

本研究呈现了我国中小学公民教育政策变迁的过程、特点、不足、成因，分析了我国中小学公民教育政策执行失真的原因，并建构了中小学公民教育政策框架，从理论上弥补了现有公民教育政策研究的不足，丰富了我国中小学公民教育政策研究的理论文献；在实践上为推动我国中小学公民教育政策改进、加快公民文化培育、公民社会形成、实现我国社会成功转型提供了决策支持。

五　研究内容与方法

（一）研究内容

本研究将改革开放以来我国颁布实施的中小学公民教育政策看

作是一个整体，将政策价值取向、政策目标、政策内容、政策实施途径和政策保障条件五个要素作为基本维度进行分析。第一，基于公民、公民教育和公民教育政策的关系，结合社会转型向公民教育提出的现实诉求，围绕公民教育政策的五个基本要素，提出转型期我国中小学公民教育政策的结构性要素；第二，通过文本分析，指出我国中小学公民教育政策在价值取向、政策目标、政策内容、政策实施途径和政策保障条件五个方面的变迁特点、发展趋势、存在缺陷及主要原因；第三，通过实证研究，得出我国中小学公民教育政策实施的现状、不足和原因；第四，通过比较研究，指出美、英、日三国中小学公民教育政策的发展动向和经验教训；第五，提出社会转型期我国中小学公民教育应采取的价值取向，建构其政策体系，并提出我国中小学公民教育政策改进路径。

（二）研究方法

本研究综合运用定性与定量研究方式，包括文献研究、政策文本分析、实证调查、比较研究等多种研究方法。具体而言：

第一，采用文献研究法，分析政治学文献，把握公民的概念、公民身份的内涵及公共政策的构成，及公民、公民教育、公民教育政策的相互关系；分析社会学文献，归纳出社会转型的特征和需求；分析教育学文献，提出社会转型期中小学公民教育政策应具备的结构性要素。

第二，采用政策文本分析法，对改革开放以来我国不同阶段中小学公民教育政策的价值取向、培养目标、教育内容、实施途径和保障措施进行了分析，总结我国中小学公民教育政策变迁的基本特点，并归纳出政策变迁的主要趋势、存在缺陷和主要原因。

第三，采用问卷调查法，在全国范围内开展了中小学公民教育政策实施问卷调查，并采用质的研究方法，通过现场观察、听课、访谈等，了解我国公民教育政策实施的现状，分析其实施障碍与成因。

第四，采用比较研究法，分析美国、英国、日本中小学公民教育政策的目标、内容、实施和不足，从中吸取经验教训，为改进我国中小学公民教育政策提供借鉴。

最后，采用归纳法，提出我国中小学公民教育政策应采取的价值取向，构建相应政策框架，并针对我国公民教育政策现状提出改进路径。

第二章

公民、公民教育、公民教育政策与社会转型

一　公民、公民教育与公民教育政策

（一）公民的产生与发展

1. 西方公民的产生与演变

公民作为一种政治身份，最早出现于古希腊城邦政治结构之中。希腊文的“公民”（Polites）一词就由城邦（Polis）一词衍生而来，其原意为“属于城邦的人”。在古希腊的城邦雅典，公民地位是一种特权地位，妇女、奴隶、外国人都不是公民，对于享受这种特权地位的公民来说，他的权利和义务是对应的。公民有义务交税、服兵役、参加陪审团，他也有权利通过公民大会参政议政、提出议案、参与立法等。亚里士多德在《政治学》中说，“一个好的公民，应该既有能力去统治，也有能力被统治，这种双向的能力是一个公民的美德”。[1] 虽然当时公民仅限于城邦居民的范畴，但毕竟统治阶级内部成员之间享有相互平等的地位，这种资格既脱离了血缘关系的控制，也克服了依附王权的缺陷，具有普遍性的法律意

① 〔希腊〕亚里士多德：《政治学》［M］，吴寿彭译，中国人民大学出版社，2003，第 408 页。

蕴。可见，权利与义务平等是公民概念的初始内涵。古罗马人将共和国的公民概念扩展到帝国疆域内绝大多数男性平民，并形成了完整的、系统的法律体系。但是，当时的公民权并非真正意义上的权利，仍然只是一种地位、身份或资格，是城邦成员对城邦整体事务的参与、分享和分担。他们的公民资格不在于为一个人争得他的权利，而是保证他处于他有资格所处的地位。[①] 古希腊这种强调政治参与的“公民传统”，经过罗马帝国乃至中世纪教会统治的压制，慢慢成为一种文化潜流，及至君主专制时代，“公民”观念被“子民”观念（subject）取代。

直到11世纪末，具有自治权的城市共同体在日渐活跃的资本主义商品经济活动中发展起来，公民概念再次进入人们的视野。之后，17、18世纪启蒙思想家们对柏拉图、亚里士多德等古希腊哲学家的思想去粗取精——保留其“公民积极参与”的观念，去除其“等级主义”的意识，发展出了现代意义上的“公民观念”。这种公民意识，在法国大革命中发展到一个顶峰。法国大革命期间，“公民”在法国成了一个流行词汇，具有口号的效果，与“参与革命的积极行动”联系在一起，与“自由、平等、博爱”的追求联系在一起。资产阶级通过革命获取政权后，把国家和社会的重大问题以法律形式固定下来，通过宪法确认了“天赋人权”“主权在民”“法律面前，人人平等”的原则。这样，在法律意义上，社会全体成员都是国家的公民，都拥有一定的权利和义务。

二战以来，由于种种社会因素的变化和理论研究的推进，公民的内涵发生了改变，外延也在不断扩大。一个总的趋势是“公民”与“人”，“公民权”与“人权”越来越趋同。在许多欧美国家，它们间的界限已经变得十分模糊。但在东方国家，如日本、中国等，依然更多地强调公民的实质内容，突出公民的角色意识，把能

① 〔美〕乔治·霍兰·萨拜因：《政治学说史》［M］，邓正来译，商务印书馆，1990，第25页。

动地、适度地参与，以促成国家统一、社会发展的人看成是合格的、称职的公民。

2. 我国公民的产生与发展

在我国，首先提出“公民”一词的是韩非子。他在《五蠹》中提到：“自环者谓之私，背私者谓之公”。也就是说自环自营就是私，背私就是公。所以，韩非子说，“公私之相背也”，“是以公民少而私人众矣”。这就是“公民”一词的出处。不过，韩非子说的“公民”和现代社会所倡导的“公民”，其含义却有很大的差别。实际上，在专制社会中不可能存在公民。韩非子所褒扬的“公民”，也只是帝王的私民或者顺民罢了。两千多年的封建专制制度导致我国只有臣民，在臣民文化盛行的文化背景下，公民文化无从发展，公民概念无从诞生。

1911 年，辛亥革命终结了在我国统治了两千多年的封建专制制度，宪政民主政治制度得以推行，我国国民才第一次接触到公民概念和公民权利的法律规定。第二年，“中华民国国民一律平等”作为正式条款首次出现在中华民国临时政府颁布的法律性文件《中华民国临时约法》中，国民享有的自由和权利也相应得以明确。其后，关于公民权利的规定多次出现在北洋军阀和国民政府颁布的宪法中，但是在国民党政府的独裁统治下，民主政治名不副实，宪法中关于公民权利的法律规定并没有真正执行。

1934 年，中国共产党在革命根据地成立了人民政权，并颁布了《中华苏维埃共和国宪法大纲》，明确规定了人民群众的各项基本权利。1949 年中华人民共和国成立后，在《共同纲领》中进一步确立了人民当家做主的权利。1982 年颁布的我国现行《宪法》规定：“凡具有中华人民共和国国籍的人都是中华人民共和国公民。中华人民共和国公民在法律面前一律平等。任何公民享有宪法和法律规定的权利，同时必须履行宪法和法律规定的义务”。可见，我国的公民与现代公民无异，“公民”一词意味着社会成员身份地位的平等，意味着权利与义务的统一。改革开放以来，随着经济体制改革和民主政治建设的推进，“公民”一词在中共党代会报告等文件中出现的次数逐步增多，尤其是2001年《公民道德建设纲要》的颁布实施使“公民”的概念得到了广泛的了解和关注。2007年，中共十七大报告重申了我国“从各个层次、各个领域扩大公民有序政治参与”“保障公民合法权益”的执政理念。这表明，我国政府决心推进民主政治建设，从政治制度上确保公民广泛平等地参与社会管理。

现代公民的概念是伴随市场经济发展和民主政治制度建立而逐渐衍生出来的，只有当专制权力逐步从经济、社会各个领域中退出，社会成员获得治理国家的权力，成为权责一致、地位平等的社会主体时，国民才成为公民。公民实质上是社会和国家相分离的产物，是社会成员追求独立自主和民主权利的一种政治诉求，是民主政治对专制国家或国家专制的否定，是对国家中心论的否定。① 可见，现代公民地位的确立，人格独立是核心内涵，身份地位平等是基本条件，权利与义务统一是外在表现。

（二）公民身份的内涵与条件

1. 公民身份的内涵

公民只是外在称谓，公民身份才是其内在本质。社会学家马歇尔（T. H. Marshall）在1950年对这个术语作了如下定义：“公民身份是当今工业民主社会中所有社会成员都享有的身份。拥有身份就该平等地拥有身份所附带的一切权利与责任。”② 在马歇尔提出公民身份定义的同时，相应的提出了公民身份的三大组成要素，即公民的要素、政治的要素和社会的要素。公民的要素由个人自由所必需的权利组成：包括人身自由、言论自由、思想和信仰自由，拥有

---

① 胡泽勇：《公民的涵义、地位及其意义》[D]，湖南师范大学硕士论文，2002。

② Thomas H. Marshall, *Citizenship and Social Class* [M], Cambridge: Cambridge University Press, 1950.

财产和订立有效契约的权利以及司法权利；政治的要素指公民作为政治实体的成员或这个实体的选举者，参与行使政治权力的权利；社会的要素指从享有某种程度的经济福利与安全到充分享有社会遗产并依据社会通行标准享受文明生活的权利等一系列权利。三大要素分别对应于三种不同的权利：公民权利（civil rights）、政治权利（political rights）和社会权利（social rights）。与此同时，马歇尔还把三种权利分别与不同的发展时期和保障机构联系在一起：公民权利主要发展于18世纪，与之直接对应的机构是法院；政治权利主要发展于19世纪，与之对应的机构是国会和地方议会；社会权利主要发展于20世纪，与之对应的机构体现为教育体制和社会公共服务体系。①

法律意义的公民身份，是一系列与该成员身份或资格有关的权利与义务，它确认一系列权利和义务构成的法律地位。法律意义的公民身份是与生俱来或者是通过归化获取的，它反映着个人与国家之间的法律关系。首先，公民身份作为一种绝对的资格，国家不得随意剥夺。国家必须保障公民享有法律规定的权利，包括平等权、选举权与被选举权、受教育权等；公民也必须履行法律规定的义务，包括劳动、服兵役、纳税等。其次，公民权利是从个人自由权利逐渐扩展到政治权利，再到社会领域。公民权利的逐步实现可视为一个中心向外围推进的过程。也就是说，公民权利的实现，有一个基本且必不可少的权利硬核：人身自由、言论和表达自由等。这是基本人权的标准，也是所有权利中最重要的。最后，公民权责一致，公民之间一律平等。公民身份体现了权责一致的平等原则，是对特权阶级的排斥和对不同社会地位的否定。现代国家都以宪法的形式规定“法律面前，人人平等”，这意味着所有公民之间一律平等，任何人违反法律规定都必须受到惩罚。

① 郭忠华：《当代公民身份的理论轮廓——新范式的探索》［J］，《公共行政评论》2008年第6期。

政治意义的公民身份，是一种作为国家成员的资格。它强调社会成员对国家政治生活的参与。政治参与是公民身份的内在要求，是公民和臣民相区别的重要标志。正如卢梭所说的“作为主权权威的参与者，就叫做公民，作为国家法律的服从者，就叫做臣民”。① 只有通过积极的政治参与，影响公共政策和公共生活，公民的个人权利才能得到最充分的实现。通过参与民主选举、民主决策、民主管理、民主监督，对自身利益和公共利益进行独立判断，对公共事务作出理性选择，是公民现代性、自主性的体现。能否参与对社会公共事务的管理活动，公民享有政治权利的广度及其实现程度如何，往往是衡量一个国家民主化程度的标志。正是从这个意义上，我们可以说，公民身份的价值是通过政治生活中对公共事务的参与实现的。

从社会意义上理解公民身份，是一种作为社会成员的资格。公民的社会权利是公民享有社会福利和社会保障的权利。毫无疑问，随着社会的进步，现代公民应该享有受教育、医疗、福利方面的权利。在此基础上，政府应保障公民共同分享社会发展的成果，享有按照现代社会普遍文明标准生活的权利。因为社会权利的平等享有是公民平等社会地位的根本体现。然而，现代社会的另一个特征是自由市场经济发展等因素导致的社会分层和贫富差异。怎样消除社会两极分化带来的公民社会权利的差异是现代社会面临的难题之一。对此，马歇尔认为，在平等的公民权体系下，社会阶层之间的差异和不平等是可以接受的。政府应按照补偿平等的原则，对于社会弱势群体和残障人士提供教育、医疗及其他公共设施方面的照顾，保障公民享有普遍性的社会权利，将社会不公平控制在极小的范围内，以普遍性的公民社会权利纠正人类社会中天然存在或制度缺陷造成的不公平现象。

在 20 世纪的最后 20 年里，科技进步、交通工具的便捷引发

① 〔法〕卢梭：《社会契约论》[M]，何兆武译，商务印书馆，1980，第 26 页。

的全球化进程使现代公民获得了全新的公民身份——世界公民。世界公民身份赋予公民关心全球社会事务，参与全球话题争论，判断和处理全球经济、环境、安全等问题的责任。一定程度上模糊了国家和社会公民的固有边界。公民教育思潮也依托女性主义运动、生态运动、多元文化运动等新社会运动衍生出新的思想，并为现代公民带来多样化的公民身份，这些新生的公民身份遍及环境、文化、科技、卫生、反恐等领域。公民身份从效忠城邦的城邦公民演变为效忠民族国家的国家公民、参与公共事务的社会公民，以至全球化时代关怀与理解全球议题的世界公民。尽管公民身份已经发生了变化和拓展，但是公民的独立人格，人伦关系上的主体性、独立性、自由性地位，公民身份的权责一致与平等是始终不变的。

2. 公民身份的条件

公民身份表达的是参与公共生活的观念，而维系公民与公共生活关系的是公民的职责与权利。首先，公民身份确认了公民对共同体的职责。公民是一个公共共同体（共和国）的一名成员。一个公民是一个既治理也被治理的人。公民身份是一个人不得不取得的公共共同体中的一种职责。这意味着，一个公民与普通人或者完整的人是不一样的。它也意味着，要求承认和操练公民身份的各种素质，如自主、批判和忠诚等。共和国不但必须为公民履行职责提供便利，而且必须形成和维持其所需要的资格。其次，公民身份确认了公民应得而非供给的权利。马歇尔把公民身份界定为权利与义务的集合，这是与一个社会的充分成员资格相伴随的。通过这一定义，人们的身份与其对经济、社会发展的贡献相关联的价值相分离。公民身份的要素是无条件的，这对于义务来说如此，对于权利也是如此。权利应该得到落实，义务也必须履行。但公民的权利是资格所赋予的，并非政府授予的，公民权利不应受义务承担情况所左右。因为权利一旦丧失无条件的性质，就会提供一种权利干预的可能，即福利转变为强迫性劳动的形式。

作为一个公民，既有权利，又有责任。由于公民的这种“两面性”，历史上形成了“公民意识”的两种传统：一种是强调公民责任的，是共和传统（republicanism），或者说“积极公民”传统；一种是强调公民权利的，是自由传统（liberalism），或者说“消极公民”传统。[①] 对于“积极公民”来说，公民的意义不仅仅是享受特定的权利，甚至不仅仅是履行一定的义务，而且是主动去寻求、担当公共生活中的责任。这种“责任意识”，不仅仅是为了使一个政体更加完善，同时也是对公民人格的修炼。对于“消极公民”来说，公民只是法理意义上的概念，公民地位的确认仅仅依靠法律条文的界定。它强调的是享有公民身份所赋予的公民权利，而不是责任。他们放心地享受政府提供的福利，安于政府的一切安排，不问政治，不关心与政治相关的公民权利和公民义务。“消极公民”在某种程度上体现着臣民与现代人的结合。但是自由主义者强调的制度合理并没有保障社会的公平正义，相反，自由主义助长了冷漠、自私等道德和社会问题，并造成人与人之间关系的疏离，人们对和谐、友好社群的向往，引发了自由主义者转而关注公民应承担的公共义务和责任，“消极公民”逐步向“积极公民”转变。

在现代社会，公民身份的确立并不意味着社会成员自然能成为公民。现代意义上的公民，是指具有独立自主的健全人格，具有公民意识、公民知识、公民德行和理性能力，充分享有权利并自觉履行义务的社会成员。虽然公民是与生俱来的身份和地位特征，但是要真正具备与这样的身份地位相符合的意识、德行和行为习惯等则

---

① 这里对“积极公民”与“消极公民”的界定与法国大革命期间有区别。1791年法国宪法在规定公民选举权与被选举权时提出了“积极公民”（能动公民）的概念。“积极公民”要求享有选举权与被选举权，且必须具有一定的财产条件。“消极公民”是一个不享有选举权的公民等级，其每年缴纳直接税未能达三天工资以上，包括处于奴仆地位者、被提起公诉者，破产者、不能还清债务者和其他不具备“积极公民”条件的人。

需要有意识地培养。康诺华（Conover）指出，公民适应现代民主生活所需的资质包括三个要素：一是法律要素，指成员的法律地位，这是由公民与生俱来的公民身份所决定的。二是心理要素，指公民对自身身份和地位的了解和心理认同，对臣民心理的排斥和消除。只有公民内心的独立、强大，才能彻底摒弃依附人格，培育健全独立的现代公民。健康的公民心理素质不仅有助形成、维系社会成员之间的友好关系，增强社会凝聚力，并且有助于履行公民身份所赋予的职责，进而培育公民文化，构建公民社会。现代公民必备的心理素质包括独立意识、平等意识、参与意识和合作意识等。三是行为要素，指公民在公共活动中的行为习惯和具体实践，是社会成员将公民知识内化为价值观、意识、心理等素质后在公共领域中的外在体现，包括参与政治生活和社会事务的表现。公共领域的活动都牵涉到公民德行。[①] 除了法律要素被规定在法律框架内之外，公民资质的心理要素和行为要素都可以通过公民教育帮助社会成员将国家和社会对公民的要求纳入自身的认知体系，进而转化为心理认同和行为习惯，因此培育公民资质是公民教育的主要任务。公民资质的心理素质影响公民意识，即公民对自己在国家政治和法律生活中的地位的认识，在情感上对于所属国家和社群的认同，在认知上对其公民角色的了解，知道自己所承担的责任及享有的权利。公民资质的行为要素影响个人的德行与公共行为。只有将公民知识、情感转化为行动，积极而有效地参与到公共事务当中，才能以符合公共道德要求的理性公民行为履行公民权利，承担公民责任，推进“公共善”和社会成员公共利益的实现和提升。公民教育正是培养公民心理素质和行为素质必不可少的重要途径。随着公民身份成为个体在国家和社会中最普遍、最基本的身份特征，公民教育已成为现代民主国家共同关注的问题。

---

① Conover, Pamela. J. *Citizen Identities and Conceptions of The Self*, *The Journal of Political Philosophy* [J], 1995.（2）. 133 - 134.

（三）公民教育的发展变化与思想流派

1. 公民教育的产生与演变

公民教育具有深厚的历史渊源和文化传统。在古希腊和古罗马时期，伴随古代公民的出现而相应的产生了最初的公民教育。但古代的公民教育并非我们今天所论及的公民教育。中世纪臣民思想盛行，公民意识与公民权被禁锢在宗教的枷锁之中，公民教育也失去了存在的空间。直到17~18世纪，英、法两国资产阶级革命取得胜利和现代国家产生，现代意义上的公民资格正式确立后，建立普遍法治的公民社会思想，受到统治阶级重视，培养公民才成为教育的核心问题。公民教育的内涵也相应发生了实质性的变化。法国是世界上最早开展公民教育的国家。1791年，法国颁布了第一部宪法，提出了公民教育的思想，成为现代公民教育的首创国。此后，欧美各发达国家相继推行了公民教育。英国在18世纪末通过自由教育课程传递有关国家结构、法律和贸易的知识。德国于1909年建立“公民教育会议”，促进德国国民的公民训练，引导他们理解国家生活，增长对祖国的责任感和公民的义务意识。1916年，全美教育协会就公民教育的内容、方式、课程设置等向全国学校提出了建立“社会科”的建议报告，标志着美国现代公民教育形成。[①]二战后，亚洲许多国家在学校教育中也先后实施了现代公民教育。由于公民教育广泛推行，培养合格公民逐渐成为现代国家的教育目标，并且形成了东西方公民教育的特点和多种公民教育模式。

公民教育的发展深受各国文化传统影响，具有文化传承的功能，也体现出东西方文化的差异。在教学内容上，东方国家以道德教育为主。亚洲深受儒家文化影响，强调道德至上，把道德作为立国的根基，提倡广泛的公民道德。新加坡提出公民五大价值观，即

① 范国睿：《欧美主要国家的学校公民教育：基于教育政策的分析》［J］，《教育发展研究》2006年第6期。

“国家至上，社会为先；家庭为根，社会为本；关怀扶持，尊重个人；求同存异，协商共识；种族和谐，宗教宽容”，并作为公民教育的纲领，是道德中心论公民教育的代表。西方国家以权利与义务教育为主。欧美国家具有深厚的民主政治文化传统，主张争取和维护个人的独立、平等和民主，认为这既是公民的权利，也是维护民主政治必不可少的条件。美国的政治哲学以自由主义和个人主义为基础，其公民教育主张个人权利和基本自由的优先性，培养的是个性独立、积极参与，对政府有影响力的公民，是权利论公民教育的代表。德国具有国家主义、整体主义以及服从主义的历史传统，其公民教育将国家的需要和民族的利益作为着眼点，要求培养对国家有用的公民，是义务论公民教育的代表。在教学方法上，东方国家注重正面传授，由教育者向教育对象系统地讲授或由受教育者自身系统地学习理论知识，西方国家注重价值澄清，主张创造条件，帮助青少年经过自由选择、反省和行动澄清内心价值观；在教学环节上，东方国家重视道德熏陶，通过课程渗透和习惯养成，帮助青少年养成道德行为，西方国家重视参与技能，通过对学生进行日常生活实践训练，培养主体意识和参与技能。①

公民教育还依据课程与教学的组织方式，发展出几种有代表性的教育模式，分别是德目主义模式、全面主义模式和综合主义模式。② 其中，德目主义模式开设独立的道德课程，将人们经过多年生活经验积淀和验证而得来的一些道德品质和规范提炼成的德目，编写成教材，并设置专职教师加以系统传授，让学生熟记、理解和掌握。德目主义模式赋予道德教育在教育系统中的崇高地位，但是德目主义所强调的道德教育仅属于公民教育的一个部分，并不是完整意义上的公民教育，并且由于其教材编写来源于历史

① 杨曦：《几种不同价值取向的公民教育观》［J］，《道德教育研究》2003 年第 3 期。

② 王玄武等：《比较德育学》［M］，武汉大学出版社，2003，第 123～155 页。

经验的总结，导致道德教育落后于社会发展的需要。全面主义模式是通过以社会科为中心的全学科和全部教育活动进行公民教育的模式。它主张通过学校各相关学科的教育和渗透，以及学生的课外活动、道德实践、职业训练和生活指导等全部教育活动去实现公民教育的目的。全面主义模式强调教育内容围绕学生适应社会而设置，注重培养教育对象的主体性，重视通过实践活动提高学生的理性思考和自主选择能力。但是全面主义教育模式强调以生活和学生为中心组织课程内容，采用间接的教育途径和方法，因知识传授缺乏系统性，以及教师教育行为主观性强，容易造成公民教育质量下滑。综合教育模式由混合教育模式发展而成，它既承袭了德目主义模式专业性强的优点，在学校开设相对独立的课程，向学生传授系统的公民知识，也吸收了全面主义模式现实性和操作性强的特点，充分利用各类相关课程和学生的各种教育活动开展公民教育。

尽管世界各国公民教育的内容侧重点有所不同，教育方法、教学模式也形态各异，但是可以肯定的是，其公民教育有相对统一的宗旨和相对稳定的内容。公民的主体意识、独立人格、公民理性等是公民教育一以贯之的价值追求，公民道德、宪法和法律、国家历史与现状、国家结构及运行、民主参与的知识与技能等是公民教育不可或缺的重要内容。

2. 公民教育的主要思想流派

公民是一个政治哲学概念。一般的说，哲学并不直接探讨公民教育问题。然而，如果把公民教育问题纳入哲学视野中，那就会发现哲学的某些研究对象与公民教育理论有着千丝万缕的联系，或者说公民教育理论之所以能展开、深化，恰恰是因为借助一些重要的哲学思想之力量。麦柏（Mabe）认为，公民教育理论流派是从政治哲学中派生出来的。政治哲学是关于政治理想、政治信念的学科，它研究和处理公民的权利与义务，政府权力的分配与制衡，公民之间以及公民与政府的关系等问题，从而勾勒出不同社会公民治理的图景。[①] 公民教育观隐含着相应的哲学思想和理论背景，公民教育在本质上要回答的问题是：培养什么样的社会成员？培养出来的公民应该具备什么素质？应该做到什么？在当代公民教育思想流派中，比较有代表性的包括自由主义、共和主义、社群主义和多元主义。这些公民教育的思想流派，源于并继承了古希腊和近现代公民教育思想的精华，对当代公民教育内涵的发展产生了巨大而深远的影响。[②] 建构公民教育政策，推行公民教育，必须对公民教育的各大流派有深入、透彻的理解。

（1）自由主义公民教育思想

自由主义公民教育思想与自由主义公民身份相呼应。自由主义的核心理念是平等主义、多元价值与宽容、政治上的个人主义及中立原则。传统自由主义思想认为个人的权利是第一位的，个人与国家的关系是松散的，国家只是为了维护个人权利而存在。自由主义者将社会划分为公共领域和非公共领域，公共领域是政府行使权威的领域，而非公共领域是个人自由活动的区域，政府不应控制和干预。在非公共领域，每一个人可以追求其认为最适当的生活方式。只要不违反公共领域的规范，个人的权利可以得到绝对的保障，所以个人可以不必关心和参与政治。[③] 但是由于当代的自由社会深受犯罪、毒品、色情、贫富悬殊、政治冷漠等问题所困扰，这引发了自由论者重新思考公民德行、品格形成等问题。自由论者认为，矫正这些弊端，要借助于培养公民对他人的尊重、自制、守法以及对社会核心原则的忠诚、信仰等德行。自由主义者认识到，一个健全的民主社会不仅为个人权利、隐私和自由提供保障，并且要培养个人关心公共利益，参与公共领域的社会事务。基于对传

---

① Mabe, R. Alan. *Moral and Practical Foundations for Civil Education* [J], The Social Sutdudies, 1993. 84 (4): 153 - 157.

② 胡艳蓓：《当代西方公民教育思想述评》[J]，《国外社会科学》2002 年第4 期。

③ 赵晖：《当代世界公民教育的理念考察》[J]，《外国教育研究》2003 年第 9 期，第 27 页。

统自由主义的反思，20世纪末出现的新自由主义实现了从只重视权利到权利与义务并重的转向。新自由主义十分强调个人承担公共领域所赋予的义务与责任，认为公民不仅应具有法律意义上的身份，还应该具有容忍、相互尊重、公平感和公民性等基本道德素养。①

自由主义公民教育思想在西方社会影响较为深刻，是多数西方国家长期以来开展公民教育的重要理论依据。② 罗尔斯（Rawls）认为，公民教育要培养完整的社会成员，就应该传递两种道德的力量：正义感及形成价值观的能力。公民正义感的发展，不只意味着儿童要学习、掌握并应用正义原则，还必须对此正义原则忠诚，以维持稳定的、公平的社会合作体系；形成价值观的能力意味着以理性的方式追求一种价值观，它要求受教育者具备在理性的基础上修正个人价值观的能力与意愿，这也表示公民应该批判性地思考自由主义的价值观。这是一种智性德行，如：开放的心灵、愿意参与理性讨论、诚实与公平、尊重事实、谦虚、对不同意见持宽容和客观的态度、热爱真理等。③ 此外，自由主义公民教育还重视培养平等尊重、自制、公平感、正义感等公共生活所需的德行和传授民主理论、政治科学等社会科学知识。自由主义公民教育的目的在于将民主、自由、独立的价值追求，公民之间及权责之间平等的意识及批判反思、理性抉择的方法和技能传递给学生，使他们获得自由主义公民身份所需的公民能力。

（2）共和主义公民教育思想

共和主义公民教育思想和共和主义公民身份相呼应。共和主义

① 〔美〕约翰·罗尔斯：《作为公平的正义——正义新论》［M］，姚大志等译，上海三联书店，2002，第235～240页。

② 赵明玉：《自由主义公民教育思想探析》［J］，《外国教育研究》2007年第3期，第25页。

③ Spiecker, Ben & Steutel, Jen. *Political Liberalism, Civil Education and The Dutch Government* [J], Journal of Moral Education, 24 (4): 387.

的公民是积极参与公共事务的社会成员。共和主义者认为，公民在公共活动中关心公共事务，和其他公民互动，才能发展起健康的人格，建立认同感和归属感，进而实现自我价值，因此，公共生活本身就是目的，公民的价值是通过公共生活实现的。公民在公共生活中形成和追求的目的就是公共善。公共善优先于个人的私利，个人必须以公共善作为行动的根本宗旨。但这并不意味着共和主义者不重视个人自由，而是在于他们认为，在不受外在约束和奴役的国家才能保障个人自由权利和价值的实现。共和主义者认为，仅仅依靠遵守法律的公民不足以构建良性运作的公民社会，还需要培养公民德行，只有公共善得到维护和实现，公民自由才能得到根本保障。公民必须具备的公民德行包括保护国家的勇气和谨慎而主动地参与公共事务两个方面。[①] 公民德行作为一个公民所必备的公共意识和公共精神，服务于公共善。然而，公民德行不是人类天生自然的行为[②]，人类在自然的状况下是不愿意受约束的，甚至还可能做出和公共善相反的行为，因此，需要通过教育来养成公民遵守公民德行的意愿和习惯。

共和主义公民教育旨在引导公民树立国家利益优先的观念，以促进国家和社会的发展为己任，履行公民的责任和义务。首先，在共和主义公民教育中，教师培养和诱发学生产生实践公民资格的动机，这就需要培养公民意识。公民意识是指一种在公共领域内的道德良心，它包括某些特质和价值取向，如：尊严和自重等基本特质和促进社群团结和稳定的价值取向。公民意识会促使公民主动地参与公共事务，并自觉地将公共利益置于个人私利之上。[③] 其次，要

① Skinner, Quentin. *On Justice*, *The Comon Good and The Priority of Liberty* [A], Chantal Mouffe ed.: *Dimensions of Radical Democracy*: *Pluralism*, *Citizenship*, *Community* [D], London: Verso. 1992: 219.

② Oldfield, Adrian. *Citizenship and Community*: *Civil Republicanism and The Modern World* [M], London: Routledge. 1990: 188 – 196.

③ 张秀雄主编《公民教育的理论与实践》[M]，台北：师大书苑公司，1998，第116页。

使受教育者具备作为一名公民的能力。公民能力包括绝对的公民能力和相对的公民能力。绝对的公民能力指参与公共事务所需要的实质能力，如：识字能力，了解政府的运作和制度、国家的历史和宪法的能力，批判反省与理性分析的能力等；相对的公民能力，如纳税、服兵役等。最后，至关重要的是，帮助学生将动机和能力转化为积极主动的公民行为。共和主义公民教育的根本目的是将个体塑造成关心和主动参与公共事务的公民。对于共和主义公民教育者而言，只有引导学生开展社会实践，关心和处理社会问题，才能使学生获得真正的公民资格。对公共事务漠不关心，只着眼于自身权利的不能算作是公民。主动积极地参与公共事务，履行公民责任是社会成员成为公民的唯一渠道，当个人停止履行作为一个公民的责任的同时，其公民身份就相应停止。近年来，在美国学者普瑞特（Pratte）的倡导下，“社区服务”成为美国公民教育的重要方式。“社区服务”是让学生深入到社区当中，帮助社区解决公共问题的活动，学生在服务过程中不仅实现了社区公共利益，并且发现、分析和解决问题的能力明显提升。学生也在服务过程中实现了自我，从而能进一步提高公民意识。①

（3）社群主义公民教育思想

社群主义是在自由主义和共和主义相融合的基础上产生的。自由主义和共和主义作为西方最具代表性的政治哲学在现实操作中都存在缺陷。社群主义者将自由主义和共和主义看作是维护个人权利和履行个人义务的两端，采取折中的态度，推动各种观点达成共识，并形成新的思想流派。最早使用“社群主义”一词的是法国社会学家涂尔干（Durkheim），他在19世纪末将它作为与自由主义相对的另一面提出。社群主义是在针砭西方文明高度发展而道德却日趋腐败的自由主义社会现状中发展起来的。根据麦金泰尔

① Pratte, R. *The Civil Imperative* [M], New York: Teahers College Press, Columbia University. 1988. 58.

(MacInyre) 的观察，当代自由主义社会最大的问题在于道德的混乱与纷争，而这个问题源于自由主义主张所有的道德和价值判断都不过是纯粹个人偏好或是情感、态度的表达，缺乏一个客观的道德判断标准。[①] 这成为现代社会道德困境的根源。社群论者认为，自由主义的公民观在鼓励公民独立自由的同时，忽视了人类在社群中生活的现实。社群是公民生活的共同体，是在公民与国家之间公共领域中活动的依托。国家是力量强大的，以公民一己之力难以与国家力量抗衡，需要公民联合起来，才能维护群体的共同利益。它要求社会成员不仅努力维护自身权利不受侵犯，并且在他人的权利受到侵犯时，也能团结一致，共同维护公民权利。一个人的权利就是全体公民的权利，社群主义内在地要求公民将个人视为群体中不可缺少的一分子，对他人怀有同情、关爱、怜悯之心，共同追求"共善"的生活。社群主义者还认为，共和主义过于强调集体利益而忽视公民权利的倾向是与公民独立自主的身份不相符的，实现公共利益最终也是为了达成每个公民的自由和独立。因此，社群主义最关注的不是公民权利或者公民责任，而是实现权责一致所必需的公民认同和公民德行。公民认同是保障公民身份的前提，公民德行是实现公民身份的依托，公民行为才是体现公民身份的具体方式[②]。社群主义着眼于社会成员以共同生活的环境为背景，以公民组织为依托，以公共利益为目标，强调加强社会实践，培养对社群具有公共认同感，积极参与公共生活的公民。

社群主义公民教育除了要让学生对其所属的社群产生认同感和归属感外，最重要的任务便是培养社群生活所需的公民德行。但是在价值多元的社会背景下，应该培养哪一种道德？对此，麦金泰尔指出，我们的目的不是在灌输具体的道德条款，而是培养有卓越德

---

① MacIntyre, Alasdair. *After Virtue: A Study in Moral Theory* [M], 2th Notre Dame: University of Notre Dame Press. 1984: 11 - 12.

② 彭如婉:《社群主义的公民教育观》[A], 载张秀雄主编《公民教育的理论与实践》[D], 台北: 师大书苑公司, 1998, 第 129 页。

行的人，即培养公民具有完整的道德特质。因而，社群主义公民教育重视整体道德人格的养成，认为一个人如果具有仁慈的德行，那么他在日常生活中就会习惯地从事仁慈的行为。[1] 社群主义公民教育主要包含两个方面，一是以社群成员共同生活的文化背景为基础，培养公民对其所属社会群体的认同感和归属感，体会到自己在群体中的地位、权利和责任。二是强调以实践为主的公民教育理念，培养社群生活所需的公民德行。社群主义者非常重视服务学习，倡导让学生在社会实践的互动中学习。因格斯贝（Ingalsbee）在其课堂教学中运用团体共同活动开展社群主义公民教育后，认为带有实证研究的团体活动是一种很有力的教学方法，它促进学生去了解、感受所处环境中存在的问题，并进行思考和实践。[2] 通过对社群共同活动的参与，学生自然产生对社群的认同和关心，产生负责任的动机，并愿意实践作为公民的身份。[3]

（4）多元主义公民教育思想

多元主义的产生可追溯到托马斯·霍布斯（Thomas Hobbes）和约翰·洛克（John Locke）等17世纪社会契约理论家的著作中，在19世纪末20世纪初发展起来，全球化进程加快了多元主义思想的发展，使之成为当代政治哲学或族群理论中极为重要的一种观点。传统的自由主义、共和主义和社群主义的公民资质论，虽然反映出个人自由与共同责任、社群福祉等不同取向，但基本上都预设了同质性的前提。因此多元文化主义提出“差异”的概念，并要求解决族群的差异和不平等，承认不同族群文化的权利与尊严。为了纠正自由主义、共和主义、社群主义所呈现的同质性、普遍性所造成的族群不平等，多元文化论者提出要尊重各种独特的生活方

① 林火旺：《伦理学》［M］，台北：“国立”空中大学，1997，第154~156页。

② Ingalsbee, Timothy. *Conceive-A-Community: A Group Exercise for Teaching The Theory and Practice of Communitarianism* [J], Teaching Sociology, 20 (10): 298-301.

③ Oldfield, Adrian. *Citizenship and Community: Civil Republicanism and The Modern World* [M], London: Routledge. 1990: 155.

式，肯定族群差异的价值，并且要扩大差异族群发言的空间，公共政策的制定要充分考虑差异族群。[①] 归纳起来，多元文化主义有三方面的内涵，一是呈现多元的文化样貌；二是追求积极的差异性对待，并非一视同仁的消极式平等；三是强调行动的积极展开。多元文化公民教育强调，承认、理解和尊重是现代公民适应全球化发展的基本要求。它主张民主不只是通过国家这个唯一的权力中心来实现的，而是由社会中的许多团体来共同实现的，是众多团体共同参与政治决策的过程。

多元主义公民教育的基本理念是：人类社会存在多种不同的价值理念和对于良善生活的价值追求，某些相互冲突的人类衍生方式有各自的理据，其中一些在价值上无法比较。多元主义者认为，自由不是人类追求的唯一价值，正义、幸福等终极价值高于自由。因此，在不同的文化背景下，每个社会群体都有维持其独特的价值认同、享有其文化特质的权利。多元主义公民教育旨在帮助学生认识人类生存世界的多样性及人类价值追求的多元化，辨别各种文化现象是否具有与人类终极追求相符合的价值理念。[②] 只要与人类社会的公平正义、和谐幸福等终极追求相一致，公民既可以在多种价值中自由地采纳其中一种，也可以自由地形成自己的生活理念。多元主义公民教育引导学生形成多元文化价值观，即不同民族拥有自身的文化和生活方式并非不完美的表现，恰恰相反，这正是人类能以不同生活方式和价值追求共存的标志。[③] 多元化的价值理念之间不可避免会发生冲突，坚持一种价值并不意味着削弱另一种价值。多元主义者坚持对于文化冲突采取中立的态度，平等地对待每一种文

① 章玉琴：《多元文化论公民观及国民教育观之探究》［J］，《公民训育学报》1999 年第 8 期，第 343 ~ 370 页。

② 张立新：《全球化背景下公民教育研究的新视野——对我国课程与教学的启示》［J］，《外国教育研究》2007 年第 10 期，第 62 页。

③ 万明钢、王文岚：《全球化背景中的公民与公民教育》［J］，《西北师范大学学报（社会科学版）》2003 年第 1 期，第 77 页。

化，而不是将一种文化凌驾于另一种之上，因为任何单一或复合的价值都不具有理性和道德的特点。多元主义公民教育旨在培养具有全球视野，尊重和包容各民族文化特点，具备全球事务处理能力的世界公民。因此，公民教育关注全球议题，通过对保护各民族的文化遗产、共同关心全球贫困儿童、保护全球生态环境、防治全球性传染病等问题的分析和争论，培养学生的全球意识和跨文化适应能力。经历了几个世纪的发展演变，带着不同时代的烙印，各种公民教育思想呈现出截然不同的特点。自由主义公民教育思想的兴起是为摆脱封建传统对人性的压抑与束缚，倡导个人的独立与尊严。它注重个人的自决能力，在政治社会变迁，民主理念、公民文化尚未成熟之际，这种思想有助于建立一个民主自由的公民社会。但是自由主义泛滥也导致个体对社会的疏离、对政治的冷漠，以及犯罪、吸毒等社会问题。共和主义强调公众利益高于私人利益，注重养成公民德行以维护社群利益。但在一定程度上，它忽视了公民权利的达成。社群主义公民教育理论是在深刻反省和批判自由主义理论，传承共和主义某些理论的基础上形成的。它强调社群关系、社群认同感和归属感对个人存在的重要意义，重视维护社区公益的公民德行。但社群主义对整体的道德人格养成和公民行为完全出于良善动机的追求显得过于理想化。多元文化论强调尊重差异，保障不同国家和民族的文化能在全球化社会中和平共存，使全人类合作解决共同面临的环境恶化、贫富差异、经济发展等世界性难题。多元主义相对于自由主义、共和主义、社群主义的同质性假设是一种进步，也符合全球化趋势，但目前仍缺乏具体实践。

多样化的公民教育思想为公民教育实践提供了坚实的理论基础，但公民教育并非只是一项学术活动，它还是国家执政理念的反映，是国家对其社会成员进行政治社会化和道德社会化的过程。公民教育政策是连接公民教育理论与实践的桥梁，具体引导着公民教育的实施。公民教育必须按照国家政策的指引开展，不能逾越国家政策规定的范畴。

（四）公民教育政策

1. 公民教育政策的起源与发展

公民教育政策的诞生与西方资本主义制度的确立是相伴而行的。世界上最早的公民教育政策可追溯到1793年法国在制定《公共教育法》时，把资产阶级革命的纲领性文件——《人权宣言》和宪法列为中小学生“绝对必需的基本知识内容”。进而，1881年法国第三共和国颁布实施《费里法案》，在公立学校开设公民教育课。

英国、法国、美国等欧美国家有不同的公民教育政策历史渊源和发展历程，但都形成了学校公民教育的传统。英国具有深厚的公民教育制度文化，其民主制度本身就具有公民教育的功能，在宏观层面发挥着公民教育的作用；学校教育的民主化发展规定了学校教育的整体生活，在中观层面上起到了公民教育的作用；学校教育的多门学科包含公民教育的性质，因而在微观层面上具有公民教育因素。英国现行的公民教育政策主要有1990年的《课程指导8：公民教育》、1988年的《教育法》以及1999年修订后实施的“全国统一课程”等。法国是现代公民教育的首创国，公民教育在国民教育体系中具有至高无上的地位。法国公民教育由国家统管，制定统一的标准，设置课程年限、大纲，规定教材及参考资料，目标是把学生培养成为既有社会责任心，又能行使自己公民权利的理想的社会公民。法国现行的公民教育政策主要有1989年的《教育指导法案》和2000年的《公民、法律和社会教育》课程教学大纲。美国公民教育政策以传统的政治文化做背景，有丰富的现代公民教育理论研究做支撑。美国对公民教育的理解源自民主社会中关于自治政府的概念。1863年，林肯（Lincoln）总统在其著名的《葛底斯堡演说》中提出“民有、民治、民享”政府的理想。美国公民教育政策的使命是：增强公民参与民主的治理能力，增进公民对立宪民主的价值与原则的认同。美国现行的公民教育政策主要有1991年颁布的《公民教育大纲》和1994年颁布的《公民学与政府》全国课程标准。

日本、新加坡等一些亚洲国家在二战后进行民主化改革或者在推进社会现代化的过程中，也逐步形成了现代公民教育政策。日本公民教育政策以战后民主化改革中推行的“社会科”为实施框架，以传统历史文化中“道德为主”的价值取向为基调。日本公民教育强调建设国家、社会，鼓励公民积极主动参与国家与社会事务，体现出强烈的国家意志。日本现行的主要公民教育政策有 1998 年的《教学大纲》（“学习指导要领”）和 2001 年修订的《学习教育法》《社会教育法》等。新加坡的公民教育具有集东西方文化于一体、与多元化民族、多元化社会相适应的特点。新加坡政府于 1991 年公布了《共同价值观白皮书》，提出了“国家至上，社会为先；家庭为根，社会为本；关怀扶持，尊重个人；求同存异，协商共识；种族和谐，宗教宽容”的共同价值观。从这个共同价值观出发，新加坡形成了培养身心健全的个人，使他具有强烈的道德意识，良好的人际关系，同时能对社会作贡献的教育目标。新加坡现行的主要公民教育政策包括 1990 年的“学生社区服务计划”和 1991 年的《公民与道德教育大纲》。

20 世纪八九十年代至 21 世纪初，欧美主要国家和亚洲部分国家形成了各具特色的完整的公民教育政策，主要表现形式有：教育法案、课程标准、教学大纲、教学指导等。这些政策对公民教育设置年限、基本范畴、课程名称、授课时数等做出了规定。

2. 公民教育政策的基本特征

公民教育政策的基本特征包括：一是政治性。教育是为政治服务的，公民教育的政治功能更为明显和突出，因而，公民教育政策是为实现政党和政府在一定阶段的政治目标而制定的；二是价值倾向性。任何公共政策都是“价值涉入”的，公民教育政策的指导思想体现了执政党和政府的价值取向；三是层次性。有综合性政策与具体实施政策、中央政策与地方政策、法令性政策与部门规章等不同层次；四是阶段性。公民教育政策与社会背景、受众认可程度息息相关，在社会发展的不同阶段，公民教育政策体现出强烈的时代特征；五是多样性。社会需求和公民身份的多样性导致公民教育政策内容多样和表现形式的多样性特征；六是合法性。一切公布实施的公民教育政策都必须通过法律或行政程序取得相应的合法认可；七是权威性。只有政党及政府才能发布，凡经合法程序颁布实施的政策都应得到贯彻落实，并且下位政策从属于上位政策，先出台的政策听从于后出台的政策。八是强制性。公民教育从一开始就是国家行为，是国家机器的重要组成部分。公民教育政策一经颁布实施，就在实施范围内以国家强制力普遍执行。九是稳定性。为了便于受众理解、接受和执行，使公民教育得到顺利推进，公民教育政策应该保持相对稳定。

3. 公民教育政策的主要功能

公民教育政策的功能就是政策对公民教育发挥的功效和作用。它通过政策的地位、结构、作用表现出来。公民教育政策围绕国家的公民教育目标设计，其基本功能包括导向功能、控制功能、协调功能和象征功能。

（1）导向功能

公民教育政策导向功能的表现之一是确定方向、规定目标。规定目标就是把整个社会生活，包括政治领域、经济领域、文化领域等所提出的复杂多样、相互冲突、漫无边际的目标群，经过梳理，纳入明晰、单向、统一、明确的轨道，使公民教育有序地开展。公民教育政策导向功能的另一个表现就是指导教育、统一认识、协调行动、因势利导。公民教育政策告诉人们，什么样的公民教育是政府倡导的，应该做的，什么样的公民教育是不提倡的，甚至禁止的，并且让人们明白为什么这样做而不是那样做，怎样才能做得更好。在我国，突出表现出导向功能的公民教育政策如中共中央《公民道德建设实施纲要》，它明确地提出了要提倡现代社会公民的道德教育，引导我国公民教育迈上新台阶。

（2）控制功能

公民教育政策的控制功能是政策对公民教育发展起制约或促进作用。公民教育政策的出台是为了解决一定的社会问题、教育问题，或者是为了预防特定社会问题的发生，政策制定者在政策上对所希望发生的公民教育行为予以鼓励，对不希望发生的公民教育行为予以惩罚，从而实现对公民教育的控制。公民教育政策的控制功能有直接控制和间接控制两种形式，例如，2004年我国颁布的《小学生日常行为规范（修订)》，明确规定“不骂人，不打架。到他人房间先敲门，经允许再进入，不随意翻动别人的物品，不打扰别人的工作、学习和休息”，这是对小学生公民教育的直接控制。又如，《中学班主任工作的暂行规定》指出，“对学生的思想认识问题，不要简单地批评压制，要循循善诱，以理服人”，通过规范班主任行为，对公民教育加以间接控制。

（3）协调功能

教育管理是一项复杂的活动，教育系统所需的资源均依赖其他系统提供，教育领域最重要的政策，如体制政策、人事政策、经费政策等分别依托发展改革部门、人事部门、财政部门共同制定，因此教育管理要协调的利益关系更多、更明显。只有协调好这些利益关系，公民教育才能顺利进行。公民教育政策首先要协调教育部门与社会政治组织，包括各党派、各社会团体之间的关系，如：宣传部、妇联、共青团等，他们都负有开展公民教育的职能，只有相互支持，才能协同推进公民教育。其次要协调教育部门与政府其他各部门的关系，比如，人事部门控制着教师队伍的编制设定、职称评定，财政部门控制着教育经费的预算与投入，必须获得他们的支持，公民教育才能获得人力、物力、财力的基本保障。这些性质各异、错综复杂的关系不能依靠长官意志和个人权威，而必须依靠政策的制度性约束。这一类的公民教育政策如中共中央、国务院《关于进一步加强和改进未成年人思想道德建设的若干意见》，就是以中共中央、国务院的权威，调动各部门、各行业资源支持公民教育，协调各相关领域关系的基本政策。

（4）象征功能

公民教育政策的象征功能是指政策仅具有符号意义，不产生实质性后果，主要发挥象征性作用。象征性功能不在于政策的实际作用，或者说制定者对它的期望并非要产生明确的效果。它仅仅在于提倡一种导向，其目的是影响公众的观念、认识和态度，例如，教育部《关于在大、中、小学全面开展廉洁教育的意见》就属于象征性政策。廉洁自律是针对拥有公权力和掌握公共资源分配权的人而言的，大、中、小学生还没有走上工作岗位，廉洁教育本质上就是一种公民诚信道德教育。因此，这一政策以其象征功能强调了廉洁的重要意义，也表明了这是政府努力的方向和目标。

（五）公民、公民教育与公民教育政策的内在联系

培育合格的现代公民是现代国家建立民主制度的需要。民主是大多数人向往的生活方式，但是，不少现代国家却为民主制度的建立付出了高昂的代价。民主制度面临的一个悖论就是：民主制度将权力交给公民，才能让公民在实践中提升公民意识和公民技能，形成公民文化，然而，缺乏教育和训练的公民如果不能适应和驾驭民主制度，将导致民主制度走回头路。① 驾驭民主制度的能力并不是天然形成的，而是在国家有意识地教育引导下逐步产生的。公民教育在人类发展的各种可能中，培育社会成员的某些潜能发展，如理性、技能、道德等，使其成为合格的现代公民，从而适应现代社会的民主制度。

公民教育是现代国家培育公民社会和实现民主政治理想的基础。公民教育旨在培育民主社会公民参与公共社会生活所必需的美德、知识以及技能，它在道德上优先于基础教育的其他目标。公民教育为公民参与有意识的社会再生产做准备，有意识的社会再生产不仅是公民教育的理想，也是民主政治的理想。公民教育提供了民主政治理想实现的基础，在这个基础之上，民主社会才能确保它的

① 〔美〕加布里埃尔·阿尔蒙德、西德尼·维巴：《公民文化——五国的政治态度和民主》［M］，马殿军等译，浙江人民出版社，1989，第10页。

成年公民的公民自由和政治自由，并且不会把公民的福利或者民主社会的生存置于很大的险境。充分道德意义上的公民社会依赖于公民教育。为此，各国政府都将公民教育政策作为国家的根本教育政策，以具体明确的政策引导和规约公民教育。

公民教育政策通过引导、规制公民教育实践，从而发挥其对民主政治的重要推进作用。公民教育不仅为民主政治搭建了舞台，还在民主政治中扮演着关键的角色。一种理性的公民教育活动必然受到政策的正确指引，因而，公民教育政策不仅要在公民教育的理论流派中有所取舍，要协调多元利益主体的需求，并且公民教育政策不能脱离社会发展和公民意识的现实水平，必须基于社会现实，引导公民教育逐步接近教育理想和政治理想。在康德（Kant）看来，“一个教育理论的前景就是设置一个光辉的理想——尽管存在一些妨碍这一理想实现的困难，但我们一定不能把这一理想看做是异想天开，也不能把它诋毁为只是一个美梦。”① 公民教育政策就是将公民教育理论运用于公民教育实践使之不断接近理想状态的措施和手段。

二 我国社会转型与公民教育的实施

（一）我国社会转型的主要特征

社会转型的主体是社会结构，它是指一种整体的和全面的结构状态过渡，而不仅仅是某些单项发展指标的实现。社会转型的具体内容是结构转换、机制转轨、利益调整和观念转变。在社会转型时期，人们的行为方式、生活方式、价值体系都会发生明显的变化。我国当前的社会转型是以经济改革为切入点进而向全方位推进的、

---

① Kant, Immanuel. *Kant on Education*. Trans by Annette Churton. Boston: D. C. Heath and C., 1900, 8.

跨越式发展的历史进程，是整个社会的观念、形态、生产生活方式由僵化走向灵活、由封闭走向开放、由落后走向文明的历史进程。[①] 我国社会转型的特征主要从经济、政治、文化、社会等方面体现出来。

1. 计划经济向市场经济转轨直接引发社会转型

在我国，大规模的经济体制改革起于1978年中共十一届三中全会，其基本目标是把高度集中的计划经济体制改革成为社会主义市场经济体制。在所有制方面，实行以公有制为主体、多种所有制经济共同发展的经济制度，调整和完善所有制结构，推行公有制实现形式的多样化；在分配方面，实行以按劳分配为主体、多种分配形式并存的制度。在农村，进一步完善以家庭联产承包责任制为基础的双层经营体制；在城市，以增强企业活力为中心环节，国有企业改革以建立现代企业制度为方向。由计划经济体制向社会主义市场经济体制转变的过程中，最根本的转变就是资源配置方式的转变。也就是由过去的以行政手段配置资源为主，向以市场配置资源为主转变。在资源配置方式的带动下，经济体制内的诸因素渐次发生了相应的转变：经济运行的机制从无所不包的国家计划，转为价格、供求、竞争、利率等市场机制；调节经济的手段从行政手段，转为经济手段和法律手段；调节经济的方式从国家直接调控企业，转为国家调控市场，市场引导企业；所有制结构从单一的所有制结构转为多元的所有制结构；利益分配格局从严重的平均主义，转为讲求效率、注重公平。不可否认，经过30多年的改革开放，我国社会主义市场经济体制已经初步建立，市场要素已经渗透到人们经济活动的各个角落。经济转型带来利益格局调整、社会阶层分化。在经济转轨的主导下，社会转型渐趋发生。

2. 政治体制改革为社会转型提供制度保障

在进行社会主义经济体制改革的同时，我国也开展了政治体制

① 王永进、邬泽天：《我国当前社会转型的主要特征》［J］，《社会科学家》2004年第6期。

改革，但政治体制改革跟不上经济体制改革的步伐。为适应经济体制改革的深入，商品经济的发展和加快政治生活民主化的步伐，1987 年 11 月召开的党的十三大把政治体制改革提上了议事议程。政治体制改革的主题是建设社会主义民主政治。随着政治体制改革不断深化，中央高度集权、政企不分的体制框架得到突破：从高度集权、政企不分转向适度分权、政企分开；从微观、直接管理转向宏观、间接管理；从庞大低效的机构转向精干高效的机构；从国家干部制转向现代公务员制。曾经在权力、规模、职能和行为方式上不受法律和社会有效制约的无限政府，正在向各方面均接受社会监督与制约、政企分开、政事分开、政社分开、政府与市场分开的有限政府转轨。迄今为止，中国政治体制改革已经取得许多具体的成果，比如，领导干部终身职务制的废除；党与政府重叠的对口部门的取消；人民代表大会制度和政治协商制度的发展；村民自治制度和基层民主制度的创新；人事制度的改革；行政机构的多次改革等。目前，我国政治体制改革正逐步与尊重和保障人权结合起来，依法保证全体社会成员平等参与、平等发展的权利，为社会转型的稳步推进提供了制度环境和条件。

3. 封闭型社会向开放型社会过渡为社会转型提供文化背景

中国几千年封建社会的封闭性，是与自然经济和农业社会相联系的。直至改革开放以前，中国仍基本上处于一种半封闭状态。1980 年，中央决定设立深圳、珠海、汕头、厦门为经济特区，成为我国对外开放的先导示范基地，是我国社会由封闭转向开放的起点。此后，对外开放经过先试验后推广，逐步形成了全方位的区域开放格局。2001 年中国正式加入世界贸易组织（WTO），标志着我国对外开放进入了新的阶段。我国的对外开放由有限范围、地域、领域内的开放，转变为全方位、多层次、宽领域的开放；由以试点为特征的政策性开放，转变为在法律框架下的制度性开放；由单方面为主的自我开放市场，转变为我国与世贸组织成员之间的双向开放市场；由被动地接受国际经贸规则的开放，转变为主动参与制定国际经贸规则的开放。不仅在经济、科技方面对外开放，充分利用世界各国先进科技提高我国生产力水平，而且将对外开放推进到思想文化层面，积极吸纳世界各国思想文化精髓提升我国现代文明水平。改革开放使人们的精神生活实现了由单一到多元，由封闭到开放的转变。传统计划经济体制下形成的封闭型的思维模式和社会文化心理受到了强烈冲击，人们的平等意识、参与意识、维权意识得到了萌芽与生发，从而为社会转型奠定了思想基础。

4. 工业化和城市化进一步使社会转型成为不争的事实

改革开放前，我国是一个落后的农业大国，农业生产力水平低，农民分化的速度极其缓慢，占总人口绝大多数的农民滞留在农村。1984 年开始的农村改革，解放了农村的生产力，极大地激发了农村和农民的活力，并从 20 世纪 80 年代中期开始在中国广大农村的土地上兴起了一股农村工业化的潮流。城市工业化和农村工业化的双重工业化格局，改变了过去那种工业化与城市化割裂的局面，形成了工业化与城市化之间相互促进的交互关系，使占人口总数 80% 的农民逐渐融入到工业化之中，从而极大地加速了工业化和城市化的进程，也推动了第三产业的发展。工业化是城市化的主导力量，第三产业的形成和发展又促进了城市化。工业化与城市化的互动机制初步形成，使越来越多的农民和农村地区加入到工业和城市的行列中。进入 21 世纪，我国城市化进程明显加快，现阶段已进入高速城市化的起飞线。我国正在由以农业为主的传统乡村社会向以工业和服务业为主的现代城市社会迅速转型。

社会转型是一个国家向现代化迈进的过程中必须经历的全面和深刻的社会变革，是一个社会从经济、政治层面到文化、社会层面的全方位转变。社会转型的目标是实现传统社会向现代社会的全面过渡，将人从各种局限和压制中解放出来，实现公民的独立自主和对公共事务的话语权。① 社会转型为公民社会的建构提供了基本条

① 糜海燕、符惠敏、李佳敏：《我国社会转型的内涵把握及特征解析》[J]，《江南大学学报（人文社会科学版）》2009 年第 1 期。

件和空间，我国公民社会的初步发育和建构完成将有力地推动我国社会的顺利转型。[①] 由于人们从传统社会过渡到公民社会所需的理性、技能和现代性并非一朝一夕就能形成，公民教育对于社会转型具有不可或缺的重要意义。

（二）社会转型为公民教育带来发展契机

1. 经济市场化催生了公民教育的群体需求

市场经济是公民社会的体制基础，没有市场经济，就没有公民社会。20 世纪 80 年代后，我国推行的社会主义市场经济是一种平等经济，市场主体之间是一种平等自由的契约经济关系，契约经济培养了公民的平等公正精神、契约自由精神、权利义务对等精神。市场经济又是一种社会经济，需要而且能够造就彼此独立和自由活动的公民个体，这又必然形成个体的独立性，而这种独立性正是现代公民的核心精神所在。[②] 按照市场经济的一般规律和要求，市场经济体制的最终建立，必将在中国导致一个新型市民社会的崛起。同时，与之相伴的市民政治文化也必定会在市场经济的建立过程中显现并发展成熟起来。社会主义市场经济体制的确立和发展，促进了国家吞并社会的社会结构向国家、社会的二元结构转变，越来越多的政治空间和社会空间被释放出来。人们参与公共生活和社会公共事务的渴望愈见其涨，学习和运用社会规范，有效参与公共生活并施加影响力的热情日显其高。公民社会生长的事实已成共识，有关公民社会的一些基本特征也为人们所共睹，伴随着市场经济的不断完善和公民社会的日益成熟，通过公民教育促进公民主体性的自我觉醒，培育公民的自主意识、平等意识、契约意识、参与意识等理性处世论事的意识日益显得重要且必要。

---

① 糜海燕、符惠敏、李佳敏：《我国社会转型的内涵把握及特征解析》［J］，《江南大学学报（人文社会科学版）》2009 年第 1 期。

② 罗亮：《转型期中国公民社会的建构探析》［J］，《四川行政学院学报》2008 年第 6 期，第 55 ~ 58 页。

2. 政治民主化提升了公民教育的主体意愿

受传统政治文化影响，我国公民缺乏政治参与的经验、意识和能力。我国传统的儒家文化以遵循宗法礼仪、等级秩序、人伦关系为基础，注重从内在超越的角度挖掘“自我”，强调自省、修身，融伦理、道德、政治、社会、自然为一体。它通过复杂的社会遗传机制渗透到国民意识深层，从而也深深影响了中国传统政治文化。用历史唯物主义的观点来审视，传统政治文化有精华，也不可避免地存在糟粕。[①] 它虽然形成了国家利益至上、民族文化认同传统等，但是它强调专制权威，也造成浓厚的“官本位”思想，致使人们迷信权威、依附权力，[②] 只懂得绝对服从，而不知道有政治参与。随着经济体制改革的逐步深入，我国的政治体制改革不断推进，高度集权的传统政治体制开始向民主政治体制转型。社会主义民主政治为公民提供了主体性体验的机会，创造了公民意识提升的条件。党的十七大报告提出要“从各个层次、各个领域扩大公民有序政治参与”，十八大报告重申要“加快推进社会主义民主政治制度化、规范化、程序化，从各个层次各领域扩大公民有序政治参与”。中国的政治民主化进程正不断提高公民对自己主体性的体验和认同，这直接导向公民对民主法治和政治参与的自觉追求。社会转型期，公众参与的愿望明显提升，但有序、理性参与的能力却需要依靠公民教育来培育。

3. 文化多元化凸显了公民教育的重要价值

社会转型期中传统文化被破坏，而新型文化尚未形成。一方面，文化整合力有所减弱。传统的意识形态教化作用正在下降，支撑性亚文化对于主导性公共文化的离心力增加。由于传统道德价值理念破碎而新的意义系统尚未确立，可能出现文化迷失或道德虚

① 唐志君：《我国社会转型期公民政治参与中的若干问题研究》［J］，《攀登》2001 年第 2 期，第 20～22 页。

② 黄建平：《从臣民文化到中国特色公民文化的变迁》［J］，《齐齐哈尔大学学报（哲学社会科学版）》2003 年第 3 期，第 22～23 页。

空，致使道德下滑与行为失范，出现拜金主义、权力腐化、贪图享乐、推卸责任等现象，社会发展的精神动力不足。另一方面，文化层面的冲突增加。转型过程中，等级秩序与自由民主、计划观念与市场理念、权威与法治、大一统与多元化、精英主导与大众主体之间的矛盾与冲突日益增多。既有前现代的、与传统小农生产相伴的意识观念，又有后现代的"公共治理"、公共行政、公共管理理念；既有强盛的工业化、城市化的现代化潮流高歌猛进，也有逆城市化、反物质主义的后现代化思潮滚滚而来。传统与现代、后现代在价值认同、道德诉求、管理理念、生活方式、发展模式等方面交织混杂，导致文化观念的冲突增加，对社会的发展稳定构成威胁。① 在文化多元的条件下，只有通过公民教育促进人们观念更新和公共精神培育，形成对话宽容、理性协同、自由秩序等公民文化，才能使人们在文化现象纷杂的社会环境下，仍然保持理性的分析和独立的判断。

4. 社会阶层分化与流动强化了公民教育现实意义

改革开放前，我国基本上呈现一种单一的社会利益结构，国家几乎控制了所有的社会资源和分配权。国家计划安排了一个人从生到死的全过程，工作需要等组织分配，购买生活用品需要油票、粮票、布票，个人发展完全听命于国家安排。在市场经济体制改革启动后，个人的利益合法化和合理化，个人的自主性、创造性得到社会的肯定。社会利益结构出现分化和重组，利益主体多元化、利益关系多元化局面出现。经济社会发展的不平衡加速了不同阶层的利益分化和多元化。社会利益的多元化使社会形成了不同层次的生活阶层和利益团体。长期以工人、农民、干部为主体的三大身份阶层在转型中产生了前所未有的大分化。中国社会产生了职员、企业经理、个体户、私有企业主、自由职业人员等新的职业群体，仅农民

---

① 黄建洪：《当代中国社会转型的目标与挑战》[J]，《江西社会科学》2009年第7期。

就分化成农业劳动者、乡村工人、乡村雇工、乡镇企业管理者、乡村个体工商业者等。[①] 伴随着新的社会阶层和职业群体的相继出现，社会结构和关系的改变，社会成员获得了前所未有的发展空间。随着农村城市化进程加快，社会成员的职业角色产生了各种各样的变化可能，社会各阶层的流动加快使社会成员开始思考自身的角色定位和发展取向，并追求在公共领域中的话语权。公民教育能帮助社会成员尽快适应传统、封闭、单一社会向现代、开放、多元社会的过渡，适应社会阶层的分化和自身身份的转变，懂得理性地运用公共事务话语权，是社会平稳转型必备的润滑剂。

（三）公民教育是我国社会转型的必然选择

从社会学的研究上来看，人类社会就是一部社会变迁的进步史，社会变迁是一个缓慢的过程，而转型就是社会变迁当中的"惊险一跳"，是从原有的发展轨道进入新的发展轨道。我们这个社会是由 13 亿人口组成，其中的城乡差距、贫富差距、文化和教育的差距，是不容否认的客观存在，从这个轨道转到那个轨道，将会对人们的思想观念、生产方式和生活方式等带来全新的变化。要平稳地实现转型，就需要依靠公民教育使人们获得适应现代社会所需的各种素质，以降低社会变迁的风险，实现社会形态的顺利转变。

1. 公民教育是完善市场经济体制的迫切需要

市场经济是以自由竞争为特点的经济运行机制，在市场经济环境下，公民以平等独立的身份参与经济过程，运用市场机制实现社会资源的有效分配。与传统社会、高度集中的计划经济体制不同，现代社会、市场经济体制下的商品生产，要求生产要素（生产者、生产资料和产品）最大限度地自由流动，这必然造成个人和企业

---

① 汤蓓蓓、周运清：《浅论中国转型期的社会分化与整合》［EB/OL］，http：//www. ccrs. org. cn/big/qlzgzxqdsh. htm. 2003 - 11 - 16/2010 - 10 - 18。

的独立化，并导致异质单位的有机组合，而维系这种组合的主要是人们的经济活动和共同利益。[①] 市场经济的运行方式，迅速瓦解了宗法型的传统社会格局，而旧有价值社会结构的消融进一步加速了个体主体意识的自觉。市场经济的发展，内在呼唤并必然孕育、催生出一个与之相适应的法治社会，一个以契约、自治等具有鲜明特质的高度理性化的公民社会。[②] 并且，在一定意义上，公民社会与市场经济是相伴而生的，市场经济孕育了公民社会，而公民社会的发展反过来为市场经济的充分发展提供保障。市场经济的发展和公民社会的形成，二者都以发挥人的自主性和能动性为前提。只有个人自由、经济自主、政治民主、国家法治、文化多元等精神价值和观念形态建立起来，自主、自立、自由、平等、自律以及自组织等的公民社会特征显现出来，市场经济才能获得赖以良性运转和协调发展的环境。因此，市场经济和公民教育的关系并不是单向的，不仅市场经济为公民教育创造了条件，公民教育同样为市场经济体制的发展和完善提供具有公民素质的经济主体和文化基础。

2. 公民教育是推进民主政治建设的迫切需要

现代意义的公民是民主政治的社会基础。民主虽然不是一种完美的社会和国家的治理模式，却是人类追求的理想生活方式。民主制度的核心是公民自由地发表意见，在妥协的基础上实现自治，即公民自己管理自己，既是统治者，又是被统治者，这就需要他们具备相应的知识、能力和技巧。[③] 民主制度的巩固主要依赖其合法性，其合法性的获得在很大程度上又取决于其发挥的效能，而要使民主制度发挥出高效能，必须使公民具备较高水准的参政能力。他

① 李萍：《公民教育：时代诉求和历史责任》［N］，《学习时报》2010 年 10 月 22 日。

② 曾盛聪：《论中国现代化进程中的公民人格教育》［J］，《探索》2006 年第 3 期。

③ 丛日云：《论传统政治教育向公民教育的转变》［EB/OL］，http：//www. tszz. com/ scholar/cry/4. html. 2002 – 12 – 13/2010 – 04 – 07。

们需要有相应的知识，对他们参与决策的事务有充分的了解和理解，从而能够作出正确的判断。否则，即使将民主制度的权力交给公民，缺乏教育和训练的公民也不能适应和驾驭民主制度，也会导致民主制度走回头路。因此，民主政治的产生和政治民主化的进程高度依赖公民教育的有效实施。公民教育是传授民主和政府知识的基本方式，通过公民教育，学生得以了解和掌握民主的含义和现代政府的运行方式。对于处于转型阶段的国家而言，政府正有步骤地将治理权力转移给公民，但是公民不应对民主的治理方式抱持过高的期望和理想，因为现代国家的实践表明，民主并不是解决一切社会问题的良方。虽然民主能保障公民在政治生活中享有平等权利和地位，自由地发表意见，有效地监督政府行为，抑制政府滥用权力，但是民主也具有因观点和意见相冲突而导致政府效率低下，增加群体之间内耗的缺陷。因此，公民教育在培养学生观察社会现象、分析思考现实问题、主动参与政治生活的意识和有效处理公共事务的能力的同时，更重要的是让学生理性地认识民主政治的特点，从而尽量发挥其长处，克服其弱点。[①] 当前，我国正处于传统社会向现代社会过渡的转型期，政治现代化的核心内容就是与政治民主化的发展相一致的政治参与。首要的是增强公民的参与意识，不断扩大公民政治参与的质与量，深度与广度，积极推进政治现代化进程，才能确保改革和各项事业的成功。因而，通过公民教育在全社会树立民主政治价值观、培养参与民主政治的主体意识和参与能力是社会主义民主政治的必然要求。我国是民主政治传统欠缺的国家，发挥公民教育的作用，培养适应民主政治生活的现代公民更显重要而迫切。

3. 公民教育是加快公民文化培育的迫切需要

我国改革开放和社会主义现代化建设的目标是在市场经济的基

① 蓝维、刘智宏：《公民教育的社会背景与实践要素分析》［J］，《首都师范大学学报》2005 年第 2 期。

础上建立高度文明、高度民主的社会主义法治国家。民主和法治是外在的制度体现，它们需要内在无形的公民文化作支撑。没有公民文化的充分发育，民主和法治就不能真正巩固，也不能健康地运作。从本质上讲，公民文化是一种民主的政治文化，是政治现代化和政治发展的衡量标准和评价尺度。公民文化的核心是公民素养。公民素养包括公民意识、公民德行、公民知识和公民能力，是现代社会成员扮演公民角色的综合素养。它包含了公民对自身独立平等地位的认识、对国家宪法和法律制度的自觉遵从、对约定俗成的公民德行的积极践行、对公共利益的有效维护等。一个具有公民素养的人，不仅是一个爱国、守法，自觉服从国家合理政策的人；还是一个对国家事务的积极评判者，一个愿意参与其中并有能力予以改进的人。① 公民意识并非与生俱来，而是需要通过熏陶、教育，内化为个体的思想观念和行为习惯。原生型的现代民主国家都有着悠久的公民文化传统，公民文化能够通过政治社会化过程而实现代际传承，并深深地植根于当代人的思维方式与行为模式中。中国是一个现代化进程后发型的国家，长达千年之久的专制统治通过传承，留给后人的是专制主义的文化传统。在这样的文化传统下，政府必须借助公民教育广泛而深入地宣传公民知识，使之内化为公民意识，并帮助公民形成理性的思维和行为习惯，才能在全社会形成崇尚民主、追求自由和推行法治的风气，进而培育参与公共事务的公民文化。要加速我国社会转型，积极倡导公民教育，大力培育公民文化是重要前提条件。

4. 公民教育是实现人的现代化追求的必由之路

在社会转型过程中，人是现代化进程中最基本的因素。现代化是一个国家从传统社会向现代社会转变的必经过程，现代化并不局限于经济、科技等物质层面，要实现现代化，关键要依靠人的现代

---

① Shirley H. Engle & Anna S. Ochoa. *Education for Democratic Citizenship* [M], Teachers College Press, Colubnia University, 1988, 3.

化。只有与现代社会相联系的公民素质得到普遍提高和全面发展，包括人的思维方式、价值观念、生活方式和行为模式实现了由“传统人”向“现代人”的转变，这个社会才能称作是真正的现代社会。否则，即使引进了先进的技术、制度和观念，也不会有自我持续的和长期稳定的经济增长和社会变化[①]。回顾世界现代化进程的历史，我们便可以发现，在20世纪70年代以前，许多发展中国家的决策层和普通人都首先把注意力放在积聚货币资本和增加商品上，自觉不自觉地在现代化发展战略和社会政策上陷入了“见物不见人”的偏颇。但是到了70年代末和80年代初，越来越多的国家和人们认识到了这种发展战略和社会政策都只是以“物”的现代化和“客体”的现代化为中心的现代化，因而只是社会的一种外在表现形式，是为作为主体的人的现代化所提供的一种物质手段和前提，人的现代化才是现代化的出发点和最终目标。人的现代化是整个现代化问题的核心。中国现代化的突破口就在于人的现代化，现代化不仅要以人的现代化为目标，而且要以人的现代化为条件。[②] 人的现代化过程：从根本上讲，就是人摆脱各种自然和人为的束缚，获得全面的社会关系和通向自由的过程。[③] 而人格独立和主体性确立，正是公民教育的终极追求。从这个意义上说，公民教育是人的现代化的必由之路。

社会转型是社会的根本性变革，它经历着从物质层面、制度层面到思想文化层面的全方位转型与变化。社会转型就其本质而言，是以社会经济生活、政治生活和文化生活的全面现代化为价值目标的现代化运动，是作为社会历史活动主体的人对社会发展目标的自

① 〔美〕西里尔·E. 布莱尔编《比较现代化》，杨豫等译，上海译文出版社，1998，第15页。

② 《人的现代化是最终目标》[EB/OL]，http：//www. ccmedu. com/bbs10_6865. html. 2005－12－24/2010－04－07。

③ 薛传会：《论现代化背景下中国公民教育的理性选择》［J］，《教育学术月刊》2008年第10期。

觉设计和价值选择。[①] 社会转型为公民社会的建构提供了基本条件和空间，我国公民社会的初步发育和建构完成将有力地推动我国社会的顺利转型。[②] 公民教育则是推进社会平稳转型不可或缺的重要途径。

三　社会转型期我国公民教育政策的结构性要素

（一）公民教育政策的关键构成要素

公民教育政策有不同的形态和功能，有些政策规定了公民教育的理念和目标，如《中共中央国务院关于深化改革全面推进素质教育的决定》；有些政策规定了公民教育的内容，如《九年制义务教育小学〈品德与社会〉课程标准（实验稿）》；有的政策提供了公民教育的保障条件，如《中共中央关于未成年人思想道德建设的决定》。将公民教育政策看成一个整体，可以从政策文本之间的联系中找到政策构成的五个关键要素，即价值取向、培养目标、教育内容、实施途径、保障措施。当然，在现实中，并不是每一项政策都具备这五个要素，有时是隐性的，有时是显性的。但从整体上看来，公民教育政策的五个构成要素处于不同的具体政策文本当中，发挥相应的功能。

1. 政策价值取向规定公民教育的基本理念

公民教育政策价值取向是公民教育实践的出发点和贯穿其中的灵魂，它体现出国家对公民培养的教育追求、教育观念和教育理想，引领着公民教育的走向。从产生的基础看，公民教育政策的价值取向是政策制定主体在把握国家的基本国情及公民教育与

---

① 糜海燕、符惠敏、李佳敏：《我国社会转型的内涵把握及特征解析》［J］，《江南大学学报（人文社会科学版）》2009 年第 1 期，第 23 ~ 26 页。

② 糜海燕、符惠敏、李佳敏：《我国社会转型的内涵把握及特征解析》［J］，《江南大学学报（人文社会科学版）》2009 年第 1 期，第 23 ~ 26 页。

国家稳定、发展关系的基础上形成的，是对公民教育现实价值的一种观念性把握；从社会功能看，公民教育政策价值取向能对公民教育活动起到规范、定向、引导等作用，其正确与否直接影响国家公民教育的成败。首先，公民教育政策价值取向规定着公民教育的目标界定与内容选取，成为公民教育实施的内在尺度。不论教师的主观愿望如何，教师的公民教育行为需要与政策的价值取向相一致，因此，公民教育政策的价值取向对教师的具体教育行为起到一种规范作用。其次，公民教育政策价值取向作为公民教育实践活动中所形成的价值追求的凝聚，集中体现着教育工作者超越现实的愿望，从而为教师开展公民教育的价值选择提供必要的尺度。人们的一言一行无不是在某种价值取向指导下进行的。[①] 只有当教师认同了某种价值理想，才会自觉地把对这种价值理想的追求贯穿在自己的价值活动中，从而使教师的公民教育活动与国家的公民教育理想相一致。再者，公民教育政策价值取向驱动教师产生并保持从事公民教育的热情，使社会成员的价值活动能够长久、持续地进行下去，保证社会充满蓬勃发展的生机。政策体现出的公民教育的理念被教师认同的程度越高、遵守得越彻底，其驱动作用也就越强。

2. 政策目标指明了公民教育的培养任务

公民教育政策的培养目标规定了公民教育的具体任务，它明确了公民教育培养什么类型的人才。从个体成长的角度看，教育是培养人的活动，公民教育政策的培养目标引导公民教育注重个体的差异发展、全面发展、充分发展；从教育的社会功能看，教育是服从和服务于社会进步的活动，公民教育政策的培养目标引导公民教育培养政治人才，促进个体政治社会化及政治民主化；培养遵纪守法的人才，促进个体掌握参与公共生活的知识和技能；培养伦理、心理等方面素质健全的人，形成公民的健康心理、独

① 阮青：《价值取向的界定及相关问题》［N］，《人民日报》2010 年 12 月 10 日。

立人格、公民德行等。从公民教育政策目标与公民教育政策价值取向的关系上看，公民教育政策的培养目标是公民教育政策价值取向的具体化。改革开放前，公民教育政策价值取向定位于“为无产阶级政治服务”，培养目标仅限于“培养又红又专的人才”；改革开放后，公民教育政策价值取向转为“为社会主义现代化建设服务”，培养目标才扩展为“培养德智体等方面全面发展的人才”。只有当公民教育政策价值取向回归人性的本质，兼顾个体成长和社会发展，培养目标才会指向公民的差异发展、全面发展和充分发展。从公民教育政策目标与公民教育政策内容的关系上看，公民教育政策的培养目标规定了公民教育的基本任务，引导着公民教育的内容设置。当公民教育政策的培养目标局限于政治和道德目标时，公民教育内容围绕这两个学科设置。当公民教育政策培养目标扩展为现代化建设的人才，公民教育内容扩展至经济、社会发展的各专业领域。只有当公民教育培养目标关注人的主体性和价值实现时，公民教育从内容到方法才能为人性的感悟和舒展而阐发。

3. 政策内容规定了公民教育的具体安排

公民教育政策的教育内容反映着公民教育政策的价值取向，是围绕培养目标设计并展开的。公民教育政策对教育内容的规定体现在不同层次的公民教育政策当中，有概括的，也有具体的。其中，具体规范和引导教师开展公民教育的政策表现形式有：课程标准、教育纲要、教学大纲等。与公民教育政策的教育内容相对应的是公民教育的课程设置。公民教育政策规定的教育内容是抽象、框架性的，而供教师操作的课程标准是鲜明而具体的。例如，“了解社会主义市场经济、民主政治、先进文化的常识”，体现在课程当中，就具体化为：学习市场经济条件下“生活与消费”“投资与创业”“收入与分配”等经济知识；以邓小平理论和“三个代表”重要思想为指导，“了解中国特色社会主义政治制度”“体会生活中依法行使民主选举、民主决策、民主管理、民主监督权利的意义、途径和方式”“理解国际竞争和国际合作对于中国发展的影响”等政治知识；培养“赏析不同民族文化的精华；辨析当前各种文化现象和文化思潮；懂得文化传承和文化交融对于文化创新的作用；提高自身的文化理解和鉴别能力”等文化素养。当公民教育政策价值取向日益重视学生成长规律和处理实际问题能力等公民成长要素，公民教育课程分类明确了品德、知识、能力、情感等公民资质的目标时，教育教学内容就必须围绕各个目标提出各方面的教学内容，不仅关注公民知识的掌握，还注重培养确认与描述、分析与说明、评估与辩护的能力，以及批判性思考、建设性思考等认知技能；监视、商讨公共议题，影响、执行政策决定，采取行动改善公民生活等参与技能；以及尊重、保护平等权利，支持、实践公民道德等公民情感和公民品德。

4. 政策实施途径规定了公民教育实施的方式方法

公民教育政策的实施途径是连接公民教育政策文本和实践的桥梁，如果实施途径不通畅，或者失效，那么再完美的政策文本也形同虚设。公民教育政策的实施途径体现为公民教育的方式方法，它既取决于教育理念、教育目标，服务于教育内容，也受社会环境、科技进步等的影响。在公民教育仅限于思想政治课的年代，公民教育的方法就是课堂教学。随着教育教学改革的深入，公民教育开始实施各相关学科渗透教学，并以学校各类学生团体的活动配合。随着“环境育人”的观念深入人心，学校开始通过建立师生之间民主、平等的交流方式，营造自由、理性的校园文化，培养学生的公民素养。在教育目标从关注知识掌握转向注重能力培养的背景下，借助社会环境开放程度日益提高的条件，学校不再作为独立于社会环境的封闭系统而存在，社会真实情境和问题开始在课堂中提及，社会实践和社区服务也成为公民教育的重要方式、方法，以促进价值观养成、情感熏陶和能力培养。在信息技术高度发达的今天，公民教育更是从现实延伸至网络，各级各类教育机构和社会团体通过设立公民教育的网站、博客、论坛等形式，让学生在聊天、游戏的过程中培养公民素养。可以预见，在变动性和多元性成为主流的后现代社会，蓬勃发展的科学技术将使科技能力成为个体权力大小的参照之一，使公民活动从过去较为抽象的领域，转移至以科技为依归的工具性范畴中。这种转变将使公民教育展现出新的特征，也即是公民教育的推广方式与途径，必须随着科技传播技术的进步而不断更新。

5. 政策保障措施影响着公民教育的实施效果

公民教育政策保障措施是指学校、家庭、社会为推进公民教育而提供的制度、条件和资源。教育是培养人的活动，伴随着现代社会的开放程度日益提高，人不仅在学校中学习，还在家庭和社区中学习，因此，将公民教育简单地归结为学校的责任是不足够的。从青少年成长的环境和规律来看，单纯依靠学校不可能培养出健全自律的合格公民。公民教育必须依靠全社会共同推进。如果说，公民教育政策的实施途径是决定公民教育能否落实的重要指标，那么，公民教育政策的保障措施就是决定公民教育实施效果好坏的关键要素。公民教育政策实施首要的保障措施就是教师队伍建设，伴随着社会转型、教育观念转变、科技进步，教师的教育理念、知识更新程度、教育教学方法、对待学生的态度是否能跟上时代步伐，这是至关重要的。并且，公民教育基于其多学科性和社会实践性强等特点，对教师的综合素质和实操能力提出了更高的要求，公民教育教师队伍建设尤其应该受到重视。其次是推行公民教育政策的各种制度，包括政策评估制度。政策公布之后，如果不及时地进行监督、检查、评估、指导，政策实施效果就不得而知。同时，政策本身是否能有效地解决教育问题，是否遵循青少年身心发展规律，是否适应社会的发展和变化，校长及教师的配合程度如何等都应纳入评价范畴。最后家庭和社会的配合也是影响公民教育效果的因素。只有突破学校教材和场地的限制，建立家庭与社会处处可培养公民素养的协同机制，才能让学生获得学习的主动权，有效保障公民教育的实施。公民教育政策与公民教育关系如图 2－1 所示。

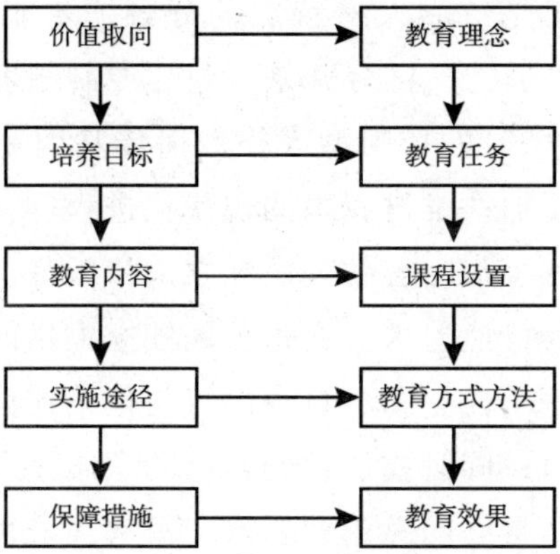

图 2－1　公民教育政策与公民教育关系

（二）社会转型期我国中小学公民教育政策的结构性要素

公民教育是面向全体公民的普遍性教育，实质上是为现代社会或国家培养公民的资质教育。公民教育使社会成员成为适应现代社会和现代生产力发展的、具有现代公民意识的人，成为独立自主、能主动追求自己幸福和创造物质财富、精神财富的公民。传统社会能否向现代社会转型，公民社会建设能否获得成功，关键取决于公民素质的高低和公民教育政策的完善程度。要建构完整的公民教育政策体系，就需要明确社会转型期我国中小学公民教育政策的结构性要素。

1. 在政策价值取向上，追求独立自主、积极参与、权责一致的公民人格

公民人格是彰显公民主体性的人格，主体性是公民人格的核心意蕴和基本前提，“臣民”“子民”所具有的是以顺从、服膺、无我为特点的依附型人格，[1] 而公民所具有的是以理性、自主为特点

① 刘常庆：《臣民教育和公民教育的比较研究》［D］，华东师范大学硕士论文，2006。

的独立型人格。正是依靠人格特点的分野，才能从本质上将“公民”与“臣民”“子民”区分开来。封建专制制度统治我国两千多年，“臣民”“子民”的依附型人格像遗传基因一样流淌在社会成员的血液当中，要加快推进我国的现代化进程。首先，要开展以主体性精神为价值理念与内容的公民独立人格教育，以培养独立、自主、自立的人格为价值追求。通过公民独立人格的教育，让每个人都认识到自己是一个独立的、自由的，与他人地位平等的人，有自己独立的权利能力；同时要认识到自己的意志是自由的，要做自己的主人，充分表达自己的愿望和要求。只有当公民积极参与公共事务，主体性得到充分张扬，社会的正义精神才能得以弘扬。其次，要开展公民责任型人格教育。要让公民养成理性参与公共生活的社会正义精神和公共责任精神，并能够自觉地以法律和道德来规范自己的行为，对自己负责，对公众负责，对社会负责。最后，开展公民律法性人格教育。公民社会的正常运转从根本上依赖于公民的法治精神、履约精神。法律体现着统治阶级的意志，体现着国家对其成员在政治、经济、社会等各个领域的行为要求。通过公民法治精神教育，要培养公民的契约精神和守法意识，塑造律法性公民人格。归根结底，要通过公民人格教育，让社会成员认识到公民是权利与义务相统一的社会主体，公民在充分享受权利的同时尽责地履行义务是社会成员承担公民身份的基本条件。

2. 在政策目标上，培养具有普适性意义的合格公民

长期以来，我国公民教育追求的是少数优秀社会楷模才能达到的道德理想，公民教育目标定位于培养道德高尚、具有自我牺牲精神的道德楷模，而不是具有基本道德水准的合格公民。这种高尚的集体主义道德目标，往往使普通的社会公众望而却步。除成就了极少数道德楷模之外，大部分人会成为两类人，一类是无法达到道德理想而自我放弃的真小人，另一类是满口仁义道德背地里却毫无道德可言的伪君子。不仅如此，宣扬绝对服从集体的“无我”道德，还会扼杀个体的自主性和创造性。因此，公民教育的培养目标应放弃狭隘的高尚道德，转而面向社会大众，培养具有独立人格、公民意识、公民知识和公民能力的合格公民。公民教育的首要目标应是培养人格健全的独立公民。只有公民的人格独立，才能使公民清醒地认识到自己的生存状况，了解自己的欲求，并以积极的姿态维护自己的利益和权利；才能使公民把自身和政治世界区分开来，明确地意识到和确立起自身相对于政治世界能动的主体地位，使自身上升为政治活动的主体。第二个目标应是培养具有基本社会公德、职业道德、家庭美德的良善公民。“徒法不足以自行”，单靠契约和法律是不足以维持一个稳定的公民社会的，还需要依靠公民的基本道德，才能建立起良好的公民伦理秩序。诸如尊重、诚信、公正、同情、关心、自律、友善、谦让等是公民必备的基本道德，缺乏这些公民德行，社会体系将无法正常运转。第三个必不可少的目标是培养具有参与公共生活的意识、知识和能力的合格公民。在现代民主国家，只要是合法的公民，都具有参政、主政的权利。政治参与是民主的本质要求，是政治系统良性运作的必要条件。学校应该通过公民教育，培养公民独立思考、理性批判、民主参与的意识和能力，强烈的社会责任感，以及参与公共生活、参与民主政治活动的能力，最大限度地为公民参与社会生活提供条件和能力，从而保证公民能够平等地参政、议政，自觉地维护和改善民主制度和民主秩序。

3. 在政策内容上，规划公民意识、公民道德、公民知识和公民能力教育

长期以来，我国的公民教育存在着诸多局限，它实际上是以政治教育和道德教育为主体而替代和削弱了真正的公民教育，这样的公民教育已经难以适应现代政治文明所提出的要求。实际上，现代公民教育政策安排的教育内容应包括：第一，公民意识教育。公民意识是由公民社会的基本理念和基本原则内化成的一种精神或伦理法则，是现代公民履行权利与义务的前提。现代意义上的公民意识除了爱国意识、道德意识和法律意识以外，还应当包括人权与公民权意识、民主意识、法制意识、责任意识和主体意识等，其最核心、最基本的是公民的权利和责任意识。第二，公民道德教育。通过个人修养教育，建立个人的陶冶和内在修养的规范，包括忠于国家、坚持真理、自尊自信、尊重别人、独立、平等、自由、乐观、进取、同情、善良等。通过社会公德培养社会成员在社会交往和公共生活中应该遵循的行为准则，包括公平正义、文明礼让、宽容谦让、乐于助人、爱护公物、保护环境、遵纪守法等。通过职业道德培养社会成员在职业活动中应该遵循的行为准则，包括爱岗敬业、诚实守信、勤劳勇敢、奉献社会等。通过家庭美德教育培养社会成员在家庭生活中应该遵循的行为准则，包括尊老爱幼、和睦相处、团结互助、关怀与信任等。第三，公民知识教育。公民知识包括民主的概念和原则、民主的核心理念及相关议题、宪法及代议式民主政府制度、政府组成和运作、政党制度、社会组织的运作、公共监督的方式方法、少数民族自治原则、宗教自由等参与社会公共事务必备的知识。第四，公民参与技能教育。公民教育不能停留在知识传授的层面，而是要通过实践使公民把这些知识内化为正确的公民价值观念、能力和行为习惯。学校应有针对性地开展公民实践活动，培养学生的信息处理能力、沟通协调能力、理性批判能力、团队合作能力和协商解决问题能力等。

4. 在政策实施上，采取学科教学与实践体验相结合的方式

公民教育是一个系统工程，内容较多，涉及面广，因此教育的方法就显得尤为重要，而且实施途径也应该是多种多样的。实施公民教育最为常见的方法是通过学科教学开展公民教育，包括设立专门的公民教育课程，以及在各科教学中渗透式地进行公民教育，把公民教育与道德教育、政治教育、思想教育、环境教育等结合起来讲解。通过课堂教学开展公民教育的知识性学习，强调对国家历史、政体结构和政治生活过程的理解。这种学科课程讲授的方式，有利于学生对公民知识的高效率掌握。但也应该看到，在课堂上集中进行教学的模式存在难以克服的缺点，比如，难以了解知识掌握之外公民所需的其他素质，诸如公民态度、人格特征和参与精神等。因而，以课堂教学开展公民教育是远远不够的，必须以实践活动作为补充。学校应有重点地组织学生参加学校和社会的活动，这种学习不仅有助于所学的知识性内容得到强化，并且有利于学生在活动过程中，逐步培养公民意识、公民德行和公共精神。公民教育是一种生活态度和生活方式的教育，目标是培养与民主政治生活相适应的人，重要的是看实效，因而更侧重于在知识理解的基础上理性地认可和参与。除了上述两种途径之外，公民教育还可以通过校园文化、广播电视、报纸杂志、网络媒体等各种途径，在知识与理解、技能与态度、价值与道德等各个方面培养学生，使他们在未来的成人生活中能够真正行使公民职责。总之，既要积极改进传统的教育手段，又要充分运用新的技术手段，使公民教育形式多样化，提高教育效果。

5. 在政策实施保障上，形成学校、家庭和社会密切配合的局面

我国缺乏公民文化传统，并且在很长的时间内以政治教育和道德教育代替了公民教育。要实施真正意义上的公民教育，教师、家庭和社会对公民教育的认可和支持非常重要。公民教育要实施到位，培养具有健全独立人格的现代公民，就要调动一切可资利用的资源。首先，要提高教师素质。公民教育的具体实施需要依靠教师来完成。从事公民教育的教师不仅要更新教育理念、掌握公民知识、改进教学方法，还应注意营造民主的教学气氛，由单一知识传授者转变为学生学习的知心朋友、指导者、合作者，引导学生养成公民意识和独立人格。其次，要健全管理制度。公民教育政策应引导学校建立有利于公民教育推行的制度和机制，尤其是在升学压力还相当大的情况下，通过监督和评价等制度，保障公民教育课时和实践活动的落实。最后，要建立家庭教育和社会教育的支持网络。青少年学生不仅接受学校影响，更多的是在家庭、社会里养成价值观念和行为习惯。因此，公民教育不能单纯依靠学校的力量，它更需要合作式的推进。一方面，家庭是公民教育不可或缺的途径，家长应支持学校开展公民教育，配合开展社会实践活动，主动营造民主平等的家庭氛围，以言传身教，为子女树立合格公民的榜样。另一方面，政府主办的教育机构和社会公益性组织应提供公民道德教育的场所，完善公民技能训练的条件，并让居民生活的社区形成公民教育基地。从更宽广的视野看，学生在日常生活中所遇到的各种社会现象都能影响学生的价值观和行为，都是学生接受公民教育的过程。要实现培养现代公民的宏伟目标，单纯依靠学校教育显然是不足够的，只有依靠政府、社会、家庭的三方合力，并建立全社会各行业、各部门、各团体支持和配合的公民教育机制，才能保障公民教育的顺利开展。

第三章

转型期我国中小学公民教育政策变迁的阶段性特征

公民教育政策是指导公民教育开展的规则，它凭借自身的约束机制、信息机制、激励机制，引导、规范公民教育行为，进而推进社会发展。但是政策本身也是具有局限性的，它与现实之间存在文本单一性和行为多样性、文本规定性与方法选择性、文本稳定性与环境变化性三大矛盾①。正是政策自身的矛盾和局限性，才构成了政策变迁的动因。改革开放以来，我国经济、社会、文化、科技等各个领域都发生了巨大的变化，人们思想观念得到极大的更新，社会发展对公民提出的要求日益提高，公民教育支撑条件也得到极大进步。在中共党代会报告、国家法律、国家发展重要决策的指导下，我国公民教育政策从手段到目标发生了渐进性的变化。由于政策变迁基本是以文本为载体和方式展现出来，文本分析是政策变迁分析的主要手段。本研究以教育政策对中小学校公民教育发展产生重大影响的时刻作为划分依据，将改革开放以来我国中小学公民教育政策变迁划分为五个阶段，分析每一阶段的政策文本在价值取向、培养目标、主要教育内容、辅助教育内容、实施途径和保障措施等方面的变化。由于政策环境是政策变迁的外

① 鲁鹏：《制度与发展关系论纲》[J]，《中国社会科学》2002 年第 3 期。

在变量，对政策变迁起着举足轻重的作用，政策变迁的文本分析将从政策环境的变化着手。

一 恢复重建期的阶段性特征（1976～1982年）

从1976年粉碎“四人帮”到1982年中共十二大召开，是我国对“文革”期间造成的社会混乱的拨乱反正期。这种调整深入经济生活、政治体制、文化教育、部队建设等社会生产和生活的各个方面，主要目的是清理、整顿和纠正错误的决策，使社会各行各业恢复正常。① 公民教育政策也不例外，因此，从1978年12月中共十一届三中全会召开到1982年8月中共十二大召开之前，是公民教育政策恢复重建期。这一阶段公民教育政策坚持了浓厚的政治倾向，以马列主义、毛泽东思想的基础知识和共产主义道德教育为政策内容，以校内教育为政策实施手段。

（一）政策价值取向定位为树立无产阶级世界观

“文革”结束后的一段时间里，不同的思想处于交锋之中。在这个重要而关键的时刻，中共中央在全国范围内掀起了一场关于“实践是检验真理的唯一标准”的大讨论。这场讨论冲破个人崇拜和“两个凡是”的束缚，重新确立了解放思想，实事求是的思想路线。1978年12月，党的十一届三中全会召开，标志着我国工作重心的转移和改革开放的开始。全会实现了思想路线、政治路线、组织路线的拨乱反正，恢复了党的民主集中制的传统，并着重提出了健全社会主义民主和加强社会主义法制的任务。全会作出了实行改革开放的新决策，把全党的工作重点转移到社会主义现代化建设上来。这不仅造就了思想解放的氛围和加快了民主政治的发展，并

① 李国钧、王炳照主编《中国教育制度通史》［M］，山东教育出版社，2000，第58页。

且使各行各业的秩序逐步恢复，进而启动了中国社会的全面转型。邓小平同志在十一届三中全会上做的报告《解放思想，实事求是，团结一致向前看》指出“宪法规定的公民权利必须坚决保障，任何人不得侵犯”，并要求“切实保障工人农民个人的民主权利，包括民主选举、民主管理和民主监督”。1981 年 6 月《关于建国以来党的若干历史问题的决议》指出，“要加强和改善思想政治工作，用马克思主义世界观和共产主义道德教育人民和青年，坚持德智体全面发展、又红又专、知识分子与工人农民相结合、脑力劳动与体力劳动相结合的教育方针，抵制腐朽的资产阶级思想和封建残余思想的影响，克服小资产阶级思想的影响，发扬祖国利益高于一切的爱国主义精神和为现代化建设贡献一切的艰苦创业精神”。①

在中共中央明确了国家工作重心和社会主义事业发展方向的大背景下，1978 年 4 月，全国教育工作会议召开，邓小平在开幕式上讲话要求，“提高教育质量，提高科学文化的教学水平，更好地为无产阶级政治服务；学校要大力加强革命秩序和革命纪律，造就具有社会主义觉悟的一代新人，促进整个社会风气的革命化”。②这一方针很快落实到公民教育的课程政策当中，1980 年 9 月教育部《关于改进和加强中学政治课的意见》指出，中学政治课的任务，是“以马列主义、毛泽东思想的基础知识武装学生，提高学生认识问题的能力和政治觉悟，培养学生的共产主义道德品质，教育学生坚持又红又专的方向，逐步树立无产阶级世界观和人生观，立志为人民服务，为实现祖国的社会主义现代化而献身”。虽然改革开放前后我国民主和法制的氛围有所增强，但是对公民思想政治上的要求仍非常高，具有浓厚的理想主义色彩。

---

① 《关于建国以来党的若干历史问题的决议》［EB/OL］，http：//news.xinhuanet.com/ziliao/2002－03－04/2010－05－08。

② 杨德广：《邓小平教育思想的主要内容》［J］，《辽宁高等教育研究》1996 年第 2 期。

（二）政策目标指向培养有理想、有道德、有知识、有体力的人

在强烈的政治倾向下，公民教育政策的目标也体现出意识形态的特征。1978 年 3 月，中华人民共和国第三部宪法颁布实施（称为 1978 年宪法）。这部宪法指出，“国家大力发展教育事业，提高全国人民的文化科学水平”；并重申了“文革”前的教育方针：“教育必须为无产阶级政治服务，同生产劳动相结合，使受教育者在德育、智育、体育几方面都得到发展，成为有社会主义觉悟的有文化的劳动者”。[①] 同年 4 月，全国教育工作会议举行，并要求把培养德智体全面发展、有社会主义觉悟有文化的劳动者的方针贯彻到整个社会的各个方面。1980 年 5 月 26 日，邓小平为《中国少年报》《辅导员》杂志题词：“希望全国的小朋友，立志做有理想、有道德、有知识、有体力的人，立志为人民作贡献，为祖国作贡献，为人类作贡献。”这是“四有”的培养目标在中小学教育领域的第一次提出，为我国培养社会主义公民指出了新的方向。

进而，根据邓小平同志“学校要大力加强革命秩序和革命纪律，造就具有社会主义觉悟的一代新人，促进整个社会风气的革命化”的要求，1979 年 4 月底至 5 月初，教育部在北京连续召开了四次全国中小学思想政治教育工作座谈会，[②] 进一步强化了我国公民教育的政治基调。第一次会议专题讨论了政治课工作。会议认为，要加强中小学的思想政治工作，必须从新时期的总任务出发，联系整个中小学教育的实际，从根本上解决好两个问题。既要面向全体学生，全面完成中小学的培养任务，也要坚持“三好”原则，全面贯彻执行党的教育方针。会议提出了要做好几项工作：对中小

---

① 《1978 年宪法》[EB/OL]，百度文库，http://wenku.baidu.com/view/2005-05-21/2010-09-30。

② 杨德广：《邓小平教育思想的主要内容》[J]，《辽宁高等教育研究》1996 年第 2 期。

学学生集中地进行坚持四项基本原则的宣传教育，并结合进行革命理想和共产主义道德品质教育；[①] 编写中小学政治课教材；制定和颁发中小学生守则；建立一支思想政治教育工作队伍。[②] 第二次座谈会再次明确地提出了“思想政治工作要从小抓起”的指导思想，并且具体研究了贯彻中小学生守则的问题。第三次座谈会强调了把思想政治教育与革命人生观相结合，并注意解决青少年思想中的实际问题。第四次座谈会中，与会代表提出要将共产主义精神传播到青少年当中。9 月，教育部印发了《全国中小学思想政治工作座谈会纪要》，提出要下大力气编出一套政治课教材。根据全国中小学思想政治教育工作座谈会的精神，教育部于 1981 年召开了全国学校思想政治教育工作会议。这次会议全面地总结新中国成立以来我国思想政治工作的经验，对一些重大的问题作了较为深入的探讨，提出了新时期加强学校思想政治工作的意见。[③]

（三）政策内容以无产阶级政治教育和共产主义道德等教育为主，以品德修养和行为习惯养成教育为补充

在我国，刚刚恢复的公民教育内容是在明显政治倾向的引导下，围绕教育方针所规定的“有社会主义觉悟有文化的劳动者”的目标建构起来的。按照全国中小学思想政治教育工作座谈会制定的方针，1980 年 9 月教育部《关于改进和加强中学政治课的意见》指出，“中学政治课是中学教学计划中主要课程之一，是贯彻德、智、体全面发展的教育方针的重要方面”；[④] 要求从明确中学思想政治课的地位、改进课程设置和教材、改进教学提高质量、加强教

① 肖俊峰：《1978 年以来我国中小学德育政策的历史考察和分析》［D］，苏州大学硕士论文，2005。

② 中央教育科学研究所编《中华人民共和国教育大事记（1949～1982）》［M］，教育科学出版社，1983，第 53 页。

③ 孙少平：《新中国德育 50 年》［M］，福建教育出版社，2002，第 143 页。

④ 《关于改进和加强中学政治课的意见》［EB/OL］，http：//www.hzedu.net/Template/2003－06－11/2010－06－03。

师队伍建设和加强对政治课教学的领导等五个方面改进和加强政治课。该政策还针对新中国成立以来政治课的课程设置不稳定等缺陷，提出了中学政治课程设置方案。新方案规定，初一开设《青少年修养》、初二开设《政治常识》、初三开设《社会发展简史》、高一开设《政治经济常识》、高二开设《辩证唯物主义常识》，教学时间为每周2课时，另外还有时事政治教育，每周1课时。政治课程的设置体现了马克思主义世界观和共产主义道德教育的内容。

随着改革开放的逐步推进，政治氛围相对减弱，解放思想和实事求是的观念逐步树立起来，政策制定者认识到品德教育相比政治教育更符合小学生的成长需要。1981年3月，教育部颁发了《全日制五年制小学教学计划（修订草案）》，把超越小学生认识特点的“政治课”改为“思想品德课”，相应要求“根据小学生的年龄特点与思想品德形成发展的规律来进行教育”，并且突出了基础的道德教育。与此同时，教育部还专门发出《关于小学开设思想品德课的通知》，规定了小学思想品德课的目的、要求、教育原则和方法。[①] 1982年，教育部在组织各方专家广泛讨论与征求意见的基础上，颁发了第一个小学思想品德课教学大纲，即《全日制五年制小学思想品德课教学大纲（试行草案）》（以下简称《大纲（试行草案）》）。《大纲（试行草案）》分年级提出了思想品德教育的教学内容和要点要求，指出“对小学生进行教育要面向全体少年儿童，从他们的实际出发。要根据各年级学生的不同特点和思想品德的具体情况，由近及远，由浅入深，突出重点，有的放矢地进行教育”。这是新中国成立以后小学德育课程力求做到系统化、科学化、规范化的开端。《大纲（试行草案）》的颁布，使小学思想品德课的内容更切合小学生发展特点。它的实施情况表明，该文件对于系统开展小学思想品德教育，提高小学思想品德课的教学质量，

① 沈壮海、徐海蓉、刘素娟：《中华人民共和国学校德育大事记（续）》［J］，《思想理论教育》2006年第4期。

培养少年儿童良好的思想品德和行为习惯，起到了积极的作用，收到了较好的效果。①

在开展中学政治课和小学品德课教学的基础上，我国公民教育还辅以行为习惯养成教育。1979 年 8 月，教育部制定了《中学生守则》和《小学生守则》试行草案，并于 1981 年正式施行。《中学生守则》和《小学生守则》各包括十项条款，文字简洁。对中小学生学习、生活中的行为规范提出了具体要求。有对学生社会活动的基本要求，如“遵守公共秩序，遵守国家法令”；有针对“文革”给学生思想和行为造成的不好影响而提出的要求，如“按时上学，不随便缺课，专心听讲，认真完成作业”等，主要是对中小学生品德的要求，如“生活俭朴，爱惜粮食”、“诚实勇敢，不说谎话，有错就改”、“讲究卫生，服装整洁，不随地吐痰”，“热爱劳动，自己的事情自己做，不打人，不骂人”等。虽然短短的十几个字，对稳定和恢复学校教育教学的正常秩序起到了非常大的作用，② 也为教师开展品德教育、培养学生的行为习惯提供了参照。

（四）政策实施途径以课堂教学和校内教育为主

由于此时社会开放程度还不高，公民教育主要通过中学政治教育、小学思想品德教育和校内的各种活动实施。中学思想政治教育主要通过政治课、时事政治教育、日常思想政治工作实施。政治课教学由任课教师负责，在开展课程教学的同时，根据教材内容适当地联系实际，对学生进行思想政治教育。时事政策教育由学校党支部负责，根据国内外形势和党的方针、政策、决议，组织活动或进行讲授。学生日常思想工作，由学校党支部、班主任和团队干部共同负责。小学思想品德教育通过思想品德课、少先队活动、班主任

① 《中国教育年鉴 1985～1986》［M］，湖南教育出版社，1988，第 103 页。

② 《中小学生〈守则〉与〈规范〉的变迁》［EB/OL］，http：//news. sina. com. cn/c/2004－05－14/2010－11－21。

工作实施。任课教师的思想政治和思想品德课教学，完全按照教育部制定的课程方案和教学大纲，统编全国使用的中学政治课教材，及相应的教学参考资料执行，缺乏自主选择性。在计划经济体制高度封闭的社会背景下，学生受到的影响主要来自学校，家庭和社会较少参与到中小学公民教育当中。

这一阶段，由于国家工作重心的转移，我国中小学公民教育政策相应的发生了循环型、渐进性的政策变迁。一方面，政策价值取向基本恢复到“文革”前的要求；另一方面，政策目标、政策内容根据社会主义建设和青少年成长需要有了新的发展。在变迁后的政策指导下，“文革”期间受到严重破坏的公民教育教学秩序得到恢复，公民教育走上平稳发展的轨道。

二　加快发展期的阶段性特征（1982～1989年）

从1982年9月中共十二大召开至1989年发生的政治风波之前是公民教育政策加快发展期。随着“有中国特色社会主义”理论的提出，我国找到了社会主义与市场经济相结合的道路，各行各业步入企稳向好的趋势。我国中小学公民教育政策也步入了快速发展期，不仅正式提出了培养“四有”公民的政策目标，安排启动了思想政治课的改革实验等政策内容，并且政策实施途径从专门教学转向与各科渗透教育相结合，从校内教育转向与校外教育相结合，要求建立校长负责德育的体制，初步形成了中小学德育政策体系。

（一）政策价值取向转向为社会主义建设服务

党的十二大以后，改革开放全面展开，整个中国经历了从农村改革到城市改革，从经济体制的改革到各方面体制的改革，从对内搞活到对外开放的历史进程。这一时期，整个国家在政治、经济、文化等各个方面都取得了长足的进展，国家权力开始从经济、社会等领域逐步退出，客观上要求公民懂得行使权利和履行义务。1982

年9月，中共十二大报告提出，“国家和社会保障公民正当的自由和权利，公民履行对国家和社会应尽的义务。公民在行使自己的自由和权利的时候，不得损害国家的、社会的、集体的利益以及他人的自由和权利”，“每一个公民都应当遵守公民义务、社会公德和职业道德，每一个劳动者都应当是社会主义精神文明的建设者”。为此，报告还要求“加强宪法和公民权利、公民义务、公民道德的教育”。同年12月，五届人大五次会议表决通过了我国第四部宪法，即现行的《中华人民共和国宪法》，也继承和发展了1954年宪法的主要精神，明确规定了“凡具有中华人民共和国国籍的人都是中华人民共和国公民。公民在法律面前一律平等。任何公民享有宪法和法律规定的权利，同时必须履行宪法和法律规定的义务”的基本原则。

在公民地位重新得到确立的背景下，公民教育政策的价值取向转向为社会主义现代化建设服务。首先，宪法规定，“国家培养青年、少年、儿童在品德、智力、体质等方面全面发展”。[①] 这是以法律的形式首次将“全面发展”载入国家根本大法，体现了国家对公民个体素质从单一的政治要求转向符合经济、社会建设需要的全面发展。接着，1983年9月，邓小平为北京景山学校题词：“教育要面向现代化，面向世界，面向未来”，[②] 要求教育要面向我国的社会主义现代化建设，使整个教育事业同国民经济建设的要求相适应。此后，“三个面向”成为我国公民教育改革和发展的战略思想，在后来颁布的重大教育政策中均得到贯彻落实。1985年5月27日《中共中央关于教育体制改革的决定》指出，“教育必须为社会主义建设服务，社会主义建设必须依靠教育”，并要求“必须极大地提高全党对教育工作的认识，面向现代化、面向世界、面向未

① 《1982年宪法》[EB/OL]，http://news.163.com/5FVAMM8H00013HTJ.html/2009-08-05/2010-06-23。

② 徐井万、张永朔：《邓小平培育“四有”新人思想的形成历程》[J]，《四川教育学院学报》2001年第3期。

来，为90年代以至下世纪初叶我国经济和社会的发展，大规模地准备新的能够坚持社会主义方向的各级各类合格人才”。[①] 这一教育理念的提出，充分体现了改革开放以来我国经济社会发展的时代特征，在认识上实现了由“教育为无产阶级政治服务”到“教育必须为社会主义建设服务”的思想升华和历史飞跃，在实践上加强了教育与社会的联系，促使教育主动适应现代化建设需求，按照现代化建设要求进行全方位改革。[②] 政策强调教育促进经济和社会发展的功能，使教育从为政治服务转向为经济建设服务，这无疑是一个巨大的历史进步。教育方针的转变很快落实到公民教育的具体政策当中。1986年5月，国家教育委员会公布修订后的《全日制小学思想品德课教学大纲》，教学目的从培育“共产主义道德品质和良好的行为习惯，立志做有理想、有道德、有文化、守纪律的劳动者，为把他们培养成为共产主义事业的接班人打下思想基础”，[③] 转为“从小培育学生社会主义国家公民应有的良好的思想品德和行为习惯，为使他们成为有理想、有道德、有文化、有纪律的社会主义建设各类人才打下初步的思想基础”。在措辞上已经从具有高度政治倾向的“共产主义道德品质”“共产主义事业接班人”，转向与社会主义现代化建设直接相关的“社会主义国家公民应有的良好思想品德”“社会主义建设各类人才”。

（二）政策目标确定为培养“四有”公民

随着我国对外开放、对内搞活的全面铺开，经济、社会发展对公民教育提出了更高的要求。1985年《中共中央关于教育体制改

① 《中共中央关于教育体制改革的决定》[EB/OL]，http：//www. moe. edu. cn/publicfiles/business/htmlfiles/moe/2004－07－24/2010－06－25。

② 翟博：《新中国60年我国教育方针政策的形成与演变图》[N]，《中国教育报》2009年9月23日。

③ 《全日制小学思想品德课教学大纲》[EB/OL]，http：//www. chinalawedu. com/news/2006－03－05/2010－06－25。

革的决定》提出，“要从教育体制入手，有系统地进行改革”；“改革管理体制，调整教育结构，还要改革同社会主义现代化不相适应的教育思想、教育内容、教育方法”。要通过改革，“开创教育工作的新局面，使各级各类教育能够主动适应经济和社会发展的多方面需要”,[①] 国家层面的教育体制改革促成了公民培养目标的变革。

在邓小平同志培养“四有”新人的教育思想指导下，我国公民教育政策首次提出了“四有”公民的培养目标。1980 年底，邓小平同志在中共中央召开的工作会议上提出：“要努力使我们的青少年成为有理想、有道德、有知识、有体力的人，使他们立志为人民作贡献，为祖国作贡献，为人类作贡献，从小养成守纪律、讲礼貌、维护公共利益的良好习惯。”[②] 时隔不久，邓小平同志在 1982 年 7 月的军委座谈会上的讲话中又提出，“要使我们的各族人民都成为有理想、讲道德、有文化、守纪律的人民”。[③] 到了 1985 年 3 月，在全国科学工作会议上，邓小平完整地提出了要“教育全国人民做到有理想、有道德、有文化、有纪律”的“四有”新人思想。按照邓小平同志提出的培养“四有”新人，在整个社会形成一个人人向上、奋发有为的良好的社会道德风尚的要求，1986 年 9 月中共中央《关于社会主义精神文明建设指导方针的决议》正式提出，“社会主义精神文明建设的根本任务，是适应社会主义现代化建设的需要，培育有理想、有道德、有文化、有纪律的社会主义公民，提高整个中华民族的思想道德素质和科学文化素质”。[④] 此后，培养“四有”公民的目标在公民教育具体政策中得到充分的体现。1988 年国家教育委员会（以下简称国家教委）颁布的《小

① 《中共中央关于教育体制改革的决定》[EB/OL]，http：//www. moe. edu. cn/publicfiles/business/htmlfiles/moe/2004 - 07 - 24/2010 - 06 - 25。

② 《邓小平文选》（第 2 卷）[M]，人民出版社，1994，第 208 页。

③ 《邓小平文选》（第 2 卷）[M]，人民出版社，1994，第 369 页。

④ 《关于社会主义精神文明建设指导方针的决议》[EB/OL]，http：//news. xinhuanet. com/ziliao/2005 - 02 - 06/2010 - 06 - 24。

学德育纲要（试行）》规定，小学德育即“学校对小学生进行思想品德教育”，培养目标是“为提高整个中华民族的思想道德素质，培养学生初步具有爱祖国、爱人民、爱劳动、爱科学、爱社会主义的思想感情和良好品德……为使他们成为有理想、有道德、有文化、有纪律的社会主义公民，打下初步的思想品德基础”。[①] 同时颁布的《中学德育大纲（试行）》规定，“中学德育的培养目标包括思想、政治、道德品质、个性心理素质和能力等方面”。通过中学阶段的教育，使学生达到以下目标：“热爱祖国，拥护党在社会主义初级阶段的基本路线；初步树立为人民服务的思想和为实现社会主义现代化而奋斗的志向；具有良好的道德品质和文明行为；具有诚实正直、自尊自强、勤劳勇敢、开拓进取等品质和一定的道德判断能力及自我教育能力；成为有理想、有道德、有文化、有纪律的社会主义公民”。在 1988 年底，中共中央颁布的《关于改革和加强中小学德育工作的通知》中，“四有”公民培养目标进一步具体化为“把全体学生培养成为爱国的具有社会公德、文明行为习惯的遵纪守法的好公民”,[②] 相对淡化了“有理想”的政治要求。

（三）政策内容以改革实验指导下的思想品德和思想政治教育为主

20 世纪 80 年代中期，我国启动了以教育体制改革为中心的一系列教育改革，并深入公民教育领域。针对多年来学校思想品德和政治理论课程教学中存在的问题，以及各方面改革的需要，1985 年 8 月，《中共中央关于改革学校思想品德和政治理论课程教学的通知》[③] 对学校

① 《小学德育纲要（试行）》[EB/OL]，http：//www. people. com. cn/item/flfgk/gwyfg/2006－08－01/2010－06－24。

② 《关于改革和加强中小学德育工作的通知》[EB/OL]，http：//wenku. baidu. com/view/2007－09－23/2010－06－25。

③ 《中共中央关于改革学校思想品德和政治理论课程教学的通知》[EB/OL]，http：//wenku. baidu. com/view/. html//2005－02－06/2010－06－24。

公民教育课程提出了改革要求，包括小学的思想品德课和中学的思想政治课的课程安排、教学内容、教学方法等方面的改革。小学的思想品德课开展以“五讲四美”[①] 和“五爱”[②] 为中心的社会常识（包括法律常识）和社会公德教育；初中阶段进行道德、民主和法制、纪律的教育，进行社会生活和社会发展规律以及社会主义建设常识的教育；高中阶段进行初步的经济学和其他社会科学的教育。随后，中小学公民教育课程相继开展了改革实验。

小学思想品德课的改革实验进行了将近 5 年。在广泛收集实践经验和征求意见的基础上，国家教委对 1982 年的《全日制小学思想品德课教学大纲（试行草案）》进行了修改，并于 1986 年 5 月正式颁布实施了《全日制小学思想品德课教学大纲》。[③] 新的教学大纲进一步明确了小学思想品德课的性质、地位和作用；增加了社会主义民主和法制观念的教育以及良好的意志、品格的教育等教学内容；注重良好行为习惯和能力的培养；并根据小学生的知识水平和接受能力，适当删减了原《大纲》教学要点中要求过高的一些内容；使小学思想品德课的教学要求更加明确，更加有针对性，更加符合小学生的年龄特点。[④] 此外，在初中和高中思想政治课实验的基础上，国家教委于 1988 年还相继颁发了初级中学和高级中学《思想政治课改革教学大纲》，将具体课程名称进一步调整为《公民》《社会发展简史》《中国社会主义建设常识》《科学人生观》《经济常识》《政治常识》。由于初中教育是我国普及九年制义务教育的重要组成部分，从 1986 年《公民》课正式设立起，中国的公民意识教育开始逐渐普及开来。

---

① “五讲四美”：讲文明、讲礼貌、讲卫生、讲秩序、讲道德；心灵美、语言美、行为美、环境美。

② “五爱”：爱祖国、爱人民、爱劳动、爱科学、爱社会主义。

③ 《20 世纪中国中小学课程标准·教学大纲汇编（思想政治卷）》［M］，人民教育出版社，2001，第 49 ~ 127 页。

④ 沈壮海、徐海蓉、刘素娟：《中华人民共和国学校德育大事记》（续）［J］，《思想理论教育》2006 年第 4 期。

（四）政策内容以法制教育为补充，并初步形成德育政策体系

改革开放在推动经济发展、社会进步的同时，也带来一些腐朽落后的精神产品。如果缺乏正确的引导，青少年的健康成长极其容易受到干扰。为了增强青少年法制观念，防止青少年误入歧途，1985 年 7 月，国家教育委员会与司法部联合召开了全国小学法制教育座谈会。会议根据全国法制宣传教育工作会议的精神，讨论了加强小学法制教育的意见，并于 1985 年 8 月由国家教育委员会与司法部联合下发了《关于加强小学法制教育的意见》，强调“对小学生进行法制教育是加强小学生思想品德教育的重要内容之一”。不久，法制教育的范围从小学生扩展到青少年，并提升到党中央关注的层次上。10 月，中共中央发出《关于进一步加强青少年教育　预防青少年违法犯罪的通知》指出，“青少年违法犯罪仍然是一个不容忽视的问题。要大力加强对青少年的理想、道德、纪律和法制教育；严禁淫秽物品，整顿内容不健康的报刊，严厉打击引诱少年犯罪的教唆犯；抓紧制定保护青少年的有关法律，切实保障青少年的合法权益”。自此，法制教育纳入中小学思想品德和中学思想政治教育，成为我国中小学公民教育的重要内容。

在小学思想品德课和中学思想政治课改革取得初步成果的基础上，学校德育成为中小学各项教育活动都必须贯彻执行的主题，扩展到各科教学、班主任工作和学生日常行为规范等方面。1988 年 6 月初，全国中小学德育工作会议召开。在会上，国家教委分析了我国中小学德育工作面临的形势和任务，重申了中小学德育工作的战略地位，进一步明确了中小学德育工作的指导思想。会议成果初步构建了我国中小学德育政策体系，表现在会议讨论并发出的一系列加强和改进中小学德育工作的重要政策文件中，包括《关于改革和加强中小学德育工作的通知》《关于改革和加强中小学德育工作的通知》《小学德育纲要（试行）》《中学德育大纲（试行）》《小

学生日常行为规范（试行）》《中学生日常行为规范（试行）》，讨论了《小学班主任工作暂行规定（试行）》《中学班主任工作暂行规定》和《关于加强中小学德育工作骨干队伍建设的意见》。① 这一系列公民教育政策，从指导意见、实施纲要、行为规范、保障措施等方面全面加强我国中小学德育，勾勒出中小学的德育政策体系的雏形，并使我国中小学德育各方面工作都有了依据。

（五）政策实施扩展到课外和校外，并建立校长负责德育的体制

1988 年《小学德育纲要（试行）》和《中学德育大纲（试行）》分别对小学德育和中学德育进行了整体设计，明确了德育工作不仅要通过思想政治课，还要通过各科教学、班主任工作、少先队与共青团等学生组织、劳动与社会实践、课外活动、校外教育、家庭教育、社会教育等途径，基本覆盖了学生生活的方方面面，使之成为具有整体性、相关性、有序性的德育体系。这两个文件的颁布，是对新中国成立以来中小学德育工作的历史经验和改革开放以来创造的新鲜经验的总结和概括。它们的试行，结束了中小学德育工作经常处于“运动式”的状态，使中小学德育工作有章可循，加强了工作的科学性和规范管理，促进了整体改革，提高了整体效益。②

与此同时，校长负责德育工作的体制被提出并建立起来。1988 年 12 月 25 日，中共中央发出《关于改革和加强中小学德育工作的通知》，③ 要求建立校长负责德育工作的体制。按照文件要求，学校内部德育管理由以党支部为核心、团队组织活动为主，转变为校长负责、团队配合，以班主任为骨干，任课教师全员参与，班级活动为主。此前的很长一段时间，我国中小学德育工作一直依靠党团

① 《中国教育年鉴（1989）》［M］，人民教育出版社，1990，第 121 页。

② 卓晴君、李仲汉：《中小学教育史》［M］，海南出版社，2000，第 385 页。

③ 《关于改革和加强中小学德育工作的通知》［EB/OL］，http：//wenku. baidu. com/view/2007 - 09 - 23/2010 - 06 - 25。

组织全面管理。多年的德育实践证明，此种把社会模式直接移进中小学的做法不太符合学校工作特点和中小学生发展规律，效果不太理想。广大教师和学生是教学过程的全程参与者和主体，二者之间相互作用的时间和空间比学校的其他任何部门和人员都长，在时空上具有同一性和互融性。教师对学生的思想道德情况最了解、最清楚，他们做工作最具有及时性、针对性，班级是学校实施教育教学的基本单位，班主任的工作也最具有号召力和说服力。因而，班级和教学过程理所当然地应成为德育的主阵地。中小学德育体制改革实施的校长负责管理学校德育，依靠班主任和教师落实到班级，党、团配合的制度更符合中小学实际，更为合理。此后，校长负责制逐步成为中小学德育管理的主要制度。

一般来说，政策发展过程由问题流、政策流、政治流三股脉流交织而成，这三种要素大部分时间是独立的，在遇到“机会窗”时就会组合起来，推动政策变迁。这一阶段，国家建设急需大量高素质人才的问题流、国家教育方针调整的政策流、以社会主义现代化建设为中心工作的“政治流”遇到公民教育政策变迁的“机会窗”，促成了机会型、渐进性的政策变迁。在“政策流”与“机会窗”交织的情况下，我国中小学公民教育政策各个构成要件都发生了相应的调整和变化，有效推进了公民教育的发展。

三　调整充实期的阶段性特征（1989～1995年）

从1989年的政治风波到1995年底“八五”规划颁布是公民教育政策调整充实期。1989年的政治风波使我国政治风云突变，已经开始相对宽松的政治气氛再次浓重起来。20世纪90年代，苏联解体和东欧剧变顷刻间改变了东西方对峙的格局，西方国家不断使用“和平演变”策略使我国西化、分化的图谋，进一步坚定了中共中央加强思想政治教育的决心。国家政治环境的改变，促使我国中小学公民教育政策强调政治方向的首要地位，调整了公民培养目标，重点加强了政治教育、爱国主义教育和近现代史教育，并要求学校教育、家庭教育、社会教育紧密配合，共同推进公民教育。

（一）政策价值取向转向反对资产阶级自由化

早在20世纪70年代末，我国民间就开始出现鼓吹资产阶级自由化的思潮。资产阶级自由化的核心和本质是反对和否定四项基本原则，主张全盘西化，走资本主义道路。这是与我国正在进行的改革开放和社会主义现代化建设背道而驰。但是，由于这个问题没有得到应有的重视和及时的遏制，资产阶级自由化思潮泛滥开来，并在20世纪80年代末发展为政治风波。坚持四项基本原则，反对资产阶级自由化的斗争，关系到党和国家的前途和命运。这引起了国家领导人的高度重视。1989年3月，邓小平同志会见乌干达总统约韦里·穆塞韦尼时指出，“我们最近十年的发展是很好的。我们最大的失误是在教育方面，思想政治工作薄弱了”。[①]

根据国家领导人的指示，我国再次调整了德育工作的重点，重新将思想政治教育放在首要和突出的位置。1990年12月30日，党的十三届七中全会通过的《中共中央关于制定国民经济和社会发展十年规划和“八五”计划的建议》提出：“继续贯彻教育必须为社会主义现代化建设服务，必须同生产劳动相结合，培养德、智、体全面发展的建设者和接班人的方针，进一步端正办学指导思想，把坚定正确的政治方向放在首位，全面提高教育者和被教育者思想政治水平和业务素质”。[②] 在原有教育方针的基础上，重点强调了“政治方向放在首位”和“提高思想政治水平”。1992年初，

① 邓小平：《十年最大的失误是在教育方面》［EB/OL］，http：//news. xinhuanet. com/ziliao，2005－02－23/2010－05－20。

② 《中共中央关于制定国民经济和社会发展十年规划和“八五”计划的建议》［EB/OL］，http：//www. people. com. cn/GB/other4349/4456/2001－02－28/2010－06－29。

邓小平同志发表“南方谈话”，对当时的中国产生了一种拨正航向的作用，以经济建设为中心的新一轮改革开放正式成为国家建设的重心。从此，加强思想政治教育和培养现代化建设人才成为公民教育并行的导向。1992年10月，中共十四大报告再次强调，“要坚持十三大提出的党在初级阶段的基本路线不动摇，同时抵御资本主义和封建主义腐朽思想的侵蚀，树立正确的理想、信念和价值观”；报告同时明确提出，我国经济体制改革的目标就是建立社会主义市场经济体制，并要求“必须把教育摆在优先发展的战略地位，努力提高全民族的思想道德和科学文化水平，大力发展教育，全面提高教育质量”。[①] 把“教育摆在优先发展的战略地位”写入党代会报告，为教育加快改革和发展，更好地服务于社会主义现代化建设提供了先决条件。

1989年以后，坚持正确的政治方向成为公民教育的首要任务。1990年4月，国家教委发出《关于进一步加强中小学德育工作的几点意见》指出，“德育，即思想、政治和道德教育，对保证人才培养的正确政治方向，促进学生全面发展起着主导的决定性的作用”。[②] 要求把德育放在学校教育工作的首要地位，在继续加强学生道德教育的同时，切实加强思想和政治教育。思想政治教育重新放在道德教育之前，是我国公民教育政策价值取向在1989年之后的明显调整。1992年5月24日，时任国家教育委员会副主任的何东昌同志在全国中小学德育工作会议上发表专题讲话，强调政治方向在德育中是第一位的，而且要特别“重视一下重点高中的政治方向问题”。接着，1993年2月13日中共中央、国务院颁布《中国教育改革和发展纲要》提出，“用马列主义、毛泽东思想和建设

---

① 中共十四大报告：《加快改革开放和现代化建设步伐　夺取有中国特色社会主义事业的更大胜利》［EB/OL］，http：//news. xinhuanet. com/ziliao/2003 - 01/20/2010 - 06 - 29。

② 《关于进一步加强中小学德育工作的几点意见》［EB/OL］，http：//wenku. baidu. com/view/2004 - 05 - 30/2010 - 06 - 29。

有中国特色的社会主义理论教育学生，把坚定正确的政治方向摆在首位”。[①] 此后多年，我国颁布实施的公民教育总政策和具体政策无一例外地强调要通过思想政治教育凸显我国的社会主义性质。有代表性的公民教育政策及其提法有：1993 年 3 月 26 日，国家教育委员会正式颁发修订后的《小学德育纲要》强调，小学德育“属于共产主义思想道德教育体系，是社会主义精神文明建设的奠基工程，是我国学校社会主义性质的一个标志”；1994 年 8 月，中共中央下发《关于进一步加强和改进学校德育工作的若干意见》指出，“现在和今后一二十年学校培养出来的学生，他们的思想道德和科学文化素质如何直接关系到21 世纪中国的面貌，关系到我国社会主义现代化建设战略目标能否实现，关系到能否坚持党的基本路线一百年不动摇，必须站在历史的高度，以战略的眼光来认识新时期学校德育工作的重要性”。[②] 1995 年《中学德育大纲》在提出“中学德育工作应认真贯彻党在社会主义初级阶段的基本路线，遵循党关于社会主义精神文明建设的指导方针”的基础上，要求开展“社会主义现代化建设常识和社会主义初级阶段党的基本路线的教育”和“社会主义共同理想教育”。[③]

（二）政策目标转为培养“社会主义事业的建设者和接班人”

20 世纪 90 年代，苏联解体、东欧剧变。严峻的事实发人深思：今后世界向何处去？社会主义命运将会如何？中国今后该怎么办？在这个不同思想和意见交锋的重要时刻，邓小平同志的“南

① 《中国教育改革和发展纲要》［EB/OL］，http：//baike. baidu. com/view/2004 - 08 - 25/2010 - 06 - 29。

② 《关于进一步加强和改进学校德育工作的若干意见》［EB/OL］，http：//baike. baidu. com/view/2004 - 09 - 15/2010 - 06 - 29。

③ 《中学德育大纲》［EB/OL］，http：//www. people. com. cn/item/flfgk/gwyfg/1988 - 02 - 06/2010 - 06 - 29。

方谈话”重申了深化改革、加速发展的必要性和重要性，解答了人们思想中普遍存在的疑虑。这使我国公民教育政策在强调社会主义方向的同时，坚持了我国公民教育为社会主义现代化建设培养人才的目标。1993 年 2 月，中共中央、国务院颁布的《中国教育改革和发展纲要》指出，“必须坚持党对教育工作的领导，坚持教育的社会主义方向，培养德智体全面发展的建设者和接班人。必须坚持教育为社会主义现代化建设服务，与生产劳动相结合，自觉地服从和服务于经济建设这个中心，促进社会的全面进步”；同时提出，“用马列主义、毛泽东思想和建设有中国特色的社会主义理论教育学生，把坚定正确的政治方向摆在首位，培养有理想、有道德、有文化、有纪律的社会主义新人，是学校德育即思想政治和品德教育的根本任务”。[①] 这一提法以“‘四有’社会主义新人”取代了“‘四有’公民的培养目标”。接着，1995 年颁布和实施的《中华人民共和国教育法》提出新时期的教育方针是：“教育必须为社会主义现代化建设服务，必须与生产劳动相结合，培养德、智、体等方面全面发展的社会主义事业的建设者和接班人”。[②] 对 1993 年的教育方针在文字上作了重要修改，除了在“建设者和接班人”前加上了“社会主义事业的”外，还在“德、智、体”后加上了“等方面”，反映了在教育方针认识上的深化。至此，我国新时期的教育方针已完成了法律程序，写进了教育的根本大法。但这一教育方针仍是着眼于政治和经济的需要，只是由原来的仅强调政治，扩展为政治、经济合一，由单一的政治要求转向多维的现实要求。[③]

---

① 《中国教育改革和发展纲要》［EB/OL］，http：//baike. baidu. com/view/2004 - 08 - 25/2010 - 06 - 29。

② 《中华人民共和国教育法》［EB/OL］，http：//www. chinaacc. com/new/63/73/128/2006 - 09 - 28/2010 - 06 - 29。

③ 刘铁芳：《新时期我国教育方针的基本问题》［J］，《教育科学研究》2010 年第 5 期。

伴随着教育方针的改变，各类公民教育政策的培养目标纷纷从“公民”转为“建设者和接班人”。1993 年 3 月，国家教育委员会颁发《小学德育纲要》，将培养目标从试行稿中的“有理想、有道德、有文化、有纪律的社会主义公民”调整为“德、智、体全面发展的社会主义事业的建设者和接班人”。1994 年 8 月，中共中央下发的《关于进一步加强和改进学校德育工作的若干意见》中，培养目标是“有理想、有道德、有文化、有纪律的献身有中国特色社会主义事业的建设者和接班人”。[①] 至 20 世纪 90 年代中期，“公民”才作为阶段性的培养目标重新出现。1995 年 2 月 27 日，国家教委正式颁发《中学德育大纲》，培养目标从试行稿中的把中学生培育成为“有理想、有道德、有文化、有纪律的社会主义公民”，调整为“把全体学生培养成为热爱社会主义祖国的具有社会公德、文明行为习惯的遵纪守法的公民。在这个基础上，引导他们逐步树立科学的人生观、世界观，并不断提高社会主义思想觉悟，使他们中的优秀分子将来能够成长为共产主义者”[②] 两个层次。这是 1989 年以后，公民教育政策文件首次谨慎地提出“公民”的培养目标，并且“公民”仅属于第一层次，第二层次回复到政治色彩浓厚的“共产主义者”。我国公民教育是以“建设者和接班人”，还是以“公民”作为培养目标？这伴随我国公民教育的发展一直摇摆不定，并且直至今天仍然没有完全得到确定。

（三）政策内容强化了政治、品德教育，增加了心理品质教育

1989 年政治风波以后的几年内，我国中小学公民教育重新强化了政治教育。1990 年 4 月，国家教委发出的《关于进一步加强

① 《关于进一步加强和改进学校德育工作的若干意见》[EB/OL]，http：//baike.baidu.com/view/2006－09－28/2010－06－29。

② 《中学德育大纲》　[EB/OL]，http：//www.people.com.cn/item/flfgk/gwyfg/1988－02－06/2010－06－29。

中小学德育工作的几点意见》[①] 中，对德育内容的基本界定是："德育，即思想、政治和道德教育"，并且将重点集中在爱国主义教育、近现代史教育和国情教育上。此后，随着社会主义理论的不断创新，我国公民教育还增加了具有时代特征的内容，主要包括社会主义初级阶段党的基本路线教育和有中国特色社会主义的理论教育。在公民教育总政策方面，1992 年中共十四大报告提出，"在全国各族人民特别是青少年中，进一步加强党的基本路线教育，爱国主义、集体主义和社会主义思想教育，近代史、现代史教育和国情教育"。[②] 在公民教育基本政策方面，1993 年《中国教育改革和发展纲要》指出，"要用马列主义、毛泽东思想和建设有中国特色的社会主义理论教育学生，对广大青少年加强党的基本路线教育，爱国主义、集体主义和社会主义思想教育，近代史、现代史教育和国情教育"。[③] 在公民教育具体政策方面，1993 年国家教委分别颁发了《九年制义务教育全日制初级中学思想政治课教学大纲（试用稿）》和《全日制高级中学思想政治课教学大纲（试用稿）》，规定中学各年级统称"思想政治"课。这两个教学大纲结合实际需要，课程内容增加了邓小平理论的核心内容和社会主义市场经济常识，重视对学生进行社会主义现代化建设实际的教育。[④] 1994 年中共中央发出《关于进一步加强和改进学校德育工作的若干意见》指出，"以邓小平同志建设有中国特色社会主义理论作为学校马克思主义理论教育的中心内容。这是新时期加强和改进学校德育工作

① 《关于进一步加强中小学德育工作的几点意见》[EB/OL]，http：//wenku. baidu. com/view/2004 - 05 - 30/2010 - 06 - 29。

② 中共十四大报告：《加快改革开放和现代化建设步伐　夺取有中国特色社会主义事业的更大胜利》[EB/OL]，http：//news. xinhuanet. com/ziliao/2003 - 01/20/2010 - 06 - 29 。

③ 《中国教育改革和发展纲要》[EB/OL]，http：//baike. baidu. com/view/2004 - 08 - 25/2010 - 06 - 29。

④ 王青玲：《中学政治课程三十年发展阶段划分的探讨》[J]，《宁波大学学报（教育科学版）》2009 年第 1 期，第 140 页。

的首要任务和根本措施”。[①]

与此同时，我国公民教育政策开始体现关注青少年身心发展、尊重教育规律的良好态势，不仅正式设置了心理健康教育和文明行为养成的内容，并且提出了整体规划德育体系的要求。1993 年 3 月，国家教育委员会正式颁发《小学德育纲要》指出，“小学德育主要是向学生进行以‘爱祖国、爱人民、爱劳动、爱科学、爱社会主义’为基本内容的社会公德教育和有关的社会常识教育（包括必要的生活常识、浅显的政治常识以及同小学生有关的法律常识），着重培养和训练学生良好的道德品质和文明行为习惯，教育学生心中有他人，心中有集体，心中有人民，心中有祖国”。[②] 1994 年《关于进一步加强和改进学校德育工作的若干意见》提出了整体规划学校德育体系的要求，文字不多，却概括了十分重要的德育原则与要求，对中小学有特别重要的指导意义。如“遵循教育规律，区分教育阶段，循序渐进逐步提高，改进教育方法，解决好大、中、小学德育工作的衔接等”。[③] 1995 年 2 月，国家教委正式颁发的《中学德育大纲》中，初中阶段德育内容的要点包括：“爱国主义、集体主义、社会主义教育，理想教育、道德教育、劳动教育，社会主义民主和遵纪守法教育，良好的个性心理品质教育”等。高中阶段德育内容要点包括：“爱国主义、集体主义、马克思主义常识和社会主义教育，理想教育、道德教育、劳动和社会实践教育，社会主义民主观念和遵纪守法教育，良好的个性心理品质教育”。初、高中除以上各系列内容的教育外，还要随着经济、政治的形势发展进行形势任务和时事政策的教育。相比试行稿，中

① 《关于进一步加强和改进学校德育工作的若干意见》[EB/OL]，http://baike.baidu.com/view/2006-09-28/2010-06-29。

② 《小学德育纲要》[EB/OL]，http://baike.baidu.com/view//2006-09-28/2010-06-29。

③ 《关于进一步加强和改进学校德育工作的若干意见》[EB/OL]，http://baike.baidu.com/view/2006-09-28/2010-06-29。

学德育的内容增加了“良好的个性心理品质教育”，是对以往德育过于偏重政治教育和品德教育的矫正和补充。这使公民教育的内容从政治教育和品德教育扩展至心理教育。

在行为规范方面，1993年的《中国教育改革和发展纲要》指出，“要重视对学生进行中国优秀文化传统教育，对中小学生还要注重进行文明行为的养成教育”。[①] 行为养成教育也体现在公民教育具体政策当中，如国家教委于1991年和1994年先后颁发的《小学生行为规范》和《中学生行为规范》。《小学生行为规范》作为国家对小学生日常行为最基本的要求，是对《小学生守则》的具体化和有益补充，其中“注意安全，防火灾、防溺水、防触电、防盗、防中毒”“未经允许不进入他人房间、不动用他人物品、不看他人信件和日记”等增强自我保护意识、尊重他人隐私的规范对于青少年养成良好行为习惯，成为合格公民是必不可少的。《中学生行为规范》的核心内容是指导学生学会正确处理个人与他人、个人与集体、个人与社会的关系，懂得中学生的责任与义务，学会如何生活。其中，重视对中学生开展心理健康教育，注意克服各种心理障碍和独生子女的某些弱点，以培养学生积极进取、勇敢顽强的意志品格等要求均体现出社会转型对公民道德、公民基本素养的培养要求。

（四）政策内容重点加强与爱国主义相关的各类教育

1989年6月之后，我国出台一系列加强国情教育、爱国主义教育、近现代史教育和国防教育的政策，强化了公民教育在维护国家安全和稳定方面的责任。

国情教育方面。1989年11月，国家教委发出《关于在中小学语文、历史、地理等学科教学中加强思想政治教育和国情教育

---

① 《中国教育改革和发展纲要》［EB/OL］，http：//baike. baidu. com/view/2004－08－25/2010－06－29。

的意见》，[①] 要求“除了小学思想品德课和中学思想政治课要结合学生的实际集中进行教育外，其他各学科，特别是语文、历史、地理等学科都负有对学生进行思想政治教育和国情教育的任务”。随后，国家教委分别发布了各相关学科的思想政治教育纲要，包括《中小学语文学科思想政治教育纲要》《中小学历史学科思想政治教育纲要》《中小学地理学科国情教育纲要》，并对这些公民教育相关学科开展思想政治教育或国情教育的目的、内容、方法均提出了具体要求。这是我国首次以政策文本的形式，明确语文、历史、地理等人文、社会的学科课程所承担的政治教育责任。

爱国主义教育方面。为了消除 1989 年政治风波的负面影响，正确引导人民群众的爱国热情，1990 年 5 月 3 日，江泽民同志在首都青年纪念“五·四”报告会上作了题为《爱国主义和我国知识分子的使命》的讲话，特别指出在新的历史条件下继续继承和发扬爱国主义传统的重要性，要求“广泛深入地进行爱国主义教育。这种教育要从少年儿童抓起。”[②] 此后，我国陆续发布了系列规范爱国主义教育的公民教育政策。如国家教委在各地中小学初步形成的国旗、国歌教育制度的基础上，于 1990 年下发了《关于实施〈中华人民共和国国旗法〉严格中小学升降国旗制度的通知》，对严格实施中小学升降国旗制度提出了具体意见，要求“使学生通过升降国旗这一具有教育意义的仪式受到深刻的爱国主义教育”。[③] 国家教委办公厅于 1991 年 4 月发布了《关于在中小学进一步开展爱国主义教育活动的意见》，要求在各科教学中进行国情教育和爱国主义教育。进而，中共中央宣传部（以下简称中宣部）、

① 《关于在中小学语文、历史、地理等学科教学中加强思想政治教育和国情教育的意见》[EB/OL]，http：//www. hbe. gov. cn/content. /2009 - 11 - 27/2010 - 06 - 30。

② 《中国教育年鉴（1991）》[M]，人民教育出版社，1992，第 1 ~ 6 页。

③ 《关于实施〈中华人民共和国国旗法〉严格中小学升降国旗制度的通知》[EB/OL]，http：//vip. chinalawinfo. com/Newlaw2002 - 11 - 27/2010 - 06 - 30。

国家教委、广播电影电视部、文化部于1993年联合发出《关于运用优秀影视片在全国中小学开展爱国主义教育的通知》，向全国中小学推荐100部以爱国主义为主要内容的优秀影视片，以生动形象的艺术形式，对中小学生进行爱国主义教育。① 其后，为积极应对改革开放和市场经济深入推进带来的一些负面影响，如价值取向功利化、现实化和道德判断模糊、人文精神缺失等现象以及第二次出国潮，1994年中宣部召开全国宣传思想工作会议，大力倡导发扬爱国主义、集体主义、社会主义思想和精神。1994年8月23日，中共中央发出《爱国主义教育实施纲要》强调，“爱国主义教育的重点是青少年，学校是对青少年进行教育的重要场所，要把爱国主义教育贯穿到幼儿园直至大学的教学、育人全过程中”。②

近现代史教育方面。根据江泽民总书记关于“要对小学生(甚至幼儿园的孩子)、中学生一直到大学生，由浅入深、坚持不懈地进行中国近代史、现代史及国情教育”③ 的指示，国家教委于1991年8月颁发了《中小学加强近代史、现代史及国情教育的总体纲要（初稿)》，指出“加强中国近代、现代史及国情教育，是为提高我国社会公民素质进行的一项基础性教育，需要从小学至高中，分层次、分学段，通过各科教学和其他教育途径加以实施”，并要求“根据学生年龄特点，组织参加一定的社会实践活动，做到相关学科教学与其他学科有机渗透相结合，课堂教学与课外教育活动相结合，学校教育与社会教育相结合”。

国防教育方面。苏联解体、东欧剧变警示我国要提防国外反动势力采用“和平演变”策略对我国进行西化、分化和颠覆国家政

① 《关于运用优秀影视片在全国中小学开展爱国主义教育的通知》［EB/OL］，http：//law. baidu. com/pages/chinalawinfo/2002 -09 -13/2010 -06 -30。

② 《爱国主义教育实施纲要》［EB/OL］，http：//baike. baidu. com/view/2001 -10 -03/2010 -07 -02。

③ 肖俊峰：《1978年以来我国中小学德育政策的历史考察和分析》［D］，苏州大学硕士论文，2005。

权的活动。根据党的十三大和全国七届人大会议提出的“要在人民群众中广泛进行国防教育，增强国防观念”的要求，国家教育委员会于1992年2月发布了《小学、初中国防教育纲要（试行）》和《学校国防教育常规》。《小学、初中国防教育纲要（试行）》指出，“学校国防教育是全民国防教育的基础，是向青少年进行公民素质教育，培养社会主义事业的建设者和接班人的重要途径，是抵御国际敌对势力和平演变阴谋和武装侵略，实现我国社会主义现代化的战略措施”。[①]《学校国防教育常规》对升降国旗、庆祝重大节日、拥军优属等十个方面活动进行了补充。

（五）政策实施要求学校、家庭、社会密切配合

20世纪90年代中期，随着我国改革开放的程度不断加深，社会主义现代化建设对公民素质培养提出了更高的要求，中小学公民教育政策增加了一些具体的保障措施和推进公民教育实施的新思路、新方法。1994年，中共中央颁发了《关于进一步加强和改进学校德育工作的若干意见》，在有关德育的队伍、管理等方面提出了一些新的政策规定：如“完善德育队伍的专业职务系列，解决好专业职务、待遇等方面的问题；培养和造就一批德育专家、教授、特级教师和理论家；合理确定德育方面的经费投入科目，学校德育工作要有法制保证，地方各级党委和政府的主要领导要抓德育”[②]等。在此基础上，1995年12月20日，国家教委发布《关于进一步加强和改进中学思想政治课教学工作的意见》，提出了加强教学内容衔接和改进教学方法的措施，要求“完善高中思想政治课的教学内容，完成中学思想政治课与小学思想品德课和大学思想品德课、政治理论课之间的整体衔接工作，处理好与其他学科中思

① 《小学、初中国防教育纲要（试行）》[EB/OL]，http://www.people.com.cn/item/flfgk/gwyfg/1992-02-06/2010-07-02。

② 《关于进一步加强和改进学校德育工作的若干意见》[EB/OL]，http://baike.baidu.com/view/2006-09-28/2010-06-29。

想教育内容的有机联系，避免教育内容的脱节和简单重复，增强教学的针对性，提高教学的实际效果”等具体目标。[①]

随着我国由传统社会向现代社会、封闭社会向开放社会、一元社会向多元社会转型，各种各样的价值观念和文化现象共存，青少年在耳濡目染当中接受的负面影响甚至能削弱学校的正面教育。这个时候，仍主要依靠课堂教学和学校教育开展的中小学公民教育，已经远不能满足现实需要。为此，我国公民教育政策将实施途径由学校扩展到家庭和社会，并要求家庭教育和社会教育积极配合学校教育。1993 年国家教育委员会颁发的《小学德育纲要》要求，学校实施德育必须充分发挥校内、校外各教育途径的作用，互相配合，形成合力，创设良好的教育环境，共同完成德育任务；并指出小学德育的实施途径包括：各科教学，校级、班级工作和各种教育活动，少先队教育，家长教育和校外教育等。1994 年《中共中央关于进一步加强和改进学校德育工作的若干意见》[②] 进一步强调了学校教育、家庭教育、社会教育紧密配合，共同推进德育实施的重要意义；要求学校主动同家长及社会各方面密切合作，使三方面的教育互为补充、形成合力。1995 年国家教育委员会颁发的《中学德育纲要》要求，“学校必须充分发挥主导作用，与家庭、社会密切配合，共同完成德育任务”，并规定中学德育的实施途径包括：思想政治课教学和时事课，其他各学科教学，班主任工作，共青团、少先队、学生会工作，劳动与社会实践，活动课程与课外活动，校外教育，心理咨询和职业指导，校园环境建设，家庭，社会等，要求逐步建立学校与社会相互协作的社会教育网络，共同营造关心下一代健康成长的良好社会教育环境。

这一阶段，政策价值取向重新强化了政治倾向，从“培养社

① 《中国教育年鉴（1996）》［M］，人民教育出版社，1997，第 141 页。
② 《中共中央关于进一步加强和改进学校德育工作的若干意见》［EB/OL］，http://baike.baidu.com/view/2009-10-28/2010-06-29。

会主义现代化建设人才”的价值取向回复到“维护意识形态的统一性”的价值取向，引发了循环型、渐进性的政策变迁。虽然政策变迁应急性地恢复了较高的政治要求，但是，这一阶段政策并不是对过往政策的重复，毕竟，社会进步的方向是不可逆的。政策变迁在增加心理品质教育，要求学校、家庭和社会密切配合等方面都体现出渐进性的政策发展。

四　提升推进期的阶段性特征（1996～2003年）

从1996年3月《国民经济和社会发展“九五”计划和2010年远景目标》公布到2003年9月“科学发展观”提出之前是公民教育政策的提升推进期。1996年，我国开始执行第九个五年计划。在实施科教兴国战略和可持续发展战略，坚持物质文明和精神文明共同进步的大背景下，我国中小学公民教育政策恢复了培养“四有”公民的目标，突破性地提出了让学生积极、主动发展的价值导向，全面推进素质教育，以心理健康教育、法制教育、科学教育、环境教育等配合推进公民教育，政策实施强调了教育教学方法的改革。

（一）政策价值取向转为先进性要求和广泛性要求相结合

20世纪90年代中期，我国改革开放和现代化建设进入新的发展阶段，国民经济持续快速增长，经济体制改革取得突破性进展，对外开放的总体格局基本形成，各项社会事业全面发展。在1995年提前五年实现中国经济建设“三步走”战略中第二步战略目标的基础上，1996年3月，全国人大通过了《关于国民经济和社会发展“九五”计划和2010年远景目标纲要的报告》[①]，提出了未来

① 《关于国民经济和社会发展“九五”计划和2010年远景目标纲要的报告》[EB/OL]，http：//wenku. baidu. com/view//2009－10－28/2010－06－29。

15 年国民经济和社会发展的奋斗目标和指导方针。这是我国社会主义市场经济条件下的第一个中长期计划。它为我国在“九五”期间推进公民教育提供了基本方向。该报告不仅提出了“实施科教兴国战略”的要求，还指出：“我国现代化事业的宏伟目标，是建设富强、民主、文明的社会主义国家。在发展经济的同时，必须把精神文明和民主法制建设提到更加突出的地位，促进社会全面进步”。这一政策导向对我国发展公民教育具有划时代的意义。1996 年 10 月，中共中央发布了新中国成立以来第二个精神文明建设的决议：《关于加强社会主义精神文明建设若干重要问题的决议》，提出了此后 15 年我国社会主义精神文明建设的主要目标，要求“牢固树立建设有中国特色社会主义的共同理想，牢固树立坚持党的基本路线不动摇的坚定信念”。1997 年，党的十五大报告正式把有中国特色社会主义理论称为“邓小平理论”，要求用“邓小平理论”来指导各项工作，并首次提出把先进性要求和广泛性要求结合起来，鼓励一切有利于国家统一、民族团结、经济发展、社会进步的思想道德。这是我国对公民政治思想素质要求从高度理想化要求转向现实性标准的开端。进入 21 世纪，我国现代化进程对公民道德素质提出了更高的要求。因应这一要求，2001 年中共中央颁布的《公民道德建设实施纲要》提出，“树立把国家和人民利益放在首位而又充分尊重公民个人合法利益的社会主义义利观”，并重申了“先进性要求和广泛性要求结合”的原则。这样，“广泛性要求”正式成为我国对普通公民的基本要求。

2002 年 11 月，党的十六大报告提出，要“扩大公民有序的政治参与，保证人民依法实行民主选举、民主决策、民主管理和民主监督”“保障公民和法人的合法权益”。这些政策性表述充分肯定了公民的合法政治权利，体现了政策视角开始从以物为本向以人为本转变。十六大报告还根据社会主义现代化建设的需要，提出了新的教育方针，即“坚持教育为社会主义现代化建设服务，为人民服务，与生产劳动和社会实践相结合，培养德、智、体、美全面发展的社会主义建设者和接班人"[①] 的教育方针。这一教育方针体现了时代发展的新特点：一是把"为人民服务"纳入教育方针，意味着教育的转向和目标的扩展，不仅是从政治和经济出发，"人民"本身也成了国家教育方针的基本出发点；二是在个体素质上增加了"美"，审美品质的提出是教育功能的扩展，即教育不仅是对外在的适应，还要促进个体自身的审美愉悦，这也是新时期以人为本的理念的具体化；三是增加了"与生产劳动和社会实践"相结合，现代青少年要有开阔的社会视野，社会实践品质的深化乃是全球性的教育要求。[②]

在政治气氛相对宽松，公民合法权利得到肯定，教育方针从物本向人本转向的前提下，我国公民培养的价值导向也发生了根本性变革，应试教育开始向素质教育转轨，中小学公民教育政策开创性地提出了面向全体学生，促进学生主动发展的素质教育宗旨。早在1993年2月，中共中央、国务院颁布的《中国教育改革和发展纲要》就指出，"基础教育是提高民族素质的奠基工程，必须大力加强，中小学要由'应试教育'转向全面提高国民素质的轨道，面向全体学生，全面提高学生的思想道德、文化科学、劳动技能和身体心理素质，促进学生生动活泼地发展"。[③] 这是我国公民教育基本政策首次提出"全面提高国民素质"的教育宗旨，为公民教育提供了改革和发展的方向。经过6年多的前期酝酿和探讨试验，1999年6月，中共中央、国务院发布《关于深化教育改革全面推进素质教育的决定》的要求，"以提高国民素质为根本宗旨，以培养学生的创新精神和实践能力为重点，实施素质教育"；"全面推

① 中共十六大报告：《全面建设小康社会　开创中国特色社会主义事业新局面》[EB/OL]，http：//news. xinhuanet. com/newscenter/2007 - 10/08/2010 - 06 - 29。

② 刘铁芳：《新时期我国教育方针的基本问题》[J]，《教育科学研究》2010年第5期。

③ 《中国教育改革和发展纲要》[EB/OL]，http：//baike. baidu. com/view/2004 - 08 - 25/2010 - 06 - 29。

进素质教育，要坚持面向全体学生，尊重学生身心发展特点和教育规律，使学生生动活泼、积极主动地得到发展”。进入21世纪，我国进一步强化了以学生为本，尊重学生发展需要的公民教育价值导向。2000年，中共中央、国务院发出的《关于适应新形势　进一步加强和改进中小学德育工作的意见》指出，“必须坚持解放思想、实事求是的思想路线，遵循中小学生的身心发展规律，从中小学生的实际情况出发，提高德育工作的针对性和实效性，切忌形式主义、教条主义”；“必须坚持教育与社会实践相结合，理论与实际相结合，促进学生认知和行为的统一”。2001颁布的《基础教育课程改革纲要（试行）》进一步提出，要“改变课程过于注重知识传授的倾向，强调形成积极主动的学习态度，使获得基础知识与基本技能的过程同时成为学会学习和形成正确价值观的过程”。《基础教育课程改革纲要（试行）》的实施，使学生主动发展的理念真正贯彻落实到课堂教学当中。

（二）政策目标重提“公民”，并与“社会主义建设者和接班人”共用

在我国经济、社会发展的崭新历史阶段，“四有”公民的培养目标在国家重要政策中再次受到肯定和使用。首先，1996年3月，《国民经济和社会发展“九五”计划和2010年远景目标》在加强精神文明和民主法制建设部分，重新提出“培养有理想、有道德、有文化、有纪律的社会主义公民”。① 接着，1996年10月《关于加强社会主义精神文明建设若干重要问题的决议》再次强调了培养“四有”公民目标，并作为社会主义精神文明建设的根本任务。此后，我国公民培养出现了“社会主义建设者和接班人”和“‘四有’公民”双目标的局面，这两个培养目标分属不同的层次和内容。如1997年9

① 《国民经济和社会发展“九五”计划和2010年远景目标》[EB/OL]，http://www.people.com.cn/GB/channel1/10/2000-09-21/2010-06-29。

月，中共十五大报告将培育“四有”公民作为建设有中国特色社会主义文化的目标；同时将“培养德、智、体等全面发展的社会主义事业的建设者和接班人”作为教育的目标。1999年9月，中共中央《关于加强和改进思想政治工作的若干意见》指出，思想政治工作的任务是“培育有理想、有道德、有文化、有纪律的公民”，也要求“学校的思想政治工作要围绕培养社会主义事业建设者和接班人的根本任务来进行”。[①] 虽然2001年9月中共中央发布的《公民道德建设实施纲要》将公民培养目标明确定位于“四有”公民，没有提及“社会主义事业建设者和接班人”，但该项政策是围绕“提高公民道德素质”的专门政策，不能代表整体统领和概括整个公民教育的政策。

受中央政策文件出现公民培养“双目标”并存情况的影响，作为下位政策的中小学公民教育政策出现了同样的情况。在很长一段时间里，我国中小学公民教育政策既有“‘四有’社会主义建设者和接班人”和“‘四有’新人”的培养目标，也有“公民”和“共产主义者”两个层次的培养目标。一方面，“‘四有’社会主义建设者和接班人”和“‘四有’新人”的培养目标主要出现在公民教育基本政策当中。如1998年由教育部制定的《面向21世纪教育振兴行动计划》采用的是“‘四有’新人”的培养目标。1999年中共中央、国务院《关于深化教育改革全面推进素质教育的决定》规定素质教育的培养目标是：造就“有理想、有道德、有文化、有纪律”的、德智体美等全面发展的社会主义事业建设者和接班人。[②] 2001年《关于基础教育改革与发展的决定》中的培养目标是：使学生成为“有理想、有道德、有文化、有纪律的一代新人”。另一方面，“公民”和“共产主义者”两个层次的培养目标主要出现在德育政策当中。如国家教委1996年颁发的《全日制普通高级中学思想政治课课

① 《关于加强和改进思想政治工作的若干意见》[EB/OL]，http：//wenku. baidu. com/view/2001－02－27/2010－06－29。

② 《关于深化教育改革全面推进素质教育的决定》[EB/OL]，http：//www. people. com. cn/item/flfgk/gwy/jkww/2003－06－23/2010－06－29。

程标准（试行）》中，培养目标是："使其（指高中学生）成为具有良好政治、思想、道德素质的公民"。1998 年 3 月国家教委发布的《中小学德育工作规程》里，中小学德育工作的基本目标包括两个层次，第一层次是：培养学生成为热爱社会主义祖国、具有社会公德、文明行为习惯、遵纪守法的公民；第二层次是：在这个基础上，引导他们逐步树立正确的世界观、人生观、价值观，不断提高社会主义思想觉悟，并为使他们中的优秀分子将来能够成为坚定的共产主义者奠定基础。2000 年 12 月，《中共中央办公厅、国务院办公厅关于适应新形势进一步加强和改进中小学德育工作的意见》维持了与《中小学德育工作规程》一致的培养目标，即"中小学德育工作的基本任务是，培养学生成为热爱社会主义祖国、具有社会公德、文明行为习惯、遵纪守法的公民。在这个基础上，引导他们逐步树立正确的世界观、人生观、价值观，不断提高社会主义思想觉悟，并为使他们中的优秀分子将来能够成为坚定的共产主义者奠定基础"。虽然公民教育政策没有稳定的培养目标，但是"公民"仅作为我国中小学德育第一层次的培养目标，从来没有越出德育的范畴之外。

（三）政策内容以推行素质教育、正式设置公民知识课程为主

20 世纪末，在系列政策文件的推动下，我国正式实施素质教育，启动基础教育课程改革，倡导学生积极、主动发展。首先，国务院于 1999 年 1 月批转教育部 1998 年底制定的《面向 21 世纪教育振兴行动计划》提出，"实施'跨世纪素质教育工程'，整体推进素质教育，全面提高国民素质和民族创新能力"；并要求在"2000 年初步形成现代化基础教育课程框架和标准，改革教育内容和教学方法，启动新课程的实验"，[①] 提出了全面启动素质教育和

---

① 《面向 21 世纪教育振兴行动计划》［EB/OL］，http：//www. gs. tongji. edu. cn/doc/gsxd0225 -4. doc 2003 -03 -14/2010 -06 -29。

基础教育课程改革的原则性要求。接着，1999 年 6 月中共中央、国务院发布《关于深化教育改革　全面推进素质教育的决定》（以下称《决定》）标志着素质教育在全国范围内正式启动。《决定》指出，“全面推进素质教育，要坚持面向全体学生，为学生的全面发展创造相应的条件，依法保障适龄儿童和青少年学习的基本权利，尊重学生身心发展特点和教育规律，使学生生动活泼、积极主动地得到发展”。[①] 在素质教育推行两年后，2001 年 5 月 29 日，国务院颁布的《关于基础教育改革与发展的决定》要求，“加快构建符合素质教育要求的新的基础教育课程体系”。[②] 一方面，以引导学生积极主动学习为目的，分层次安排课程，“小学加强综合课程，初中分科课程与综合课程相结合，高中以分科课程为主”；另一方面，以下放课程管理权限为导向，改革课程管理体制，“实行国家、地方、学校三级课程管理。在保证实施国家课程的基础上，鼓励地方开发适应本地区的地方课程，学校可开发或选用适合本校特点的课程”，并在中小学增设综合实践活动课。随后，教育部于 2001 年 6 月颁布《基础教育课程改革纲要（试行）》（以下称《课程纲要》），正式启动全国第八次课程改革，也称“新课程改革”。《课程纲要》要求“改变课程结构过于强调学科本位、科目过多和缺乏整合的现状，整体设置九年一贯的课程门类和课时比例，并设置综合课程，以适应不同地区和学生发展的需求，体现课程结构的均衡性、综合性和选择性。避免过于注重书本知识的现状，加强课程内容与学生生活以及现代社会和科技发展的联系，关注学生的学习兴趣和经验，精选终身学习必备的基础知识和技能”。[③] 为此，

① 《关于深化教育改革全面推进素质教育的决定》［EB/OL］，http：//www. people. com. cn/item/flfgk/gwy/jkww/2003 - 06 - 23/2010 - 06 - 29。

② 《关于基础教育改革与发展的决定》［EB/OL］，http：//baike. baidu. com/view/2009 - 10 - 23/2010 - 06 - 30。

③ 《基础教育课程改革纲要（试行）》［EB/OL］，http：//www. edu. cn/2001 - 09 - 26/2010 - 06 - 30。

《课程纲要》对课程的结构、标准、教学过程、教材开发与管理、课程评价、考试制度、课程管理、教师培训等进行了相应改革。在课程结构与内容设置上，《纲要》明确提出：从小学至高中设置综合实践活动并作为必修课程（其内容包括社区服务与社会实践），强调学生通过实践，增进学校与社会的密切联系，培养学生的社会责任感。新课程改革倡导的通过社会实践培养中小学生的社会责任感、探究意识和分析问题能力正是现代公民参与公共社会生活必不可少的素质。

在实施素质教育以前，我国公民教育的相关课程标准仍然有较高的政治要求，强调马克思主义常识教育。如国家教委 1996 年发布的《全日制普通高级中学思想政治课课程标准（试行）》指出，思想政治课是对中学生系统进行公民品德教育和马克思主义常识教育的必修课程；1997 年发布的《九年义务教育小学思想品德课和初中思想政治课课程标准》规定，九年义务教育小学思想品德课和初中思想政治课是对学生系统进行公民的品德教育和初步的马克思主义常识教育，以及有关社会科学常识教育的必修课程。2001 年《基础教育课程改革纲要（试行）》颁布实施后，我国不仅有了专门传授公民知识的正式课程，并且课程内容的政治要求也根据学生认识和成长的规律相应的有所降低。2001～2004 年，教育部先后制订并发布了在中小学开展公民教育必修和选修课的课程标准。小学的课程标准不再涉及马列主义的内容，但仍有“爱社会主义”的要求；初中的课程标准仅要求学生“知道马列主义、毛泽东思想、邓小平理论和‘三个代表’重要思想是建设中国特色社会主义的指导思想”。到高中阶段，才提出“学会运用马克思主义的基本观点和方法”及学习毛泽东思想、邓小平理论、“三个代表”重要思想的相关内容。

这个时期，公民知识正式作为课程内容体现在中小学课程标准当中。按照新课程改革的要求，小学一、二年级的《思想品德》与《生活》两门学科合并为《品德与生活》。《品德与生活》的主要内容是：培养学生在健康、安全的前提下，愉快、积极、富有责任，并有创造性地生活所需要的良好品德、行为习惯及自我保护的意识与能力，“为使其成为爱祖国、爱人民、爱劳动、爱科学、爱社会主义的公民奠定基础”。[①] 小学三年级到六年级的《思想品德》与《社会》两门学科合并为《品德与社会》。《品德与社会》的主要内容是：以儿童的社会生活为主线，将品德、行为规范和法制教育，爱国主义、集体主义和社会主义教育，国情、历史和文化教育，地理和环境教育等有机融合，帮助学生养成良好的行为习惯，形成基本的道德观、价值观和初步的道德判断能力，“为他们成长为具备参与现代社会生活能力的社会主义合格公民奠定基础”。[②] 初中除设立《思想品德》必修课外，还首次在全国范围内开设中学综合社会科课程《历史与社会》作为选修课。《历史与社会课程标准（实验稿）》（一）指出，“《历史与社会》是进行公民教育的综合文科课程，其价值在于整合历史、人文地理以及其他人文社会科学的相关知识与技能，培养现代公民应具有的人文素质和社会责任感”。《历史与社会课程标准（实验稿）》（二）指出，“《历史与社会》是实施公民教育的综合性文科课程。为学生正确认识社会环境、积极适应社会发展和主动参与社会生活，提供历史、地理和其他人文社会学科的基础知识和基本技能，以培养公民应有的人文素质和自强不息的民族精神”。[③] 《初中思想品德》课程则以“品德与公民”为主线建构内容。通过该课程的教与学，使学生初步认识公民与个人品德、公民与社会公德、公民与家庭美德、公民与社会公德、公民与社会责任，以及公民权利与义务等问题的主要内容及其意义。[④] 高中继续设立《思想政治》必修课。与

---

① 《品德与生活》［M］，人民教育出版社，2002。

② 《品德与社会》［M］，人民教育出版社，2002。

③ 《历史与社会》［M］，人民教育出版社，2002。

④ 《初中思想品德新课标的四大新亮点》［EB/OL］，http：//www.czsxpd.fhedu.cn/Html/21/Menu/7 Article/6/.2009-08-27/2010-07-30。

旧课标相比，新课标增加了在现代社会生活中应有的自主、自立、自强的能力和态度、作为一个合格的公民必须具备的基本政治素养、提高在社会生活中正确处理竞争与合作关系的能力等培养目标。[①] 新课程标准的制定与实施使我国正式从小学到高中形成了可供开展公民教育的必修和选修课程体系，第一次明确规定了社会科是传授公民知识的课程，其目标是培养合格公民，标示了我国公民知识课程的存在。至此，我国公民教育不仅在价值导向上引导学生由被动发展转向主动发展，在课程内容上从思想品德、思想政治教育转为以学生生活为主线，培养学生良好品德、行为习惯和社会责任感的教育，并且在核心课程上从思想品德、思想政治课扩展到社会科，从广义、模糊的课程设置转变为具体、明确的课程标准。

（四）政策内容以心理健康教育、环境教育、科学教育等为补充

心理健康教育方面。随着经济、社会的高速发展以及我国独生子女的日渐增多，青少年的心理健康问题日益显现并呈上升的趋势。1998 年，国家教委颁布《中小学德育工作规程》正式将德育的内涵从“政治、思想、道德教育”扩展为“政治、思想、道德和心理品质教育”。一年后，教育部印发《关于加强中小学心理健康教育的若干意见》（以下称《意见》），要求“充分认识加强中小学心理健康教育的重要性”,[②] 并规定了中小学心理健康教育的基本原则、主要任务和实施途径等。《意见》提出中小学心理健康教育的主要任务是：“培养学生健全的人格和良好的个性心理品质”；并强调“心理健康教育与德育工作有密切的联系，但不能用

① 刘学海：《高中思想政治新旧课程标准比较分析》［EB/OL］，http：//www.jxxfzx.com/Article/jsyd/jslw/Politics/2010-06-02/2011-01-09。

② 《关于加强中小学心理健康教育的若干意见》［EB/OL］，http：//wenku.baidu.com/view/2010-06-25/2011-01-10。

德育工作来代替，也不能取代德育工作”。此后，《面向21世纪教育振兴行动计划》《关于深化教育改革　全面推进素质教育的决定》《关于基础教育改革与发展的决定》等公民教育基本政策都针对新形势下青少年成长的特点，提出了加强学生心理健康教育的要求。进入21世纪，心理健康教育对于学生健康成长，全面推进素质教育的必要性和重要意义进一步凸显。2002年9月10日，教育部颁布了《中小学心理健康指导教育纲要》（以下称《纲要》），从指导思想和基本原则、目标和任务、主要内容、途径和方法、组织实施等五个方面提出了实施中小学生心理健康教育的要求。《纲要》提出的中小学生心理健康教育的总目标不仅包括“提高全体学生的心理素质，充分开发他们的潜能，培养学生乐观、向上的心理品质”等，[①] 而且还再次强调要“促进学生人格的健全发展”。《纲要》提出，心理健康教育的主要内容包括：“普及心理健康基本知识，树立心理健康意识，了解简单的心理调节方法，认识心理异常现象，以及初步掌握心理保健常识”，以“学会学习、人际交往、升学择业，以及生活和社会适应等方面的常识”为重点；还要求提高科学性与针对性，分地域、分阶段开展心理健康教育。健全人格是国民成为公民的基本素质要求，这一系列心理健康教育政策及时回应了我国社会生活对公民心理素质不断提升的基本要求。

环境教育方面。在我国由农业社会向工业化、城市化社会加速发展的过程中，以城市为中心的环境污染急剧地向农村蔓延，使环境污染和生态破坏越来越成为制约我国经济和社会发展的重要因素。加强环境宣传教育，提高全民族的环境意识，成为社会转型期公民教育的一项十分紧迫的任务。1996年12月10日，国家环境保护局、中共中央宣传部、国家教育委员会联合印发的

① 《中小学心理健康指导教育纲要》［EB/OL］，http：//wenku. baidu. com/view/3002/2010－10－25/2011－01－10。

《全国环境宣传教育行动纲要（1996～2010年）》指出，“中、小学生是环境教育的主要对象、基础教育是环境教育的主要形式”，提出“到2000年，使广大青少年和儿童掌握保护环境的基本知识”的目标，并倡议在全国逐步开展创建“绿色学校”的活动。此后，环境教育在我国各地中小学普遍推行，创建“绿色学校”的活动也在全国各地中小学蓬勃开展起来。这有效地在中小学生中普及了环境知识和提高了环境意识。但是，长期以来，我国中小学校的环境教育过于注重环境知识的传授，相对忽略了相应的价值观与技能的培养，在培养未来公民正确的环境伦理观、社会责任感，以及解决问题的能力等方面尤显薄弱。为此，教育部决定在全国第八次基础教育课程改革中，将环境教育正式纳入中小学课程，为环境教育在中小学的开展提供了组织和机制上的保证。2003年教育部印发的《中小学环境教育实施指南（试行）》（以下称《指南》）提出了“引导学生关注家庭、社区、国家和全球面临的环境问题，正确认识个人、社会和自然之间相互依存的关系；帮助学生获得人与环境和谐相处所需要的知识和技能，养成有益于环境的情感、态度和价值观；鼓励学生积极参与面向可持续发展的决策与行动，成为有社会实践能力和责任感的公民”的总目标，并且分年级提出了不同的教育内容和活动建议。《指南》设置了“学科课程、综合实践活动、班团队活动、学校日常生活与管理”等环境教育的教学方式和“学科渗透、跨学科的学习主题、单独设课”等课程类型，并将环境教育的任务概括为“让中小学生意识到公民在环境方面的权利和义务”，培养未来公民正确的环境伦理观和社会责任感，提升解决问题的能力。环境教育的提出及其与公民权利和义务教育的紧密结合，既扩展了我国公民教育的内容，也体现出我国公民教育与社会发展紧密结合的进步和提升。

科学教育方面。全方位、多领域的改革开放使我国不仅引进了国外先进科技，而且学习了发达国家科学教育的经验。1999年，受美国“2061计划”[①] 启发，中国科学技术协会（CAST）向中共中央、国务院提出了关于实施“全民科学素质行动计划”（即“2049计划”）的建议。该计划的目标是：到2049年，也就是新中国成立100周年的时候，使我国成年公民具备基本的科学素质，达到与中等发达国家经济社会发展程度相适应的水平。青少年科学素质行动计划是该计划的重点内容。青少年科学素质行动计划提出，“将培养大、中、小学学生的科学素质纳入《面向21世纪教育振兴行动计划》的有关工程，组建各级青少年校外科技机构，并提高中小学教师科学素质，组织各种活动，努力培养青少年的科学素质和创新能力”。该计划得到国务院的正式批准。在实施“青少年科学素质行动计划”的基础上，为从整体上提高我国公民的科学素质，2000年11月，科学技术部、教育部、中宣部、中国科协、共青团中央联合发出《中国青少年科学技术普及活动指导纲要》，专门就提升青少年的公民科学素养规定了工作目标、主要原则和基本内容，要求政府及社会有关方面积极支持青少年科学技术的普及活动。

法制教育方面。在素质教育改革刚刚启动的世纪之交，浙江金华一学生因学习压力而引发的“杀母案”和温州某学生为勒索钱财而砍杀同学的案件触动了国家领导人。2000年2月1日，时任总书记的江泽民同志发表了《关于教育问题的谈话》，强调“要切实加强对学生的思想政治教育、品德教育、纪律教育、法制教育”。为贯彻落实江泽民同志的《关于教育问题的谈话》，增强中小学生德育工作的针对性和有效性，2000年12月14日，中共中

① 1985年，哈雷彗星的出现使美国人许下了一个愿：76年后，也就是在2061年哈雷彗星下一次光临地球时，所有能看见这颗彗星的美国人都能够适应科学技术和社会生活的发展变化。按照当时美国人的平均寿命计算，在1985年，那些能于2061年再次看到哈雷彗星临近地球的孩子们正准备开始他们的学习生涯，因此美国需要立即着手进行科学、数学和技术教育的改革，即制订“2061计划”。该计划由美国科学促进协会（AAAS）发起，是一个长期的、多阶段的科学教育改革计划，其目的在于通过K—12（幼儿园到高中毕业）教育系统的改革而使所有美国公民具备科学素质。

央办公厅和国务院办公厅发出《关于适应新形势 进一步加强和改进中小学德育工作的意见》提出，“把思想政治教育、品德教育、纪律教育、法制教育作为中小学德育工作长期坚持的重点”，要求通过加强法制教育，不断增强学生的法制意识和法制观念，使他们从小就养成遵纪守法的良好习惯。虽然法制教育在20世纪80年代中期就被列为中小学公民教育内容，但作为“中小学德育工作长期坚持的重点”还是首次。从公民教育的本质内涵来看，法制教育纳入公民教育的重点领域是我国中小学公民教育政策变迁的必然趋势。

诚信教育方面。社会主义市场经济既是法制经济，也是信用经济，信用是现代市场经济的基石。没有信用就没有秩序，没有信用的市场经济不可能健康发展。建立社会信用体系，是整顿和规范市场经济秩序的治本之策，也是培养公民基本素养的必要措施。2003年9月24日，全国整顿规范市场经济秩序领导小组办公室、宣传部、中央精神文明建设指导委员会办公室、中华人民共和国司法部、中华人民共和国教育部、中华全国总工会联合发出《关于开展社会诚信宣传教育的工作意见》（以下称《工作意见》）指出，“青少年是法制和诚信教育的重点对象。各级各类学校要把培养学生的诚实守信品质作为学校的重要工作之一，把诚信教育作为大中小学生思想道德建设的重要内容渗透到学校教育的各个环节。要结合学生学习、生活实际，组织丰富多彩的诚信教育活动。同时，要重视对教师的诚信教育，充分发挥教师为人师表的作用”。《工作意见》多次提及诚信是公民的基本道德素质，通过开展诚信教育提高青少年的诚信意识和法制观念有利于他们更好的成长为未来社会的合格公民。

（五）政策实施要求改革课堂教学方法，加强全社会共同配合

新课程改革使我国公民教育实施的方式方法发生了根本改变。

首先，尊重学生主体性的教学方法得到强调。正如《基础教育课程改革纲要（试行）》提出的，“改变课程实施过于强调接受学习、死记硬背、机械训练的现状，倡导学生主动参与、乐于探究、勤于动手，培养学生搜集和处理信息的能力、获取新知识的能力、分析和解决问题的能力以及交流与合作的能力”,[①] 这一要求使主动参与、亲身实践、合作探究成为中小学生的重要学习方式。其次，尊重学生身心发展规律的评价方法也受到重视。如：课程改革要求的“改变课程评价过分强调甄别与选拔的功能，发挥评价促进学生发展、教师提高和改进教学实践的功能”,[②] 评价改革的措施使过程性评价、发展性评价进入中小学校公民教育，引领公民教育教学方式的改革。再次，社区教育成为重要教育途径。2001 年，国务院颁布的《关于基础教育改革与发展的决定》要求，学校要帮助家长树立正确的教育观念，为子女健康成长营造良好的家庭环境。工会、共青团、妇联等团体要开展丰富多彩的家庭教育活动。学校还要加强和社区的沟通与合作，充分利用社区资源，开展丰富多彩、文明健康的教育活动，营造有利于青少年学生健康成长的社区环境。最后，网络教育成为崭新教育方式。教育部于 2004 年 8 月印发了《关于学习贯彻〈中共中央国务院关于进一步加强和改进未成年人思想道德建设的若干意见〉的实施意见》，提出“利用新技术，开拓新领域”，“在中小学校推进思想道德教育进网络”。这一政策要求提出之后，利用高科技手段加强正确的教育导向成为公民教育的新动向，与中小学公民教育相关的网站、博客、论坛层出不穷，并以生动有趣的方式拓宽了公民教育的渠道。

在学校公民教育的目标、内容、实施悄然发生变革的同时，家庭和社会的公民教育功能也得到加强。一方面，社会环境的深刻变

① 《基础教育课程改革纲要（试行）》［EB/OL］，http：//www.edu.cn/2001－09－26/2010－06－30。

② 《基础教育课程改革纲要（试行）》［EB/OL］，http：//www.edu.cn/2001－09－26/2010－06－30。

化及独生子女的日益增多使家庭教育承载着更为重要的责任，面对这种情况，教育部和全国妇联于1997年11月联合发布了《家长行为规范》，引导家长树立正确的教子观念，掌握科学的教育方法，提高家庭教育水平，同时也强化了家长培养合格公民的责任。另一方面，1998年3月，国家教育委员会颁发的《中小学德育工作规程》，从各部门的管理职责，思想品德课和思想政治课，常规教育，队伍建设与管理，物质保证，学校、家庭和社会等六个方面提出规范要求，全方位地加强德育工作。2000年12月，《中共中央办公厅、国务院办公厅关于适应新形势 进一步加强和改进中小学德育工作的意见》指出，“中小学德育重课堂教学轻社会实践，重校内教育轻校外教育的倾向比较严重”；“全社会关心和支持教育的风气尚未全面形成，一些地区的社会环境不利于青少年学生健康成长”；要求全社会共同努力，各部门通力协作，保障青少年健康成长。

这一阶段，公民教育政策变迁既有循环模式的特点，也有机会模式、学习模式的影子。在政策价值取向方面，先进性与广泛性相结合是对公民教育人才培养功能和政治功能的一种平衡。在政策目标上，重新提出“四有”公民培养目标，并与政治色彩浓厚的“社会主义建设者和接班人”相结合，也是公民培养目标的一种妥协。在两方面都体现出我国中小学公民教育政策变迁循环反复的特点。但与此同时，我国公民教育变迁也体现出其他特点：一是机会模式的应用。面临突发或明显的社会问题时，政策“机会窗”会及时打开，推动政策变迁，例如，引起国家领导人关注并发表《关于教育问题的谈话》的突发社会问题，将法制教育推到了重要的位置上。经济发展带来的环境问题和独生子女问题带来的心理问题，使环境教育、心理健康教育成为公民教育的重要内容。应试教育的问题更是催生了素质教育改革、基础教育课程改革等重要政策。二是学习模式的应用。科技教育纳入公民教育，网络教育、社区教育成为公民教育的重要手段，无不体现出学习国外先进经验的痕迹。

五　扩展丰富期的阶段性特征（2003 年至今）

从 2003 年 10 月中共中央提出科学发展观至今是公民教育政策扩展突破期。科学发展观的提出使“以人为本”“和谐社会”等词语逐步进入国家政策话语体系。相应地，保障学生平等受教育的权利，遵循学生身心发展规律、尊重学生主体性成为中小学公民教育政策的核心价值取向。在“建设者和接班人”作为中小学公民教育政策通用教育目标未发生变化的背景下，德育培养目标实现了从“四有”公民转为“合格”公民的突破。中小学德育体系得到整体规划，环境教育、科学教育、法制教育、民族团结教育等单项教育得到加强，人权教育、公共安全教育等正式进入中小学公民教育课程，标志着人的主体性、独立性更加得到重视。公民教育政策进一步改革课程与教学方法，并要求调动一切社会资源推进公民教育。

（一）政策价值取向转向“以人为本”的基本纲领

改革开放以来，我国经济发展取得了举世瞩目的巨大成就，但不可否认，也存在一系列突出的矛盾和问题，如城市发展和农村发展还不够协调，社会管理基础薄弱、体制缺陷，社会发展明显滞后于经济发展等问题。2003 年春天，广东爆发了前所未有的“非典”疫情，胡锦涛总书记前往视察时要求广东要注重经济与社会的协调发展，注重可持续发展、全面发展。两个月之后，在北京召开的全国抗击“非典”总结大会上，胡锦涛正式提出了科学发展观。随后，2003 年 10 月，十六届三中全会报告《中共中央关于完善社会主义市场经济体制若干问题的决定》第一次阐述了科学发展观的概念和内涵。一年之后，十六届四中全会通过的《中共中央关于加强党的执政能力建设的决定》进一步将“坚持以人为本、全面协调可持续的科学发展观”作为“更好地推动经济社会发展”的一项重要战略思想加以阐述，把“人”放在了最根本的位置。随着“以人为本”的科学发展观提出，公民的基本权利也得到了更明确的法律保障。2004 年 3 月，第十届全国人大二次会议通过宪法修正案，将“国家尊重和保障人权”写入宪法，“人权”由一个政治概念提升为法律概念，标志着我国将尊重和保障人权确立为国家根本大法的一项原则。2006 年 10 月，中共中央出台《关于构建社会主义和谐社会若干重大问题的决定》（以下称《决定》），论述构建和谐社会时，进一步强调要“全面落实科学发展观”“坚持以科学发展观统领经济社会发展全局”。在《决定》当中，我国将社会建设提到与政治建设、经济建设、文化建设相同的高度，要求各项建设协调发展，并重申要“从各个层次扩大公民有序的政治参与”“增强公民社会责任”。从某种意义上说，加强社会建设，就是要建立社会协同、公众参与的社会管理格局，让全体公民成为享有国家权力并承担社会责任的政治主体，成为权责一致的法律主体。2007 年，中共十七大报告《高举中国特色社会主义伟大旗帜为夺取全面建设小康社会新胜利而奋斗》重申了“从各个层次、各个领域扩大公民有序政治参与”“保障公民合法权益”的执政方向，并首次提出“加强公民意识教育，树立社会主义民主法治、自由平等、公平正义理念”。显然，“公民有序政治参与”和“公民合法权益”的维护都需要以相应的知识和技能作支撑，仅依靠“公民意识教育”是不够的，它实际上对开展公民教育提出了更明确的方向和更高的要求。

与此同时，在经历了 30 多年的高速经济增长后，我们所面对的人权问题已经不仅仅是生存权这样单一的内容，时代在进步，民众对权利的意识和需求更加强烈和多元，人权保护上需要解决的问题也更加复杂。在社会转型的大背景下，尊重和保护人权成为重要的民生问题。2009 年 4 月，国务院新闻办公室发表《国家人权行动计划（2009～2010 年）》（以下称《行动计划》）提出，依法保证全体社会成员平等参与、平等发展的权利；促进社会公平正义，努力使全体人民学有所教、劳有所得、病有所医、老有所养、住有所居；坚持以保证人民当家做主为根本，从各个层次、各个领域扩大公民有序政治参与，健全民主制度，丰富民主形式，拓宽民主渠道，依法实行民主选举、民主决策、民主管理、民主监督，着力保障人民的知情权、参与权、表达权、监督权。《行动计划》还涉及完善政府职能，扩大民主，加强法治，改善民生，保护妇女、儿童、少数民族的特殊权利，提高全社会的人权意识，开展人权教育等方面内容。这是中国首次制定以人权为主题的国家规划，为公民平等享受政治、经济、文化、社会权利提供了切实保障。

在“以人为本”，尊重和保障公民权利成为国家各项政策根本宗旨的前提下，我国公民教育政策有了进一步的发展。一方面，公民教育具体政策明确体现了科学发展观的核心要义。2004 年 2 月，中共中央、国务院发出《关于进一步加强和改进未成年人思想道德建设的若干意见》指出，要“紧密结合全面建设小康社会的实际，针对未成年人身心成长的特点，积极探索新世纪新阶段未成年人思想道德建设的规律，坚持以人为本”，“坚持贴近实际、贴近生活、贴近未成年人的原则”。紧接着，教育部于 2005 年出台《关于整体规划大中小学德育体系的意见》，重申了“以人为本、尊重规律”的指导思想，指出：整体规划大中小学德育体系的要求是“坚持以人为本，遵循学校德育工作规律和青少年学生成长成才规律，适应社会发展要求，贴近实际、贴近生活、贴近学生”。另一方面，公民教育基本政策以政策、法律的形式，保障公民平等接受义务教育的权利。首先，2005 年教育部《关于进一步推进义务教育均衡发展的若干意见》要求，各级教育行政部门“把义务教育工作重心进一步落实到办好每一所学校和关注每一个孩子健康成长上来，有效遏制城乡之间、地区之间和学校之间教育差距扩大的势头，积极改善农村学校和城镇薄弱学校的办学条件，逐步实现义务教育的均衡发展”。接着，2006 年 9 月，新修订的《义务教育法》开篇指出，制定本法的原因是“为了保障适龄儿童、少年接受义务教育的权利”；并规定“实施义务教育，不收学费、杂费”；“不得将学校分为重点学校和非重点学校。学校不得分设重点班和非重点班”。这表明，新修订的《义务教育法》不仅把保障公民的受教育权利作为立法的根本出发点，保障所有公民平等地接受义务教育，还以法律形式把义务教育定位为免费教育，从而完成了我国准义务教育向完全义务教育的转变。再次，2010 年 1 月，教育部以一号文件进一步明确了地方政府所承担的义务教育均衡发展的责任。《关于贯彻落实科学发展观　进一步推进义务教育均衡发展的意见》指出，地方各级教育行政部门要在同级政府的领导下，“把义务教育作为教育改革与发展的重中之重，把均衡发展作为义务教育的重中之重，按照促进义务教育均衡发展的法律要求，以适龄儿童少年接受更加公平更高质量的义务教育为目标，合理配置教育资源，不断提高保障水平，大力推进素质教育”。最后，2010 年，中共中央、国务院《国家中长期教育改革和发展规划纲要（2010～2020 年）》提出的工作方针包括，“把育人为本作为教育工作的根本要求。要以学生为主体，以教师为主导，充分发挥学生的主动性，尊重教育规律和学生身心发展规律，为每个学生提供适合的教育”；“把促进公平作为国家基本教育政策。保障公民依法享有受教育的权利”。从国家提出“以人为本”，到以法律形式规定全体公民平等地接受义务教育，再到国家教育规划强调尊重教育规律和学生身心发展规律，发挥学生的主动性，都体现了教育政策培养现代社会合格公民的根本宗旨。

（二）政策目标修正为“社会主义建设者和接班人”与“合格公民”并行

进入 21 世纪，虽然我国公民教育政策有了长足的进步，公民地位得到前所未有的强调，公民受教育权利也得到根本保障，但是教育政策仍然存在多目标并存的情况。教育政策时而使用“中国特色社会主义事业建设者和接班人”这一政治色彩浓厚、强调人才培养功用的目标，时而使用“‘四有’公民”或“合格公民”

等关注人自身发展的目标。中共中央、国务院制定的公民教育总政策使用“中国特色社会主义事业建设者和接班人”的培养目标，如2004年2月，中共中央、国务院出台的《关于进一步加强和改进未成年人思想道德建设的若干意见》要求，努力培育有理想、有道德、有文化、有纪律的，德、智、体、美全面发展的中国特色社会主义事业建设者和接班人。[①] 2004年3月，中宣部、教育部联合发布的《中小学开展弘扬和培育民族精神教育实施纲要》提出的培养目标是：“努力培养和造就有理想、有道德、有文化、有纪律的德智体美全面发展的社会主义建设者和接班人”[②]。2007年3月，教育部颁发《关于在大中小学全面开展廉洁教育的意见》要求，促进青少年学生健康成长，努力培养中国特色社会主义事业合格建设者和可靠接班人。教育部和各相关部委制定的局限于品德培养的公民具体教育政策较多使用“公民”的培养目标，如：《关于整体规划大中小学德育体系的意见》要求，“坚持把培养有理想、有道德、有文化、有纪律的‘四有’公民作为根本目标，努力培育社会主义事业的合格建设者和可靠接班人”。[③] 2006年3月4日，胡锦涛同志在参加全国政协十届四次会议民盟、民进界委员联组讨论时，发表《关于树立社会主义荣辱观的讲话》，指出“必须培育有理想、有道德、有文化、有纪律的社会主义公民”；[④] 2007年7月，中共中央宣传部、教育部、司法部和全国普法办联合制定的《中小学法制教育指导纲要》中再次提出了两个层次的培养目标，“总体要求”部分的培养目标是“帮助中小学生成为有理想、有道

① 《关于进一步加强和改进未成年人思想道德建设的若干意见》[EB/OL]，http://news.xinhuanet.com/newscenter/2004-03-22/2010-06-30。

② 《中小学开展弘扬和培育民族精神教育实施纲要》[EB/OL]，http://www.wfnews.com.cn/subject/2005-08-30/2010-06-30。

③ 《关于整体规划大中小学德育体系的意见》[EB/OL]，http://baike.baidu.com/view/3389440.htm/2008-09-21/2010-06-30。

④ 《关于树立社会主义荣辱观的讲话》[EB/OL]，http://news.xinhuanet.com/politics/2006-04/27/2010-06-30。

德、有文化、有纪律的社会主义建设者和接班人”;[①]“主要任务”部分的培养目标是，引导中小学生“做知法守法的合格公民”。

值得欣慰的是，培养“公民”的目标在最新颁布的教育规划政策中实现了突破。2010 年 7 月，中共中央、国务院发布的《国家中长期教育改革和发展规划纲要（2010～2020 年）》，同时使用了两个不同价值取向的目标：在总论部分，坚持了政治取向的“德智体美全面发展的社会主义建设者和接班人”的培养目标；而在德育部分，首次提出了以人为本的“培养社会主义合格公民”。这是中央发布的政策文件首次出现“合格公民”的培养目标。“合格公民”培养目标的正式提出，既是我国对公民政治、道德要求从理想化走向现实化的根本体现，也是公民教育政策的重要突破。

（三）政策内容概括了思想道德建设内涵，初步规划了德育体系

随着我国对外开放的不断深入，社会转型逐步推进，未成年人思想道德建设既面临新的机遇，也面临严峻挑战。从西方发达国家引入的凸显自我、张扬个性等思想观念既丰富了我国青少年的精神世界，也给未成年人的成长带来不可忽视的负面影响。互联网的发展无疑为青少年扩展视野、丰富知识和开辟新的学习和娱乐方式提供了手段，但网络上流传的一些悲观、消极、腐朽的思想和不利于青少年成长的暴力、色情等信息也通过网络传播，使一部分未具备是非鉴别能力的青少年精神空虚、行为失范，甚至导致部分青少年的犯罪行为。在云南大学应届毕业生马加爵因不堪长期受歧视而杀害四名同学的“马加爵事件”发生后，针对社会转型带来的新情况、新问题，2004 年 2 月，中共中央、国务院出台《关于进一步

① 《中小学法制教育指导纲要》[EB/OL]，http：//news. sina. com. cn/c/edu/2007－08－29/2010－06－30。

加强和改进未成年人思想道德建设的若干意见》,[①] 将未成年人思想道德建设的内容概括提炼为四个方面：第一，爱国主义教育。包括深入进行中华民族优良传统教育和中国革命传统教育、中国历史特别是近现代史教育。第二，理想信念教育。包括进行中国革命、建设和改革开放的历史教育与国情教育，社会发展规律教育，国家的前途和命运教育。第三，良好道德品质和文明行为教育。包括基本道德规范，集体主义精神和社会主义人道主义精神，为人做事的基本道理，文明生活的基本素养，处理人与人、人与社会、人与自然的关系等教育。第四，基本素质教育。包括培育劳动意识、创造意识、效率意识、环境意识和进取精神、科学精神以及民主法制观念，增强动手能力、自主能力和自我保护能力，保持蓬勃朝气、旺盛活力和昂扬向上的精神状态，勤奋学习、大胆实践、勇于创造。这是中共中央、国务院发布的公民教育政策首次提出开展“处理人与人、人与社会、人与自然关系”的教育，体现出我国中小学公民教育内容越来越接近培养社会公民的要求。

继小学和初中公民知识课程标准出台之后，2004 年 3 月，教育部颁布了新版《全日制普通高中思想政治课程标准》,[②] 将课程性质定位为“以社会主义物质文明、政治文明、精神文明建设常识为基本内容：引导学生紧密结合与自己息息相关的经济、政治、文化生活，经历学习和社会实践的过程，切实提高参与现代社会生活的能力，为他们的终身发展，奠定思想政治素质的基础”。课程内容中的“公民的政治生活”部分包括：“公民的政治生活”“公民与政府”“我国的政治制度”“当代国际政治”等，着眼于培养高中生在未来社会生活中参与民主选举、监督活动，行使公民权利。同时，根据不同年龄段学生的特点，教育部将《小学生守则》

① 《关于进一步加强和改进未成年人思想道德建设的若干意见》[EB/OL]，http：//news. xinhuanet. com/newscenter/2004 - 03/22/2010 - 06 - 30。

② 《全日制普通高中思想政治课程标准》［EB/OL］，http：//www. yuxiedu. com/contents/2009 - 11 - 27/2010 - 06 - 30。

和《中学生守则》合并为《中小学生守则》（以下称《守则》），并出台了《小学生日常行为规范（修订）》和《中学生日常行为规范（修订）》（以下统称《守则》）。[①] 这一系列行为规范对小学生而言，重点在于规范其基本言行，培养良好习惯；对中学生而言，重点是加强“爱祖国、爱人民、爱劳动、爱科学、爱社会主义”教育，引导他们树立正确的理想信念和世界观、人生观、价值观。新出台的《守则》和《规范》，以促进学生全面发展为出发点和落脚点，反映时代和社会进步的要求，增加了符合时代特征的内容，使我国中小学公民教育在时代性、针对性和可操作性方面都明显增强。

在我国与中小学公民教育相关的新课程标准和新修订的中小学生行为规范相继发布，而在原有德育政策仍发挥作用的情况下，我国德育目标划分还不够准确，内容安排还不尽合理等问题显现出来。为了克服这一弊端，根据不同教育阶段学生身心发展特点、思想发展水平和理解接受能力，准确设置德育目标，科学安排德育课程显得更加迫切和重要。2005 年 4 月，教育部出台《关于整体规划大中小学德育体系的意见》（以下称《意见》），将德育的内涵扩展为“德育主要是对学生进行政治、思想、道德、法制、心理健康教育”，并规定了各教育阶段的德育目标、内容和课程。小学阶段德育的主要内容是：“开展热爱学习、立志成才教育，孝亲敬长、爱集体、爱家乡教育，做人做事基本道理和文明行为习惯养成教育，热爱劳动和爱护环境教育，尊重国旗、国徽，热爱祖国文化的爱祖国教育，社会生活基本常识和安全教育”。中学阶段德育的主要内容是：“爱国主义、集体主义、社会主义教育，中华民族优良传统和中国革命传统教育，法制教育和民主、科学教育，基本国

① 《教育部关于发布〈中小学生守则〉、〈小学生日常行为规范（修订）〉和〈中学生日常行为规范（修订）〉的通知》[EB/OL]，http://www.taizhou.gov.cn/art/2004-11-3/2010-06-30。

情和时事教育，民族团结教育、国防教育和廉洁教育，青春期卫生常识和心理健康教育，社会公德和劳动技能教育”。[①]《意见》的颁布使我国首次实现了中小学德育目标、内容、课程和活动的相互衔接、贯通，体现了德育政策围绕教育教学规律和青少年身心发展规律实施的改进。它符合我国社会转型对青少年提出的要求，并且密切结合中小学生日常生活，易于理解和掌握。

（四）政策内容以人权教育、公共安全教育和其他单项教育为补充

在“以人为本”的观念深入民心，并且社会发展对公民素质提出更高要求的背景下，我国公民教育政策内容得到了进一步的扩展和丰富。

人权教育方面。人权教育是公民教育的核心与内涵，是履行公民权责的基础和前提。在联合国关于制定国家人权行动计划的倡议下，我国于2009年4月由国务院新闻办公室发布了我国第一个以人权为主题的实施计划——《国家人权行动计划（2009～2010年）》（以下称《人权行动计划》）。《人权行动计划》在阐述了“经济、社会和文化权利”“公民权利与政治权利”“少数民族、妇女、儿童、老年人和残疾人的权利”的保障措施的同时，开创性地提出了实施人权教育的要求。《人权行动计划》指出，“在中小学教育中逐步增加法律和人权方面的教学内容。充分利用思想品德课等课程，培养学生的公民意识和权利意识，树立民主法治、自由平等、公平正义理念，形成健康的人际观念、集体观念以及国家和社会观念。在高级中学，除了进行一般性的人权观念培育外，还要在有关课程中，系统开展有关中国宪法‘公民的基本权利与义务’教育和国际人权知识的教育”。实施人权教育，有利于保障学生平

① 《关于整体规划大中小学德育体系的意见》[EB/OL]，http：//baike. baidu. com/view/ 3389440. htm/2008－09－21/2010－06－30。

等受教育的权利，培养学生积极参与社会事务的意识和自理、自治、自律的能力，建立法治与人性化的校园文化，培养服务与利他的人生观。《人权行动计划》的出台，标志着人权教育正式成为我国中小学公民教育的内容。

公共安全教育方面。随着人的主体尊严和生命安全日益受到重视，引导中小学生提高自我保护的意识和能力被提上议事日程。现代社会的复杂多变也要求公民不仅应该具有防范公共安全事件的意识，而且理应具有面临突发性安全事件自救自护的应变能力。为培养中小学生的公共安全意识和应急能力，2007 年 2 月，国务院办公厅转发教育部制定的《中小学公共安全教育指导纲要》要求，“通过开展公共安全教育，培养学生的社会安全责任感，使学生逐步形成安全意识，掌握必要的安全行为的知识和技能，了解相关的法律法规常识，养成在日常生活和突发安全事件中正确应对的习惯，最大限度地预防安全事故发生和减少安全事件对中小学生造成的伤害，保障中小学生健康成长”。公共安全教育的内容包括：预防和应对社会安全、公共卫生、意外伤害、网络、信息安全、自然灾害，以及影响学生安全的其他事故或事件等六个模块，主要从提高自我防范意识，提升自我保护能力的角度开展教育。在全球自然灾害和事故频发对公民生存和发展基本权利受到威胁的情况下，公民的安全意识和处理突发性公共事件的能力受到广泛关注，并已提升到前所未有的重要地位。我国公共安全教育单项政策的发布，有效回应了社会发展和人的尊严与地位提升的现实需求。

诚信教育方面。诚信介于法律素质和道德素质之间，在法定契约的条件下，它属于法律素质；在道德规范的背景下，它属于道德素质。但无论它在具体活动中定位如何，诚信都是公民从事市场经济活动和履行公民权责的基本条件，在当前公民教育中具有重要地位。在多部委联合出台《关于开展社会诚信宣传教育的工作意见》的基础上，2004 年 3 月，教育部办公厅发出《关于进一步加强中小学诚信教育的通知》，要求通过多种形式的教育活动，增强学生的法律意识和诚信意识，提高守法、守规的自觉性，同时提出，要将诚信教育纳入学校德育工作计划当中，并与社会公德教育、法制教育、心理健康教育、职业道德教育有机融合，提高整体教育效果。诚信是作为社会公民的基本道德。如果缺乏诚信，市场经济活动将无法有效开展，民主政治将无法推进，公民社会的建立也会遥遥无期。因而，面对市场经济体制还不完善，而人类追求利益最大化的特征使社会生活中欺诈行为屡见不鲜的现状，将诚信教育作为公民教育的重要组成部分加以强调，是符合我国社会转型具体要求的。

法制教育方面。为指导各地中小学校全面、规范地开展法制教育，2007 年 7 月 24 日，中共中央宣传部、教育部、司法部、全国普及法律常识办公室联合颁发《中小学法制教育指导纲要》（以下称《纲要》）提出，“开展中小学法制教育的主要任务是，努力培养中小学生的爱国意识、公民意识、守法意识、权利义务意识、自我保护意识，养成尊重宪法、维护法律的习惯，帮助他们树立正确的人生观、价值观和荣辱观，树立依法治国和公平正义的理念，提高分辨是非和守法用法的能力”。小学生法制教育的内容有：“了解宪法是国家的根本大法，是制定其他法律的依据，具有最高的法律效力。初步了解未成年人权利的基本内容，了解宪法规定的公民基本权利的内容，增强权利意识”等；初中学生法制教育的内容有：“理解我国公民权利的广泛性、现实性、平等性，懂得公民在享有权利的同时必须履行相应的法定义务，懂得不承担法定义务或触犯法律要承担法律责任”等内容；普通高中法制教育的内容有：“理解宪法关于我国国体、政体、国家机构的设置和职权的相关规定，了解与公民参与政治生活相关的法律；了解国际法的基本原则和我国批准的重要国际公约，特别是国际人权公约、世界贸易组织公约、保护人类环境的国际公约等有关知识，树立全球意识；理解公民权利和义务的关系，了解公民权利的主要内容，懂得公民在享有权利的同时必须履行相应的法定义务，树立正确的权利观和义务观”。[1]《纲要》对中小学生法制教育的内容安排，不仅符合青少年学生的成长特点和接受能力，而且充分体现了现代公民“权责一致”的原则。

科学教育方面。科学素养是公民适应现代社会，参与社会活动的基本素质。大力加强公民科学素质建设，对于促进经济社会和人的全面发展，提升自主创新能力和综合国力、全面建成小康社会和实现现代化建设第三步战略目标有重要意义。在多部委联合发布《中国青少年科学技术普及活动指导纲要》的基础上，2006 年 3 月，国务院颁布的《全民科学素质行动计划纲要（2006 ~ 2010 ~ 2020 年）》（以下简称《纲要》）指出，“科学素质是公民素质的重要组成部分。公民应具备基本的科学素质，包括了解必要的科学技术知识，掌握基本的科学方法，树立科学思想，崇尚科学精神，并具有一定的应用它们处理实际问题、参与公共事务的能力”。“未成年人科学素质行动”是《纲要》提出的四项行动之首。“未成年人科学素质行动”的任务包括，使未成年人从小树立人与自然和谐相处和可持续发展的意识；使中小学生掌握必要的和基本的科学知识与技能，增强创新意识和实践能力；切实提高农村中小学科学教育质量；初步认识科学的本质以及科学技术与社会的关系，培养社会责任感以及交流合作、综合运用知识解决问题的能力。2010 年，全民科学素质纲要实施办公室在《纲要》的基础上，提出《全民科学素质行动规划（2011 ~ 2020 年）》，结合实际，对未成年人科学素质提出了新的任务和措施。在未来社会，掌握科技不仅是与人沟通和获得信息的主要手段，甚至是参与公共事务的基本条件，因而，我国及时颁布和实施新的科学教育政策，是提高公民科技素质，争取未来话语权的、富有前瞻性的重要举措。

民族精神教育方面。党的十六大报告指出：“在五千多年的发

---

① 《中小学法制教育指导纲要》[EB/OL]，http：//news. sina. com. cn/c/edu/2007 - 08 - 29/2010 - 06 - 30。

展中，中华民族形成了以爱国主义为核心的团结统一、爱好和平、勤劳勇敢、自强不息的伟大民族精神”，并提出“必须把弘扬和培育民族精神作为文化建设极为重要的任务，纳入国民教育全过程”的要求。[①] 为贯彻落实十六大精神，2004 年 3 月，中共中央宣传部、教育部联合发出的《中小学开展弘扬和培育民族精神教育实施纲要》（以下简称《纲要》）指出，“在中小学开展弘扬和培育民族精神教育，不断增强广大青少年对民族优秀文化的认同和自信，振奋民族精神，凝聚民族力量，是一项十分紧迫的任务”。《纲要》提出，在中小学开展弘扬和培育民族精神教育的主要内容包括：以“爱国主义”为核心，以“中华传统美德和革命传统教育”为重点，以“创新精神”为重要组成部分，要求“各学科有机渗透民族精神教育，把弘扬和培育民族精神教育纳入中小学教育全过程，贯穿在学校教育教学的各个环节、各个方面”，并通过节日和纪念日主题活动、社会实践活动、校园文化建设等开展。这样，民族精神教育也作为专项教育纳入我国中小学公民教育当中。

爱国主义教育方面。党的十六大以来，党中央反复强调加强爱国主义教育、弘扬和培育伟大民族精神的重要意义，要求充分利用各种宝贵的教育资源开展爱国主义教育。我国各类爱国主义教育基地，真实记录了中华民族悠久的历史文化，展现了近代中国人民英勇奋斗的壮丽篇章，是激发人们爱国情感、弘扬民族精神的重要阵地，也是陶冶道德情操、提升品德修养的重要场所，了解祖国灿烂文明、掌握历史知识的重要课堂。为贯彻落实党中央的要求，2004 年 9 月 28 日，中宣部、中央文明办、国家发展改革委员会、教育部、民政部、财政部、文化部、全国总工会、共青团中央及全国妇联 10 部委联合发出《关于加强和改进爱国主义教育基地工作的意见》，要求“从巩固党的执政地位，全面建设小康社会，实现中华

① 中共十六大报告：《全面建设小康社会 开创中国特色社会主义事业新局面》，http：//news. xinhuanet. com/newscenter/2007 - 10/08/2010 - 06 - 29。

民族伟大复兴的战略高度，充分认识各类爱国主义教育基地在开展爱国主义教育、弘扬和培育民族精神方面的特殊重要作用，进一步增强新形势下做好爱国主义教育基地工作的紧迫感、责任感和使命感”，充分发挥各类爱国主义教育基地对广大人民群众特别是青少年的教育作用。这是新形势下，爱国主义教育与学生生活实际相结合的崭新教育方式。

廉洁教育方面。随着我国经济社会建设加速推进，政府投资的重大项目日渐增多，我国一些地方、部门和单位的违纪违法案件不断发生，形式主义、官僚主义作风，弄虚作假、铺张浪费现象随处可见，这种现象和风气亟须遏止。党中央将腐败现象滋生蔓延的重要原因归结为，教育不扎实，制度不健全，监督不得力。为了从青少年群体开始树立廉洁观念，2005 年 1 月，中共中央颁布的《建立健全教育、制度、监督并重的惩治和预防腐败体系实施纲要》，将中小学生纳入教育对象，要求“教育行政部门、学校和共青团组织要把廉洁教育作为青少年思想道德教育的重要内容，培养青少年正确的价值观念和高尚的道德情操”。接着，教育部办公厅于 2005 年 7 月发出《关于在大中小学开展廉洁教育试点工作的意见》，决定从 2005 年下半年开始，在北京、天津、上海、浙江、湖北、陕西和太原、南京、广州、深圳十省市大中小学开展廉洁教育试点工作，并明确了具体教育内容，即“小学五、六年级阶段，主要教育学生树立基本的是非观念、法律意识和诚信意识。中学阶段，主要教育学生逐步形成公民意识、法律意识以及诚实正直、遵纪守法等良好品质”。经过一年多的试点，2007 年 3 月，教育部正式颁布《关于在大中小学全面开展廉洁教育的意见》提出，“从 2007 年起，在全国大中小学全面开展廉洁教育”，并且在中学教育部分将相关法律法规学习作为廉洁教育的基础。从内容上看，廉洁教育与公民意识教育、公民道德教育、法制教育是一致的，因而是法制、道德教育体现在现实生活中的一项公民教育。

民族团结教育方面。我国是统一的多民族国家，包容、接纳不同民族的风俗习惯、促进各民族团结相处、维护国家的和平和统一是公民的基本责任。为培养各族学生的民族团结意识，增强各民族的向心力和凝聚力，教育部办公厅、国家民族委员会办公厅于2008年11月联合印发的《学校民族团结教育指导纲要（试行）》指出，民族团结教育的目标是，使各族学生的思想认识和行为自觉地统一到党和国家的要求上来，增进对中华民族的认同和历史、文化的了解，促进56个民族优秀文化传统的相互交流、继承和发扬；增进各族学生对我国各民族共同缔造伟大祖国历史的认识，增强各族学生维护民族团结、维护国家统一、反对分裂的责任感和自觉性；认识和理解马克思主义关于民族问题的基本理论及党和国家的民族政策；在社会交往中，具备正确对待和处理民族问题的基本素质；自觉维护我国各民族“平等、团结、互助、和谐”的社会主义关系，促进各民族的共同进步和祖国繁荣昌盛。2009年8月，中央办公厅、国务院办公厅印发《关于深入开展民族团结宣传教育活动的意见》重申，“学校是对青少年进行民族团结教育的主阵地、主渠道。要把开展民族团结宣传教育作为加强未成年人思想道德建设和大学生思想政治教育的重要内容，贯穿到课堂教学及课外活动之中，帮助各族青少年牢固树立正确的民族观”。我国是个多民族的国家，民族冲突事件时有发生，国际上的敌对势力也常利用民族问题，试图制造分裂我国的事端。世界上其他国家民族矛盾导致国家分裂的事件表明，包容接纳各民族文化，也是公民的基本素质要求，民族团结教育将越来越体现它的重要地位。

（五）政策实施强调教学方法的改革，要求全社会共担公民教育的责任

在全面推进素质教育的大背景下，政策提出，公民教育实施“既要遵循思想道德建设的普遍规律，又要适应未成年人身心成长的特点和接受能力；既要重视课堂教育，也要注重实践教育、体验

教育、养成教育，注重自觉实践、自主参与”① 等，成为教学改革的基本原则。2004 年 2 月，中共中央、国务院《关于进一步加强和改进未成年人思想道德建设的若干意见》指出，“积极改进中小学思想品德、思想政治课教学方法和形式，采用未成年人喜闻乐见、生动活泼的方式进行教学，把传授知识同陶冶情操、养成良好的行为习惯结合起来”。② 进而，2004 年 3 月，教育部颁布的新版《高中思想政治课程标准》提出了四项教学建议：“第一，注重学科知识与生活主题相结合，要恰当运用哲学、经济学、政治学、法学等学科的核心概念和方法，努力把基本观点、原理融入生活题材之中，结合应用性常识，围绕学生关注的社会生活问题组织教学，全面落实课程目标；第二，坚持正确的价值导向，采用灵活的教学策略，在价值冲突中识别观点，在比较鉴别中确认观点，在探究活动中提炼观点，进而有效地提高学生理解、认同、确信正确价值标准的能力，并积极开展多种形式的社区服务、社会调查等实践活动；第三，强化实践环节，丰富教学内容，教学内容可从教科书扩展到所有学生生活关切的题材，从而使课程的实施面向学生的整个生活世界，形成网络式的教学系统，以利于全面提高学生社会参与的能力；第四，倡导研究性学习方式，结合相关内容，鼓励学生独立思考、合作探究，为学生提供足够的选择空间和交流机会，能够从各自的特长和关切出发，主动经历观察、操作、讨论、质疑、探究的过程，富有个性地发表自己的见解，以利于培养务实态度和创新精神”。③ 这些措施都有效地推进了我国教育教学方法的改革和创新，加强了公民教育与社会生活的结合，提高了学生分析解决问

---

① 《关于进一步加强和改进未成年人思想道德建设的若干意见》[EB/OL]，http：//news. xinhuanet. com/newscenter/2004 - 03/22/2010 - 06 - 30。

② 《关于进一步加强和改进未成年人思想道德建设的若干意见》[EB/OL]，http：//news. xinhuanet. com/newscenter/2004 - 03/22/2010 - 06 - 30。

③ 《全日制普通高中思想政治课程标准》[EB/OL]，http：//www. yuxiedu. com/contents/2009 - 11 - 27/2010 - 06 - 30。

题的能力和合作探究、社会参与等方面的能力。

与此同时，政策强调全社会都有责任关心和支持公民教育。首先，2004年2月，中共中央、国务院《关于进一步加强和改进未成年人思想道德建设的若干意见》要求，充分发挥共青团和少先队在未成年人思想道德建设中的重要作用；重视和发展家庭教育；广泛深入开展未成年人道德实践活动；加强以爱国主义教育基地为重点的未成年人活动场所建设、使用和管理；积极营造有利于未成年人思想道德建设的社会氛围；净化未成年人的成长环境；切实加强对未成年人思想道德建设工作的领导等。[①] 其次，2005年，教育部《关于整体规划大中小学德育体系的意见》把"学校、家庭、社会共同参与、相互配合作为根本举措，切实增强德育工作的合力"[②] 作为整体规划大中小学德育体系的基本原则。再次，2006年4月，中共中央办公厅、国务院办公厅颁发的《关于进一步加强和改进未成年人校外活动场所建设和管理工作的意见》要求，充分发挥青少年宫、少年宫、青少年学生活动中心、儿童活动中心、科技馆等公益性未成年人校外活动场所的重要作用，提出"始终坚持未成年人校外活动场所的公益性质、充分发挥不同类型未成年人校外活动场所的教育服务功能、切实加强未成年人校外活动场所的规划和建设"等措施。最后，全社会形成合力推进公民教育作为政策要求被正式纳入法律和公民教育政策当中。2006年9月，《义务教育法》规定，"学校应当把德育放在首位，寓德育于教育教学之中，开展与学生年龄相适应的社会实践活动，形成学校、家庭、社会相互配合的思想道德教育体系，促进学生养成良好的思想品德和行为习惯"。2010年1月，教育部颁布的《关于贯彻落实科学发展观　进一步推进义务

① 《关于进一步加强和改进未成年人思想道德建设的若干意见》[EB/OL]，http：//news. xinhuanet. com/newscenter/2004－03/22/2010－06－30。

② 《关于整体规划大中小学德育体系的意见》[EB/OL]，http：//baike. baidu. com/view/3389440. htm/2008－09－21/2010－06－30。

教育均衡发展的意见》进一步提出，“大力开发社会教育资源，建立学生参加社会实践和社区服务制度”。2010 年 7 月，中共中央、国务院发布的《国家中长期教育改革和发展规划纲要（2010～2020 年)》要求，充分调动全社会关心支持教育的积极性，共同担负起培育下一代的责任，为青少年的健康成长创造良好环境。把德育渗透于教育教学的各个环节，贯穿于学校教育、家庭教育和社会教育的各个方面。

这一阶段，政策变迁具有共识模型、学习模型和机会模型的特点。随着社会文明程度的提升，“以人为本”的观念深入人心，“尊重学生身心发展规律”成为人们的共识。公民意识的觉醒推动了我国中小学公民教育政策的变迁，如《义务教育法》规定，“不得将学校分为重点学校和非重点学校。学校不得分设重点班和非重点班”就是共识型政策变迁的体现。学习型的政策变迁体现在，新颁布的政策吸取了以往政策实施的经验教训，如《国家中长期教育改革和发展规划纲要（2010～2020 年)》首次提出了培养“社会主义合格公民”的目标。这是对以往政策着眼于少数精英而放弃大多数普通人培养的先进性要求的纠正；又如《关于整体规划大中小学德育体系的意见》实现了中小学德育目标、内容、课程和活动的相互衔接、贯通，是吸取以往不同阶段德育目标倒置、相互割裂等经验教训的结果。机会模型主要是因突发事件而引起的政策变迁，如“马加爵事件”就像一个打开的机会窗，引发了《关于进一步加强和改进未成年人思想道德建设的若干意见》的出台，又如社会上愈演愈烈的腐败现象导致了教育政策将廉洁教育作为我国公民教育的一项内容等。

总的看来，转型期我国公民教育政策经历的变迁是渐进的、以国家教育改革名义推进的，在政策价值取向不断进步的过程中，政策培养目标在探索中渐次更新，教育内容日益扩展，实施途径和保障条件更是发生了巨大的变化。各阶段公民教育政策对比如表 3－1 所示。

表 3-1　各阶段公民教育政策对比

阶段划分	价值取向	培养目标	主要教育内容	辅助教育内容	实施途径和保障条件
恢复重建期（1976 年粉碎“四人帮”到 1982 年中共十二大召开）	树立无产阶级世界观	培养有理想、有道德、有知识、有体力的人	无产阶级政治教育和共产主义道德等教育	品德修养和行为习惯养成教育补充	以课堂教学和校内教育为主
加快发展期（1982 年 9 月中共十二大召开至 1989 年 6 月之前）	为社会主义建设服务	培养“四有”公民	改革和实验指导下的思想品德和思想政治教育	法制教育为补充，并初步形成德育政策体系	扩展到课外和校外，并建立校长负责德育的体制
调整充实期（1989 年 6 月到 1995 年底“八五”规划颁布）	反对资产阶级自由化	培养“社会主义事业的建设者和接班人”	强化政治、品德教育，增加心理品质教育	重点加强与爱国主义相关的各类教育	要求学校、家庭、社会密切配合
提升推进期（1996 年“九五”计划公布到 2003 年 9 月“科学发展观”提出之前）	先进性要求和广泛性要求相结合	“公民”，与“社会主义建设者和接班人”共用	推行素质教育，正式设置公民知识课程	心理健康教育、环境教育、科学教育等	要求改革课堂教学方法，加强全社会共同配合
扩展丰富期（2003 年 10 月提出科学发展观至今）	以人为本，尊重学生身心发展规律	“建设者和接班人”与“合格公民”并用	概括了思想道德建设内涵，初步规划了公民教育体系	人权教育、安全教育和其他单项教育	强调教学方法的改革，强调全社会有公民教育的责任

改革开放 30 多年来，我国中小学公民教育政策变迁经历了恢复重建、加快发展、调整充实、提升推进、扩展丰富五个阶段。经过 30 多年的变迁，公民教育政策的各项要素伴随社会发展取得了长足的进步，在政策价值取向、政策目标、政策内容、政策实施途径和保障措施等方面都发生了深刻的变化。总体而言，我国中小学

公民教育政策变迁属于由政府命令和法律引入的强制性制度变迁，其变迁过程综合运用了循环模型、机会模型、学习模型、共识模型等政策变迁模型，体现出渐进性的特点。以学习模型、共识模型推动政策变迁的日益增多，体现出我国中小学公民教育政策的科学性、民主性也相应在增强。

第四章

转型期我国中小学公民教育政策变迁动向、缺陷与成因

改革开放30多年来，我国取得了经济繁荣、政治稳定、社会进步等多方面的成就。与此同时，我国公民教育政策也在悄然发生变化，政治倾向有所淡化，多学科的教育也逐步取代单一的德育成为公民教育的主要内容。公民教育政策变迁极大地满足了社会发展对政策变迁的需求，然而，相比我国建设社会主义政治文明和向现代化国家转型的需要，我国公民教育政策仍有明显不足。

一　转型期我国中小学公民教育政策变迁的基本动向

（一）政策价值取向日益重视学生主体性

1. 理想化的政治倾向和道德要求开始向现实性靠拢

公民教育恢复之初，我国中小学公民教育政策具有浓厚的意识形态和政治倾向，强调先进性的道德要求，将国家、集体利益置于个人之上，要求社会成员为国家和集体利益牺牲个人利益。如：1980年教育部《关于改进和加强中学政治课的意见》规定，中学政治课的任务是：教育学生坚持又红又专的方向，逐步树立无产阶级世界观和人生观，立志为人民服务，为实现祖国的社会主义现代

化而献身。1988 年，国家教委颁发的《中学德育大纲（试行）》要求开展“共产主义精神”教育；《中共中央关于改革和加强中小学德育工作的通知》要求将中小学生培养成为“坚定的共产主义者”。随着改革开放的深入推进，僵化的思想观念发生改变，对中小学生的政治要求相应的更切合实际。结合社会主义现代化建设的实际需要，中小学公民教育政策中的“共产主义”都改成了“社会主义”。与此同时，市场经济体制逐步建立，公民主体意识增强，个人利益受到尊重。我国的道德建设开始由义务型道德向权利义务统一型道德转换、由理想型道德向先进性和广泛性相结合的道德转换。[①] 中小学公民教育政策中“国家利益高于一切，个人利益服从国家利益”[②] 的道德要求转变为更尊重个人利益的要求，如 1996 年 10 月，《关于加强社会主义精神文明建设若干重要问题的决议》提出，“形成把国家和人民利益放在首位而又充分尊重公民个人合法利益的社会主义义利观”。2001 年 9 月，中共中央颁发的《公民道德建设实施纲要》还将“先进性要求与广泛性要求结合起来”作为公民处理个人与国家、个人与社会关系的基本原则。

2. 从忽视学生实际向尊重学生的主体性和身心发展规律转化

在高度集中的计划经济时代，国家统管了全社会各项事务，人们对单位和政府具有高度的依附性，个人的主体性受到忽视。中小学公民教育政策较少考虑青少年的身心发展规律，甚至出现了要求小学生“成为共产主义者”，要求中学生热爱祖国，要求大学生具备基本社会公德的倒置现象。在我国现代化建设迫切需要大批高素质人才的背景下，我国先后启动了素质教育和新课程改革。1999 年，《中共中央关于深化教育改革全面推进素质教育的决定》提出，“尊重学生身心发展特点和教育规律，使学生生动活泼、积极主动地得到发展”。2001 年，教育部发出《基础教育课程改革纲要

① 彭定光：《伦理学研究的回顾与前瞻》［N］，《光明日报》2006 年 2 月 7 日。

② 见 1993 年国家教委《小学德育纲要》、1995 年国家教委《中学德育大纲》。

(试行)》，正式启动新课程改革。新课程改革将学生视为具有主动性生命形式的人，要求在课程实施的每一个环节，都必须充分考虑如何保护并发挥学生的主动性、积极性。新课程改革使我国公民教育政策的价值取向实现了从忽视学生的“知识中心”教育向尊重学生主体性的“知行合一”教育的转变，重视培养在现代社会生活中应有的自主、自立、自强的能力和态度，主动参与经济、政治、文化生活的能力，自主学习、选择、探究的能力，及在社会生活中正确处理竞争与合作关系的能力。随着以学生为主体的观念广泛树立，教育活动贴近学生、贴近生活、贴近社会成为公民教育政策的共同要求，如2002年8月，教育部印发的《中小学心理健康教育指导纲要》要求，心理健康教育要“尊重学生，以学生为主体，充分启发和调动学生的积极性”。2004年2月，中共中央、国务院发出的《关于进一步加强和改进未成年人思想道德建设的若干意见》要求思想道德建设应遵循“适应未成年人身心成长的特点和接受能力，从他们的思想实际和生活实际出发”的基本原则。①

(二) 政策目标定位逐步切合我国经济、社会发展的现实需要

1. 从培养“共产主义事业接班人”到“社会主义事业建设者和接班人”

过去，我国公民教育政策设立的培养目标较为理想化，如1982年，《全日制五年制小学思想品德课教学大纲（试行草案）》提出的培养目标是：使小学生初步具有共产主义道德品质和良好的行为习惯，立志做有理想、有道德、有文化、守纪律的劳动者，为把他们培养成为共产主义事业的接班人打下思想基础。20世纪80

① 《关于进一步加强和改进未成年人思想道德建设的若干意见》[EB/OL]，http：//news. xinhuanet. com/newscenter/2004 -03/22/2010 -06 -30。

年代中期，教育目标开始跟社会主义建设联系起来。1985 年 5 月，《中共中央关于教育体制改革的决定》明确提出，“教育必须为社会主义建设服务，社会主义建设必须依靠教育”，还直接写入了“三个面向”。这些重要思想的提出，充分适应了改革开放以来我国经济社会发展的时代特征，在教育方针认识上实现了由“教育为无产阶级政治服务”到“教育必须为社会主义建设服务”的思想升华和历史飞跃，在教育方针实践中加强了教育与社会的联系，促使教育主动适应现代化建设的需求，按照现代化建设的要求进行全方位改革。[①] 此后，“培养社会主义事业的建设者和接班人”成为公民教育通用的培养目标。1990 年 4 月，国家教委《关于进一步加强中小学德育工作的几点意见》指出，我国中小学校的根本任务是“培养有理想、有道德、有文化、有纪律的建设社会主义事业的接班人”。1994 年 8 月，中共中央《关于进一步加强和改进学校德育工作的若干意见》要求，培养有理想、有道德、有文化、有纪律的献身有中国特色社会主义事业的建设者和接班人。至 2010 年 7 月，中共中央、国务院发出的《国家中长期教育改革和发展规划纲要（2010～2020 年）》仍然将培养目标定位于“培养德智体美全面发展的社会主义建设者和接班人”。

2. 从“四有”公民到合格公民

相对于“社会主义建设者和接班人”这一广泛使用的培养目标，“公民”的培养目标则更多地出现在德育政策当中。在 20 世纪 80 年代初，邓小平同志提出培养“有理想、有道德、有文化、有纪律的社会主义公民”作为社会主义精神文明建设的根本任务之后，这一目标就陆续出现在中小学公民教育政策当中。1988 年，教育部发布的《小学德育纲要（试行）》和《中学德育大纲（试行）》都以培养“有理想、有道德、有文化、有纪律的社会主义公民”作为培养目标。受 1989 年政治风波的影响，培养“公民”的

---

① 翟博：《新中国教育方针的形成与演变》[N]，《中国教师报》2009 年 9 月 22 日。

目标曾一度被停用。直至邓小平“南方谈话”以后，培养公民的目标才重新出现在公民教育政策当中，如1995年的《中学德育大纲》指出，“中学德育工作的基本任务是把全体学生培养成为热爱社会主义祖国的、具有社会公德、文明行为习惯的遵纪守法的公民”。[①] 2000年12月，中共中央办公厅、国务院办公厅《关于适应新形势进一步加强和改进中小学德育工作的意见》指出，“中学德育工作的基本任务是把学生培养成为热爱社会主义祖国的具有社会公德、法制意识、文明行为习惯的遵纪守法的公民”。[②] 进入21世纪，“公民”培养目标有了新的发展，不再是一个涵盖政治理想和道德戒律的概念，而是更多地强调公民的权利和义务，如2003年的《中小学环境教育实施指南（试行）》提出的培养目标是“成为有社会实践能力和责任感的公民”。2007年的《中小学法制教育指导纲要》提出，开展中小学法制教育的主要任务是：努力培养中小学生的爱国意识、公民意识、守法意识、权利义务意识、自我保护意识，养成尊重宪法、维护法律的习惯，帮助他们树立正确的人生观、价值观和荣辱观，树立依法治国和公平正义的理念，提高分辨是非和守法用法的能力，引导他们做知法守法的合格公民。2010年，中共中央、国务院颁布实施的《国家中长期教育改革和发展规划纲要（2010～2020年）》在德育部分提出，加强公民意识教育，树立社会主义民主法治、自由平等、公平正义理念，培养社会主义合格公民。

（三）政策变迁的结构逐步从外围层深入到中间层

从公民教育政策的文本结构看，分为核心层、中间层和外围层。核心层由政策文本的价值取向和培养目标构成，中间层由政策

---

① 《中学德育大纲》[EB/OL]，http：//www.people.com.cn/item/flfgk/gwyfg/1988－02－06/2010－06－29。

② 《关于适应新形势进一步加强和改进中小学德育工作的意见》[EB/OL]，http：//baike.baidu.com/view/3389453.htm/2010－12－14/2010－06－30。

文本的教育内容构成，外围层由政策文本的实施途径和保障措施构成。从改革开放以来30多年的政策变迁趋势来看，变迁的层面是从外围层开始的，中间层已经发生了巨大变化，目前正在向核心层过渡。

1. 政策变迁从外围层的实施途径进入中间层教育内容

我国中小学公民教育政策的变迁最早是从1988年发布的系列文件开始的。20世纪80年代末，改革开放引发的社会转型开始越过中小学校的围墙，影响中小学生的日常生活和教育活动。此时，系列文件的颁布将中小学公民教育的实施途径从校内扩展至校外，并为中小学公民教育实施提供了多方面的保障条件，如1988年《关于改革和加强中小学德育工作的通知》提出："建立校长负责德育工作的体制，加强德育工作队伍的建设""全社会都要关心中小学生的健康成长""各级党委和政府要切实加强对中小学德育工作的领导"等具体要求。2000年12月，中共中央办公厅、国务院办公厅发出《关于适应新形势　进一步加强和改进中小学德育工作的意见》[①]要求，"大力加强教师职业道德建设""全社会共同努力，各部门通力协作，保障青少年健康成长"。2004年2月，中共中央、国务院发出《关于进一步加强和改进未成年人思想道德建设的若干意见》要求，"重视和发展家庭教育""加强以爱国主义教育基地为重点的未成年人活动场所建设、使用和管理""积极营造有利于未成年人思想道德建设的社会氛围"等。[②]实施途径的扩展和配套措施的提出为我国中小学公民教育开展提供了有效的保障。在政策文本外围层发生变革的同时，中间层也在潜移默化地扩充教育内容。20世纪80年代初，我国中小学公民教育内容主要局限在德育，具体包括思想政治教育和品德教育。此后，随着

① 《关于适应新形势进一步加强和改进中小学德育工作的意见》[EB/OL]，http：//baike. baidu. com/view/3389453. htm/2010－12－14/2010－06－30。

② 《关于进一步加强和改进未成年人思想道德建设的若干意见》[EB/OL]，http：//news. xinhuanet. com/newscenter/2004－03－22/2010－06－30。

经济、社会发展对公民素质提出了越来越高的要求，我国中小学公民教育逐步增加了各种内容的教育，包括心理健康教育、近代史教育、现代史教育、国情教育、国防教育、法制教育、环境教育、科学教育、诚信教育、廉洁教育、公共安全教育以及民族团结教育等。这些内容有的直接列入中小学德育，如：心理健康教育、公共安全教育和法制教育，有的在社会科课程、地方课程、选修课程中实施。与社会转型之初相比，中小学公民教育的内容得到了极大的扩充。

2. 政策变迁开始触及核心层的价值取向和培养目标

教育改革仅停留在作为实施途径的外围层和作为教育内容的中间层显然不能满足经济社会高速发展对人才的需求。在世纪之交，我国启动了全面推进素质教育的改革，使公民教育政策变迁开始触及价值观念和培养目标的核心层。1999 年 6 月，中共中央、国务院发出《关于深化教育改革　全面推进素质教育的决定》，提出了“以提高国民素质为根本宗旨，以培养学生的创新精神和实践能力为重点”的素质教育宗旨。为落实推进素质教育对于“改变课程过分强调学科体系、脱离时代和社会发展以及学生实际的状况”的要求，2001 年 6 月，教育部《基础教育课程改革纲要（试行）》提出了，“改变课程过于注重知识传授的倾向”“改变课程结构过于强调学科本位、科目过多和缺乏整合的现状”“改变课程实施过于强调接受学习、死记硬背、机械训练的现状”“改变课程评价过分强调甄别与选拔的功能”“改变课程管理过于集中的状况”五项基础教育课程改革的目标。这些要求着眼于“形成积极主动的学习态度”和“倡导学生主动参与”，体现出我国公民教育的价值取向已经从把学生当作被动的客体，转为确立学生的主体地位。同时，激发学生的主体性，培养学生掌握作为公民应具备的、适应社会和参与社会活动所必需的创新意识与能力、收集和处理信息的能力、主动和自主获取新知识的能力、分析与解决问题的能力、交流与合作的能力等。

（四）政策实施途径逐步从课堂教学转向与学科渗透、实践活动并重

1. 专门课程与学科渗透相结合推进公民教育

按照我国中小学公民教育政策的要求，我国公民教育不仅设置专门课程，还在各相关学科中渗透开展公民教育。2000年以前，我国公民教育的专门课程在小学是思想品德课，在中学是思想政治课。新课程改革以后，我国公民教育的专门课程在小学是《品德与生活》《品德与社会》，在初中是《思想品德》，在高中是《思想政治》。中学还开设了公民教育的选修课，如初中的《历史与社会》，高中的《现代社会与伦理冲突》《生活中的法律知识》《西方国家形式与国际组织专题》等。各学科也承担着渗透公民教育的重要任务。按照我国中小学公民教育政策的要求，任课教师要根据教学大纲中关于思想品德教育的要求和教材中的教育因素，自觉地、有意识地在课堂教学中渗透思想品德教育。文科教学应结合学科特点，有计划地对学生进行爱国主义和共同理想教育。理科教学要注意培养学生实事求是、勇于探索的科学精神，帮助学生学习和树立辩证唯物主义的基本观点。艺术课程要努力培养学生正确的审美观点[①]。1989年6月以后，中小学公民教育政策还要求相关学科教学渗透爱国主义教育和国情教育，如语文、历史、地理等学科都负有对学生进行思想政治教育和国情教育的任务。[②] 此后，以专门学科开展教育，相关学科有机渗透成为我国公民教育的基本教学方式。公民教育寓于各学科教学之中，贯穿于教育教学的各个环节。

2. 公民教育贯穿于学校教育工作的全过程

按照我国中小学公民教育政策，学校各项教育工作都承载着公

---

① 《小学德育纲要（试行）》《中学德育大纲（试行）》。

② 国家教委：《关于在中小学语文、历史、地理等学科教学中加强思想政治教育和国情教育的意见》，1989。

民教育功能。如1988年《小学德育纲要（试行)》要求，“将德育贯穿于学校教育教学工作的全过程和学生日常生活的各个方面，渗透在智育、体育、美育和劳动教育之中；通过校级、班级工作和各种教育活动、少先队教育、家长工作和校外工作等途径实施德育”。[①] 1988年《中学德育大纲（试行)》要求，班主任工作，共青团、少先队、学生会等应发挥各自的功能，互相配合，形成合力，共同完成德育任务。此后，我国中小学校形成了通过各层面教育活动开展公民教育的制度。在学校层面，校领导要在全校性的教育活动中渗透公民教育，如举行升旗仪式、组织重要集会、进行校长讲话、开辟教育陈列室等，并加强日常管理，创设良好的教育环境，形成良好的校风。[②] 在班级层面，班主任要按照《小学班主任工作暂行规定（试行)》和《中学班主任工作暂行规定》，关心学生的学习和生活状况，通过家访、谈心等方式，掌握学生的思想动态和品德发展水平。对家庭有困难或者特别内向的学生，班主任要主动辅导他们树立自强自立、乐观进取的态度，而对于学习状态突然发生改变或者学习成绩有波动的学生，班主任也应该及时地帮助他们，保证学生健康地成长。在学生层面，教师要挑选合适的学生担任班干部，并指导团、队、学生会等学生组织，定期组织健康有益、生动活泼的活动，把广大青少年吸引到自己周围，配合学校落实德育工作。进入新世纪，政策文件还提出，教师要深入到学生中去，通过谈心、咨询等方式，指导他们处理好在学习、成才、择业、交友、健康、生活等方面遇到的矛盾和问题；[③] 把丰富多彩的教育活动作为公民教育工作的重要载体，努力培养学生的社会责任感和奉献精神；[④] 并把公民教育落

① 《小学德育纲要（试行)》[EB/OL]，http://www.people.com.cn/item/flfgk/gwyfg/2006-08-01/2010-06-24。

② 《中学德育大纲（试行)》[EB/OL]，http://wenku.baidu.com/view/1b96a1ea551810a6f524869c.html/2008-04-01/2010-06-30。

③ 中共中央：《关于进一步加强和改进学校德育工作的若干意见》，1994。

④ 中共中央办公厅、国务院办公厅：《关于适应新形势进一步加强和改进中小学德育工作的意见》，2000。

实到教学、管理、服务的各个方面，推进教育、管理、服务相结合，在关心人、帮助人中教育人、引导人①等要求。

（五）政策保障措施逐步从完全依靠学校转向全社会共同参与

1. 政策要求中小学建立健全公民教育的内部管理机制

首先，重视学校德育工作的领导和管理。20 世纪 90 年代末起，我国中小学校就建立起了德育工作的“校长负责制”，每校设一名副校长分管德育。分管德育的副校长负责制定学校德育工作计划，组织全体教师、职工，通过课内外、校内外各种教育途径开展德育工作。② 在普通中学还设立专门机构主管德育工作。其次，不断加强公民教育教师队伍的建设。除了 1988 年发布专门针对德育教师队伍建设的文件——《关于加强中小学德育工作骨干队伍建设的意见》外，几乎每一项德育文件都提出加强德育师资建设以及改进思想政治课教师待遇的措施。再次，建立德育工作督导评估制度。公民教育政策文件要求各级政府和教育行政部门将中小学德育纳入对学校的督导和各类教育评估工作中，如规范化学校评估、现代化学校评估等，必要时开展专项督导检查，及时发现德育工作中的经验和不足；同时把德育评估指标纳入教育教学评估指标体系之中，并放在突出位置，通过评估促进学校德育工作。要求对德育工作成绩优秀的集体和个人给予表彰和奖励；对存在的问题，要限期整改。最后，重视中小学德育的科学研究工作。各公民教育政策文件鼓励学校开展中小学生品德发展和心理健康教育的科学研究，尤其是针对独生子女的特点，针对班级中的属于弱势群体的学生，不断发现突破口，研究行之有效的教育教学方法，同时鼓励教师参

---

① 教育部：《关于整体规划大中小学德育体系的意见》，2005。

② 《中小学德育工作规程》[EB/OL]，http://baike.baidu.com/view/2721778.htm 2008-04-02/2010-06-30。

与研究团体和学术会议，联合承担德育科研课题，独立发表研究论文，提炼科研成果，为德育提供理论支持和决策依据。

2. 通过家庭教育开展公民教育形成共识和制度

早在1988年《小学德育纲要（试行）》和《中学德育大纲（试行）》颁布实施时，政策就要求“实施德育，学校教育必须与家庭教育、社会教育密切配合，学校应起主导作用”,[①] 使学校与家庭、社会各方面一起，形成强大的统一的教育合力，不断提高德育的整体效果。1997年颁布实施的《家长行为规范》要求家长树立“为国教子”思想，自觉履行教育子女的职责；提高子女思想道德水平、培养子女遵守社会公德的习惯、增强子女的法律意识和社会责任感。随着家庭教育工作制度逐步建立健全，中小学校通过建立家长委员会、开办家长学校、家长接待日、家长会、家庭访问等方式帮助家长树立正确的教育思想，改进教育方法，提高家庭教育水平,[②] 已经成为学生家庭开展德育的主要方式方法。进入新世纪，社会发展使家庭教育在未成年人思想道德建设中日益显现不可或缺的重要作用。由社区举办的专家讲座、家长与子女互动活动，以及由电视、广播等媒体举办的心理辅导、角色互换体验等寓教于乐的活动，都是消除家长与子女之间的代沟，加深相互理解，帮助家长更好地开展教育的重要途径。当前，家庭配合学校开展德育正发挥着越来越重要的作用。

3. 政策要求全社会形成支持公民教育的氛围

重视社区教育是我国德育的优良传统。早在20世纪80年代末，小学德育就将校外工作作为学校教育的重要补充和扩展，要求学校和教师主动和少年宫（家）、儿童少年活动中心、文化馆、科技馆、博物馆、图书馆、纪念管、艺术馆、业余体校等校外教育单

① 《小学德育纲要（试行）》《中学德育大纲（试行）》。

② 《家长行为规范》[EB/OL]，http：//baike. baidu. com/view/3022447. htm/2009 - 05 - 03/2010 - 06 - 30。

位建立联系，充分利用这些专用场所和教育设施，组织学生参加各种活动，在活动中接受教育[①]。中学德育也要求学校采取有效措施，充分利用社区各种教育力量共同推进德育，如通过和附近街道委员会、村民委员会以及工厂、商店、部队、机关建立固定联系，聘请校外辅导员等形式，形成社会教育网络。[②] 到了20世纪90年代末，社区教育进一步得到重视。公民教育政策鼓励社会各界和各方面人士以各种方式对中小学德育工作提供支持，要求学校充分利用社会上的各种适宜教育的场所，开展有益于学生身心健康的活动；引导大众传媒为中小学生提供有益的精神文明作品；积极参与建立社区教育委员会的工作，优化社区育人环境。[③] 至21世纪初，社会环境中负面因素给青少年带来的不良影响受到了广泛的重视和关注。2004年，中共中央、国务院《关于进一步加强和改进未成年人思想道德建设的若干意见》（以下称《意见》）提出了两方面的策略：一方面是主动加强正面引导，要求加强爱国主义教育基地，青少年宫、儿童活动中心等未成年人活动场所，及图书馆、文化馆（站）、体育场（馆）、科技馆、影剧院等场所的建设和管理。各类大众传媒、互联网站、出版单位也要发挥相应作用。另一方面是积极防控负面影响，加强对文化市场的监管及对互联网上网服务营业场所、电子游戏经营场所、社会文化场所的管理。公民教育政策要求"各级党委和政府要切实加强和改善对未成年人思想道德建设的领导，形成党委统一领导、党政群齐抓共管、文明建设委员会组织协调、有关部门各负其责、全社会积极参与的领导体制和工作机制。公民教育政策还明确了各级宣传、教育、文化、体育、科技、广播影视、新闻出版、信息产业、民政、公安、海关、财政、税务等部门，共青团和工会、妇联等群众团体组织，在加强和改进

---

① 国家教委：《小学德育纲要（试行）》，1988。

② 国家教委：《中学德育大纲（试行）》，1988。

③ 《中小学德育工作规程》［EB/OL］，http：//baike. baidu. com/view/2721778. htm 2008－04－02/2010－06－30。

未成年人思想道德建设中担负的重要责任，并且要求充分发挥民主党派、工商联和无党派人士在未成年人思想道德建设中的作用”。[①] 公民教育政策的不断改进，强化了党政机关、群众团体、各行各业、社会各界的教育功能，公民教育社区教育转化为社会教育。

二 转型期我国中小学公民教育政策变迁的若干缺陷

（一）政策对中小学生的政治要求超越了其认知水平

我国公民教育政策有明显的传递政治和意识形态的功能。长期以来，公民教育政策无不要求“加强理想信念教育和道德教育，坚定学生对中国共产党领导、社会主义制度的信念和信心”。我国公民教育政策传递政治理念和意识形态的方式有两种：一是将执政党的政治理念作为公民教育的指导思想。最初，我国公民教育政策要求“以马列主义、毛泽东思想的基础知识武装学生”；[②] 随着“邓小平理论”地位的正式确立，公民教育政策相应增加了“邓小平理论”，要求“用马克思主义、毛泽东思想和邓小平同志建设有中国特色社会主义理论教育青少年”。[③]“三个代表”理论提出后，我国公民教育政策改为“以邓小平理论和‘三个代表’重要思想为指导”。[④]“科学发展观”成为最新理念后，我国公民教育政策再次增加了“深入贯彻落实科学发展观”，并要求开展理想信念教育，坚定青少年学生对中国共产党领导、社会主义制度的信念和信心。[⑤]

① 《关于进一步加强和改进未成年人思想道德建设的若干意见》[EB/OL]，http：//news. xinhuanet. com/newscenter/2004 - 03 - 22/2010 - 06 - 30。

② 教育部：《关于改进和加强中学政治课的意见》，1980。

③ 中共中央：《关于进一步加强和改进学校德育工作的若干意见》，1994。

④ 教育部：《关于整体规划大中小学德育体系的意见》，2005。

⑤ 中共中央、国务院：《国家中长期教育改革和发展规划纲要（2010 ~ 2020年）》，2010。

二是通过爱国主义教育传递社会主义意识形态。在我国公民教育政策当中，小学德育以“五爱”（爱祖国、爱人民、爱劳动、爱科学、爱社会主义）为基本内容，[①] 中学德育的目标是：“热爱祖国，拥护党在社会主义初级阶段的基本路线”。[②] 政策还指出，“当代中国，爱国主义与社会主义本质上是一致的，建设有中国特色的社会主义是新时期爱国主义的主题”。[③] 可见，我国公民教育政策一直负有传递执政党的意识形态和执政理念，维护执政党政治价值观的功能，并且爱国主义教育已经具体化为拥护共产党领导，建设社会主义祖国的教育。

公民教育政策的首要任务是开展政治教育，引导个体实现政治社会化。研究表明，政治社会化的有效性与政府的成功管理是成正比的。[④] 世界各国无不将传递政治态度、政治知识放在公民教育政策的首要地位。通过公民教育鼓励和引导公民的积极主动参与，获得有关政治体系的知识、价值、规则和规范，将一个自然的人转变成为一个适应现代社会，具有一定政治认知、政治情感、政治态度和政治倾向的社会政治人。然而，政治教育与意识形态教育是有区别的。政治教育以公民独立人格为前提，意识形态影响人的政治价值倾向。过早地开展意识形态教育则在一定程度上有悖于公民教育培育具有独立思考习惯、批判思维和民主意识的，能力全面的公民培养目标，因为培养公民自主选择的思维习惯是民主国家公共教育系统首要和至关重要的责任。[⑤] 并且，爱国主义教育当中过于明显的政治意识形态倾向也是不切实际的。融合了政治意识形态取向的爱国主义教育，除了倡导对国家本身的热爱，还倡导对社会制度和

---

① 国家教委：《全日制五年制小学思想品德课教学大纲（试行草案）》，1982。

② 国家教委：《中学德育纲要（试行）》，1988。

③ 中共中央：《爱国主义教育实施纲要》，1994。

④ 高峰：《西方政治社会化的基本评估与我国的公民教育》［J］，《中共天津市委党校学报》2007 年第 4 期，第 116 ~ 121 页。

⑤ Sigal Ben-Porath. *Civil Virtue out of Necessity Patriotism and Democratic Education.* [J], Theory and Research in Education. Sage Publication, 2007. p. 23.

执政党的热爱。那么，学校通过训练儿童对党和社会制度的满意时，会引导他们过早地形成价值观，从而影响他们自由地表达满意的能力。这种明显的意识形态倾向性在一定程度上是与培养批判思维相违背，甚至与自主精神相违背的。在要求学生热爱某种意识形态的同时，也削弱了这种意识形态的合法性。一种意识形态的合法性必须基于公民自身给予的满意。当产生满意的条件是由国家灌输时，这种满意就不能看作是自主的，因此就不能满足合法的因素。[①] 相反，在公民成年并具备自主选择的能力之前，应给公民一个价值澄清、自主选择、自我成长的空间，才是对公民权和自由精神的尊重。

（二）政策目标培养功能单一，未能体现立体的现代公民角色

公民教育政策的培养目标是公民教育活动的出发点和归宿，一切公民教育活动都是围绕培养目标展开的。但是，我国公民教育政策培养目标的设置却使公民教育难以普遍、深入地实施。一方面，培养目标跟随政治风向变化，目前仍没有明确统一的培养目标。我国公民教育政策根据政治形势的变化，有时使用“公民”，有时使用“建设者和接班人”，使政策实施者难以把握。并且，德育政策的培养目标一直在调整。20 世纪 80 年代末，德育政策使用“公民”作为培养目标，如“有理想、有道德、有文化、有纪律的社会主义公民”[②]、爱国的具有社会公德、文明行为习惯的遵纪守法的好公民。[③] 1989 年 6 月以后，培养目标是“有理想、有道德、有文化、有纪律的建设社会主义事业的接班人”[④] “德、智、体全面

① 黄晓婷：《国家意志还是自主选择：爱国主义公民教育政策探析》[J]，《广州大学学报》2010 年第 1 期。

② 国家教委：《小学德育纲要（试行）》《中学德育大纲（试行）》，1988。

③ 中共中央：《关于改革和加强中小学德育工作的通知》，1988。

④ 国家教委：《关于进一步加强中小学德育工作的几点意见》，1990。

发展的社会主义事业的建设者和接班人”“献身有中国特色社会主义事业的建设者和接班人”。[①] 随着政治气氛逐步宽松，“公民”的培养目标再次出现，如“热爱社会主义祖国、具有社会公德、文明行为习惯、遵纪守法的公民”。[②] 2000 年以后，德育政策出现了“建设者和接班人”与“公民”两个培养目标共同使用的情况。如“培养有理想、有道德、有文化、有纪律的‘四有’公民作为根本目标，努力培育社会主义事业的合格建设者和可靠接班人”。[③] 国家教育政策的公民培养目标也有多个不同提法，如“培养德智体全面发展的建设者和接班人”，[④] “‘有理想、有道德、有文化、有纪律’的、德智体美等全面发展的社会主义事业建设者和接班人[⑤]”。在最近发布的《国家中长期教育改革和发展规划纲要(2010～2020 年)》中，还是出现了不同目标的并行情况：教育总体目标是“培养德智体美全面发展的社会主义建设者和接班人”，德育部分的目标是“培养社会主义合格公民”。

另一方面，无论是“四有”公民，还是“建设者和接班人”的培养目标都着眼于培养先进性人才。“有理想、有道德、有文化、有纪律”属于先进性的要求。“四有”是从 1980 年 5 月邓小平同志为《中国少年报》《辅导员》杂志社的题词：“希望全国的小朋友，立志做有理想、有道德、有知识、有体力的人”中演变而来的。当时，“有理想”在我国特指“有共产主义理想”，而不是个人的理想，属于先进性的要求。“有道德”主要是指“国家利益高于一切”的大公无私的道德。纪律是机关、团体、企业等单位为了维护集体利益并保证工作的正常进行而制定的要求每个成员遵守的规章条文。“有纪律”是指遵守宪法和法律之上更高的要

① 中共中央：《关于进一步加强和改进学校德育工作的若干意见》，1994。

② 国家教委：《中小学德育工作规程》，1998。

③ 教育部：《关于整体规划大中小学德育体系的意见》，2005。

④ 中共中央、国务院：《中国教育改革和发展纲要》，1993。

⑤ 中共中央、国务院：《关于深化教育改革全面推进素质教育的决定》，1999。

求。另外，“建设者和接班人”的提法是在阶级斗争的年代形成的，“接班人”的表述是比较政治化和针对特定人群的，与中小学教育全民性、基础性的价值不尽一致。这种先进性的要求，明显并不适用于面向全体中小学生的公民教育。公民是生活在现实社会中的个体，个人总是有先进与落后的差别，总是有身心个别差异的。公民教育政策要鼓励先进性的远大教育理想，但也不应该忽视或排斥广泛性的共同教育理想。仅有先进性要求的教育，会使大部分达不到先进性要求的普通人群被教育导向两个极端：一是对过于高尚的理想、道德标准没有办法达成，从而成为自我放逐的真小人；二是成为满口共产主义理想、仁义道德，却不付诸实践的伪君子。并且，“建设者和接班人”的培养目标有重复的含义，因为“接班人”必然是“建设者”，而更需要引起重视的是，作为公民培养目标，它首先关注的不是人的主体性、独立性，而是人才的功用性，具有明显的服务国家功能和“工具理性”特征，没有顾及公民自身的发展需要。随着现代化建设的推进，在国家和个人之间逐步形成的社会领域是缓冲社会矛盾、调节人际关系的中间地带，公民社会发展有赖于社会公民的培养。因而，培养社会公民成为当务之急。全球化社会的来临，更使公民成为一个立体化的角色。公民教育政策的目标如果还局限于培养功用性明显的国家公民，那么，我国将在建构公民社会和适应全球化进程中落伍。

（三）政策内容零散、重复，缺乏系统思考和有效整合

我国公民教育内容分别体现为德育及与公民素质相关内容的教育。德育是公民教育的主体部分，但我国培养公民不止通过德育，还通过环境教育、法制教育、科学教育等来开展。由于我国实施公民教育的历史很短，加之没有专门的公民教育政策，导致我国公民教育政策在内容组织、安排上存在诸多不足。

首先，以思想政治、道德教育为主的德育与公民教育存在明显差距。长期以来，我们只偏重思想政治教育，忽视公民教育。当

然，思想政治、道德教育与公民教育之间存在一定的关联性，但二者并不存在完全的替代关系。思想政治教育、道德教育注重人的世界观、价值观和人生观教育，向受教育者灌输执政党的意识形态观念，培养先进分子的舍己为人、大公无私的道德。公民教育则包含着大量的现代国家和法律的知识、公民权利和义务的知识、社会组织和政府的知识。思想政治教育具有更强烈的思想性、政治性和道德意义，注重的是学生自己的知识获得、觉悟提高、品行修养和道德提升；公民教育则是以权利义务观为核心，和法律、国家相关联，要求公民个体有强烈的责任感，并以主体身份主动积极地参与国家和社会事务的管理。公民教育通过社会化过程的各种管道，培育人的主体意识、国家意识、法制意识、权利意识、责任意识、契约意识、参与意识、平等意识、自主意识、宽容妥协意识等理性处世论事的意识，通过自己的亲身体验、感悟和实践去培养公民素养。

其次，法制教育中权利教育缺失且不符合法治要求。受我国传统文化的影响，我国公民教育往往强调公民的义务多于权利。体现在法制教育当中，我国公民教育政策主要规定责任教育、义务教育的内容，要求社会成员具有牺牲精神、奉献精神，相反，对公民拥有什么权利，如何保障和维护权利则很少提及，即便提及，也是一笔带过。媒体宣传的劳动模范、先进代表也是只懂付出、不问回报，累倒甚至病倒在岗位上的人物。这往往造成学生不知道权利和义务应该是对等的，不了解公民应该拥有什么权利，不懂得维护自身的权利。学生权利意识淡薄将造成主体意识淡漠，缺乏独立的人格意识，甚至发展成无独立性、无自主性、无自我性的萎缩人格。这样的教育影响了学生现在和成人后的思想和行为，事实上已经成为影响公民社会健康发展的深层因素。[①] 同时，法制教

① 王元珍、李晓丹：《影响我国公民意识教育的制约性因素及对策》［J］，《四川理工学院学报（社会科学版）》2010 年第 3 期。

育也不符合公民社会法治的要求。我国现行的公民教育，只强调法制教育而缺乏法治教育。法制教育，强调的是把学生当成一个遵守纪律、法规等的客体对象，突出的是纪律、规范、责任和义务教育，看重的只是作为群众遵纪守法的义务，而忽视了学生作为自主选择和行使民主、自由权利的公民主体身份。相反，法治教育则突出学生作为公民主体的价值，它要求学生以公民身份去理解、感悟、内化国家的法律法规，从而形成公民的法治意识。理性的公民教育应该是法治意识的培养，而不仅仅是法律、法规条款的灌输。

再次，我国公民教育各学科内容缺乏系统思考和有效整合。我国公民教育政策在教育内容设计上缺乏超前意识，没有从社会发展对公民的整体素质要求来考虑，往往是应急地在突发事件产生之后提出补救措施，进而增加教育内容。20 世纪 80 年代末至 90 年代初，我国公民教育主要是“思想品德和政治教育”。到 90 年代初中期，受社会发展对公民心理素质提出更高要求和独生子女的诸多心理缺陷日益显露的影响，公民教育增加了“心理品质教育”。[①] 1989 年 6 月之后，立即加强了爱国主义教育和通过相关学科开展近现代史教育。2000 年，几起与学生有关的案件惊动了时任总书记的江泽民同志，他发表的《关于教育问题的谈话》提出，“要切实加强对学生的思想政治教育、品德教育、纪律教育、法制教育”。法制教育马上被列为公民教育的重要内容。2004 年，云南大学生因争吵杀害同宿舍同学的“马加爵案件”曝光后，中共中央、国务院迅速出台《关于进一步加强和改进未成年人思想道德建设的若干意见》，要求形成全社会关心和支持未成年人思想道德建设的氛围。同样，民族团结教育、安全教育、环保教育、诚信教育、廉洁教育等都是在社会事件反映出公民素质某方面的缺陷之后，作为补救措施提出来的。而诚信教育、廉洁教育明显是对道德教育的

① 国家教委：《中学德育大纲》，1995。

加强，单列出来不仅导致教育内容重复，而且容易造成混淆，增加学生负担。民族团结教育在爱国主义教育当中也已有体现，可见，我国公民教育政策的教育内容一直在被动扩充。之所以说是“被动扩充”，是因为扩充的内容完全来自对社会需求的直接照搬，如果每次有突发事件就出台一项单项教育政策，那么，公民教育政策内容将无休止地扩张，并且新扩展的内容与原有内容缺乏清晰明确的联系，存在简单重复，系统性、整体性欠缺的问题。

最后，全球公民教育的内容相对局限。目前，我国公民教育政策关注全球环境问题，明确指出人口剧增、资源过度消耗、环境污染、生态破坏、国家或地区之间贫富差距扩大等全球性问题对人类未来的生存和发展构成的威胁，并制定了《中小学环境教育实施指南（试行）》。环境污染固然是全世界范围内迫在眉睫的重要问题，但是从培养世界公民的角度，仅有环境保护的意识是不足够的。当今世界上还广泛存在的不平等、不公正和贫穷落后，要求世界各国培养愿意承担责任，并有能力身体力行、挑战贫穷与不公正的世界公民。全球公民应具备的素质包括：一是尊重不同的文化与价值、设身处地的感受贫穷与不公正的情况、反思个人与世界的关系的情感和价值观；二是明白全球相互依存的关系、认识全球发展与本土的关系、了解贫穷与不公平的成因，并且认识可持续发展的重要性，具备有效讨论、批判思考、欣赏差异、调解分歧及纷争、选取合适方案的知识与能力；三是身体力行，为个人的行为对世界的影响负责，愿意为建设更公平，而且可持续发展的世界做出努力，采取行动。这对我国公民教育政策创新提出了更高的要求。要使我国培养的公民融入多样化的世界，参与全球公共事务，增进人类福祉，公民教育政策制定者必须以开放的胸襟、全球的视野，扩充世界公民教育的内容。

（四）政策变迁停留在表浅层面未触及核心理念

改革开放30多年来，我国公民教育政策变迁的过程基本上就是政策外围层和中间层变化的过程。首先，我国公民教育政策的实施手段和保障条件不断地加强。早在 20 世纪 80 年代末，我国公民教育政策就提出了专门课程与各科渗透相结合、班级活动与社团活动相结合、校内外教育相结合共同推进公民教育的措施，并且建立了校长负责制，要求加强德育工作队伍的建设，全社会都要关心中小学生的健康成长和加强对中小学德育工作的领导。[①] 随着社会的发展和进步，20 世纪 90 年代，我国公民教育政策要求建立德育工作的评估制度，开展思想政治教育的科研和学科建设，以及加强各地党委、政府对学校德育工作的领导。[②] 进入 21 世纪，我国公民教育政策强调重视和发展家庭教育，广泛深入开展未成年人道德实践活动，并要求加强以爱国主义教育基地为重点的未成年人活动场所建设、使用和管理，积极营造有利于未成年人思想道德建设的社会氛围，净化未成年人的成长环境，切实加强对未成年人思想道德建设工作的领导。可以说，按照我国“全民动员”的政治模式，我国公民教育政策在实施途径和保障条件上充分调动了各种可资利用的资源。

其次，我国公民教育政策安排的教育内容无边界地扩充。虽然公民教育的内容一直根据社会需求进行扩充，但是这种扩充没有原则和标准。20 世纪 80 年代，我国公民教育政策主要体现为课程政策。教育部启动学校思想品德和政治理论课程教学改革，并在落实课程教学改革实验的基础上，颁发了小学到高中的教学大纲。20 世纪 80 年代末起，我国公民教育政策出台德育的综合指导意见，将思想政治课、其他相关学科教学，及围绕思想政治教育开展的各种活动统称为德育。此后，公民教育政策的教育内容一直在增加。1989 年 6 月以后，我国加强了爱国主义教育，并以学科渗透的方式开展近现代史教育、国情教育、国防教育等政

① 中共中央：《关于改革和加强中小学德育工作的通知》，1988。

② 中共中央：《关于进一步加强和改进学校德育工作的若干意见》，1994。

治教育。“九五”期间，公民教育政策开始出现单项教育的内容，心理健康教育、法制教育、环境教育、科学教育等陆续成为公民教育的重要内容。21世纪以后，我国启动了新课程改革，设立《品德与生活》《品德与社会》《历史与社会》等专门的公民教育综合课和高中阶段系列选修课，对公民素质培养大有助益的综合实践活动成为中小学必修课。民族精神教育、安全教育、民族团结教育、诚信教育、廉洁教育等也逐步进入公民教育的范畴。由于增加的内容相当部分不属于德育，这些学科知识显得零散、不成系统。

不难发现，我国公民教育政策的变迁与改革开放、社会转型同步，实施手段不断加强，内容不断扩充，但始终没有在理念上获得突破。多年来，我国公民教育政策都以党的执政理念作为公民教育指导思想。虽然“邓小平理论”、“三个代表”重要思想、“科学发展观”等执政纲领不断丰富着公民教育的指导思想，但是其在公民培养的先进性、功能性的单一价值取向上是始终不变的。相应的，培养目标虽然有接近十种不同的提法，但“公民”没有成为公民教育总体培养目标，而是以“社会主义建设者和接班人”取而代之。教育的本质规定性是培养人的活动，教育的核心是人才培养的规格和标准的问题。20世纪末，我国已将“依法治国”确立为治国的基本方略。相应地，我国基础教育就应该培养法治社会的合格公民，让每一位公民都有能力行使他所具有的合法权利和承担其所应尽的义务。也就是说，当基础教育完成时，年满18周岁的学生不仅应该热爱国家、遵守法律、具备公民美德，还应具有独立的判断能力和批判精神，形成健全的人格和良好的品格。但是，以尊重公民的民主、自由、平等权利为价值取向，培养健全独立人格为培养目标的公民教育核心理念始终没有进入我国政策制定者的视野。核心层的理念不突破，中间层的教育内容再丰富，外围层的实施手段再完善，也无法使我国公民教育成为完整的体系，也无法实现培养权责一致公民的效果。

三　转型期我国中小学公民教育政策变迁缺陷的主要原因

（一）政策价值取向的意识形态倾向根源于依附观念浓厚的人治思想

帝王专制历史悠久的中国是封建主义传统深厚、小农经济社会基础牢固的国度，人治主义是中国传统文化最基本的特性，不管是儒家的德治、礼治论，还是法家的法治论，本质上都是人治，都把法律的存在决定于人，把法律看成是君主统治的工具，把民众看成是奴役的对象。在我国两千多年的漫长的封建社会当中，人们的意识里只有“臣民”没有“公民”。在封建专制体制下，个人权利的享有不是依靠功劳战绩获得的，而是仰仗于君王天子和各级官僚恩赐，生杀予夺完全取决于他们的喜好偏爱，这种权利授予机制养成了我国民众的服从、依附型人格，“官本位”思想、君臣等级观念根深蒂固。在统治者眼中，“溥天之下，莫非王土；率土之滨，莫非王臣”“君要臣死，臣不得不死”，“臣民”和“子民”的身家性命都是君王所赐予的，被动服从是他们的天职。新中国成立后，国家长期推行计划经济体制，在国家垄断资源的经济体制下，个人权利和利益缺乏表达渠道，人们头脑中充斥着国家主义、集体主义的价值观，维护个人利益，争取合理报酬甚至成为可耻的行为，成为人们讳莫如深的话题。市场经济体制改革不仅盘活了资源，并且解放了人们的思想，随着西方先进文明逐步被人们接纳，我国大众的权利意识开始觉醒，社会上的维权行为日益增多，如农民工追讨欠薪、“钉子户”要求合理补偿等。但是，两千多年的封建社会和臣民文化对国民产生了深刻的影响。腐朽的奴性根植于社会大众的思想意识当中，臣民心态、等级观念难以在短期内彻底清除，国民对于民主、法制、平等、权利等现代意识长期持有怀疑和畏惧的心态，总是担心这是西方文化，会让中华民族丧失优良文化传统。这给公民教育造成了严重障碍。我国现代化“后发外生型”的客观现实决定了公民意识的培育和提升需要一个长期的过程。作为市场经济的产物，公民意识的萌芽与发展在我国迄今只有短短的二三十年时间。作为一种崭新的社会意识形态，公民意识还没有完全被全体社会成员普遍认可和接受，也还难以对全部的社会生产生活产生广泛而深刻的影响。相反，传统社会积淀下来的臣民心态、等级观念已经固化为人们的心理习惯和思维定式，在短期内难以彻底清除。[①] 影响主体理性形成的意识形态倾向教育主导着我国中小学公民教育，以独立自主人格为核心理念的公民教育价值取向长期未被政策制定者采纳。

（二）政策目标偏重于培养优秀国家公民根源于培养圣人的儒家文化

当前我国公民教育政策的目标集中指向的是履行责任的国家公民，并将目标划分成普通公民和优秀公民两个层次，坚持追求优秀、忽视基础、偏离一般、过高要求的倾向。它着眼于期望学生追求什么，而不是学生必须达到什么，是精英主义的目标定位。在政治上，要求学生成为先进分子；在道德上，要求学生成为道德楷模；在专业上，要求学生成为学科专家。精英教育的价值取向在我国有深厚的历史和社会渊源。作为中华传统文化渊源的儒家学说，从本质上说是一种精英理论。儒学中所谓的“贤人”实际上就是精英。儒家之重德实际上是治世之本——它首先是对“仁”的崇仰（仁的意义为畏天、敬地、爱人），对神性的向往，对高贵精神的信奉；应用到现实中，即是对自然、对人民、对国家的责任和义

① 王元珍、李晓丹：《影响我国公民意识教育的制约因素及对策》[J]，《四川理工学院学报（社会科学版）》2010 年第 6 期，第 88 ~ 89 页。

务，并将坚守三者的德性视为最高的道德；应用自己的最大能力实现自己的最大价值是最高的责任，而维护正义和秩序，不使自然、国家、人民和自身受辱是最高的荣誉。新中国成立后，国家资源紧缺而社会主义建设又急需大量思想进步、知识渊博、技能精湛的人才，在这样的背景下，我国进一步强化了历史传统遗留下来的精英主义的教育倾向。相应地，我国公民教育政策在设定培养目标的时候，总是先勾勒一个理想的人才形象，然后根据理想中的形象确立具体标准，并据此制定课程标准和编写教材。这种从理想模型中确定人才培养目标的方法，在 20 世纪 70 年代已经受到了不少批评。为了少数社会精英，而舍弃大批现实中的平民的做法，违背了全民教育的性质。这种舍本逐末的精英教育，不能帮助普通公民批判性地适应现代社会，从而也在一定程度上剥夺了他们成为合格公民后，表达自我、参与社会事务，履行公民权利和义务的机会。

（三）政策内容缺乏系统性，凸显政策评估机制欠缺

我国公民教育偏重思想政治教育和道德教育与培养现代公民的目标有明显差距。为此，我国不断颁布新的公民教育政策弥补教育内容的不足。改革开放以来，我国公民教育政策颁布数量之多、变化速度之快在世界各国当中恐怕是遥遥领先的。从 1978 年改革开放至 2010 年的 32 年当中，我国通过各部门颁行的公民教育相关政策达 110 项，平均每年超过 3 项。如此频繁的变化，不仅反映出我国经济社会发展速度之快，也在一定程度上显现出政策制定者的随意性。无论是国家大政方针出台，还是有领导人指示、突发事件发生，政策制定者就以出台新政策作为应对措施。至于这样的应急性政策是否科学、规范，是否符合现实需要，甚至是否能产生预期效果，一概乏人问津。这种政策的更替机制，造成了我国公民教育政策在内容上的无限膨胀，像诚信教育、廉洁教育这些可以与法制教育、道德教育整合起来的内容，也作为单项教育政策颁布实施。公民教育政策内容膨胀造成的直接后果是进一步加重了学生负担，从

长远来看，还使得学生因为接受重复的教育而不加重视。这表明，我国政策更替缺乏一套有效的政策评估机制。政策评估是人们按照一定的标准和程序，对政策的效益、效率、效果和价值进行判断的一种政治行为。[①] 政策评估是政策生命周期中的一个环节，是通过对政策实施情况的测定，改进政策的重要手段。政策是为社会发展服务的，改革开放以来，我国经济社会环境发生了翻天覆地的变化，政策自然需要进行相应的调整。政策也是指导社会各项事业推进的行为准则，如果政策不科学，不仅不能推进事业发展，还会起阻碍作用。因此，政策评估的作用日显重要。政府通过政策评估废止不适应的政策，调整现有政策，在保持政策稳定性的同时适当地对现有政策加以改进，才能实现各项事业稳步前进。但长期以来，在我国，人们只看到各式各样的政策层出不穷，有目标型的、也有措施型、应急型的，政策出台的共同特点是“头痛医头，脚痛医脚”，缺乏统筹考虑和长远规划。至于原有政策存在什么问题，实施过程中有没有“政策失真”的现象，人们所知甚少。由于缺乏政策评估，我国公民教育政策制定者无法科学地诊断政策效果，判断政策对既定目标或目的的实现是否起了作用，也没有系统思考公民教育各学科的关系。相反，他们在社会需要呈现出来的时候，按照“缺什么，补什么”的线性思维增加教育内容，于是形成了目前庞杂的公民教育内容体系。

（四）政策核心层固化体现出政策变迁存在路径依赖

政策变迁学者在参考库恩科学进步模式的基础上，提出了政策变化的两种模式：常规变化模式和范式转换模式。当政策仅外围层发生变化，这种政策变迁属于路径依赖，是政策的常规变化模式，即政策在保持基本方向或目标的前提下发展演化，或新旧政策之间保持较大程度的连续性；教育政策的中间层发生变化，属于路径调

① 朱仁显：《政策评估与政策优化》[J]，《理论探讨》1998年第2期。

整，仍属于政策的常规变化模式，政策的基本方向不变；教育政策核心层发生变化属于路径创新，是政策范式转换模式，即政策变迁过程出现中断或飞跃，新政策取代旧政策。[①] 当所处的社会、经济环境发生变化时，教育政策就要发生相应的改变，才能使人才培养跟上社会发展的需要。教育政策变迁的过程就是教育政策不断适应环境改变作出调整的过程。当社会发展缓慢，变动极少时，教育政策变迁可以并且应该按路径依赖的方式进行。而当社会发展速度加快，社会环境变化较大，政策就要适时地调整甚至创新。政策调整发生得越慢，越容易加大政策需求与政策供给之间的矛盾，使政策发展偏离社会需要的轨道。当前，我国正处于社会转型向纵深发展的时期，面对社会转型和全球化的浪潮，人们的价值观念和行为方式正发生着剧烈的变动，社会问题层出不穷。要提高我国社会现代化水平，使我国从传统社会顺利转型进入现代社会，核心问题就是实现人的现代化——培养现代社会合格公民。然而，我国公民教育政策变迁一直以来都停留在外围层和中间层，核心层的教育理念有所触及，但是从总体上看，依然停留在政治倾向明显的教育价值取向和先进性培养目标上。培养权责一致的独立公民，这是保障公民社会形成的基本条件。只有"由外而内"地推进核心层价值取向和培养目标的变革，实现公民教育政策路径创新，才能实现社会成员由传统臣民人格向现代公民人格的转变，使公民成为社会现代化的推进动力，而不是制约因素。

---

① 邵泽斌、张乐天：《教育政策：一个结构主义的分析视角》[J]，《教育理论与实践》2007 年第 11 期，第 14～18 页。

第五章

我国中小学公民教育政策实施实证研究

一　我国中小学公民教育政策实施问卷调查

（一）问卷数量与信度

1. 问卷数量

本次调查于 2009 年 6 月启动，共向我国南京、广州、武汉、合肥、西安、昆明等六个城市发放了 6120 份问卷。问卷发放对象包括小学、初中、高中三个成长阶段的学生，城市和农村不同经济水平的区域，以及教师和家长两个公民教育的重要群体。调查以区域、阶段、身份为划分标准，向每类人群发放问卷 85 份（见表 5-1）。调查共回收有效问卷 3620 份，其中教师问卷 1894 份，家长问卷 1726 份，总回收率为 59.15%（有效问卷样本分布见附录）。

表 5-1　问卷发放情况

单位：份

	小学		初中		高中		合计
	城市	农村	城市	农村	城市	农村	
教师	85	85	85	85	85	85	510
家长	85	85	85	85	85	85	510
合计	170	170	170	170	170	170	1020

2. 数据的信度检验

由于本次调查并没有进行多次重复测量，所以主要采用反映内部一致性的指标来测量数据的信度。采用 SPSS17.0 研究数据的内部一致性（α =0.754），显示本次调查所使用的数据具有较好的信度。

（二）问卷调查结果一：家长的态度与意愿

1. 家长对公民教育的重视程度

对于把子女培养成合格的公民，有 76% 的家长认为非常重要，有 21.5% 的家长认为比较重要，仅有 2.4% 的家长认为不太重要或很不重要。也就是说，接近全体家长认为子女成为合格公民是非常重要或者比较重要的（见表 5－2）。但是，当培养公民与参加考试相提并论时，很多家长的态度就发生了改变。对于把子女培养成合格公民与训练子女获取高分孰轻孰重上，62% 的家长认为两者同样重要，32.9% 的家长认为把孩子培养成合格的公民更重要，而有 2.6% 的家长认为训练孩子获取高分更为重要（见表 5－3）。

表 5－2　通过学校教育把子女培养成合格的公民

	频率	百分比(%)	有效百分比(%)	累积百分比(%)
非常重要	1312	76.0	76.0	76.0
比较重要	371	21.5	21.5	97.5
不太重要	31	1.8	1.8	99.3
很不重要	11	0.6	0.6	100.0
合　　计	1725	100.0	100.0	

2. 家长对于学校公民教育活动的态度

对于参与社会活动提高子女的公民素质和公民意识，有 58.6% 的家长认为非常必要，有 37.4% 的家长认为比较重要，只有 4% 的家长认为不太必要和没有必要。也就是说，接近 96% 的家长认为社会活动对于提高子女的公民意识和公民素质非常必要或者比较重要（见表 5－4）。

表 5－3　将子女培养成合格公民与获取高分相比

	频率	百分比(%)	有效百分比(%)	累积百分比(%)
同样重要	1064	62.0	62.0	62.0
培养合格公民更重要	569	32.9	32.9	95.0
获取高分更为重要	45	2.6	2.6	97.6
两者都不重要	41	2.4	2.4	100.0
合　计	1719	100.0	100.0	

表 5－4　参与社会活动对提高子女的公民意识和公民素养

	频率	百分比(%)	有效百分比(%)	累积百分比(%)
非常必要	1010	58.6	58.6	58.6
比较重要	647	37.4	37.4	96.0
不太必要	51	3.0	3.0	99.0
没有必要	17	1.0	1.0	100.0
合　计	1725	100.0	100.0	

那么，当前学校的公民教育活动是否能满足家长需要呢？调查显示，对于子女所在学校开展的公民教育活动，只有9.3%的家长认为是非常充足的，45.3%的家长认为所开展的公民教育活动是比较充足的，45.4%的家长认为公民教育活动开展得不够充足或很不充足（见表5－5）。对于子女参与社会活动，98.2%的家长积极鼓励或有选择地让子女参与社会活动，仅有不到2%的家长会尽量不让子女参与社会活动或者拒绝让子女参与社会活动。可见，绝大部分家长是愿意积极支持和配合公民教育的（见表5－6）。

表 5－5　目前子女所在学校开展的公民教育活动的充足性

	频率	百分比(%)	有效百分比(%)	累积百分比(%)
非常充足	155	9.3	9.3	9.3
比较充足	782	45.3	45.3	54.6
不够充足	654	37.8	37.8	92.4
很不充足	130	7.6	7.6	100.0
合　计	1721	100.0	100.0	

表 5-6　对子女参与社会活动的态度

	频率	百分比(%)	有效百分比(%)	累积百分比(%)
积极鼓励子女参与	881	51.2	51.2	51.2
有选择地让子女参与	813	47.0	47.0	98.2
尽量不让子女参与	22	1.3	1.3	99.5
拒绝让子女参与	7	0.5	0.5	100.0
合　计	1723	100.0	100.0	

3. 家长对公民教育的责任感及参与政策制定的意愿

对于家长所承担的培养子女成为好公民的责任，有 97% 以上的家长表现出积极主动的态度。其中，有 82.5% 的家长表示会主动培养，有 14.8% 表示会注意纠正子女不良行为，只有 2.7% 的家长是被动按照老师要求履行责任或者认为完全没有责任的（见表 5-7）。培养子女成为好公民的责任感体现在参与政策制定的积极性方面，近三成家长认为，中小学公民教育政策应让家长及关心教育的人士来参与制定，只有 17% 的家长认为只需要由教育行政人员制定即可。

表 5-7　家长对培养子女成为好公民的责任

	频率	百分比(%)	有效百分比(%)	累积百分比(%)
有主动培养的责任	1406	82.5	82.5	82.5
有纠正不良行为的责任	255	14.8	14.8	97.3
按照老师要求履行责任	41	2.4	2.4	99.7
完全没有责任	5	0.3	0.3	100.0
合　计	1707	100.0	100.0	

4. 家长对公民教育实施效果及是否适应社会转型需要的态度

对中小学公民教育的实施效果，有 11.6% 的家长表示非常满意，有 59.3% 的家长对中小学公民教育比较满意，有 25.1% 的家长不太满意，4% 的家长对公民教育很不满意。七成以上家长表示满意，这表明家长对公民教育满意程度比较高（见表 5-

8）。然而，在对于目前我国公民教育能否适应社会转型需要的问题上，仅有56%的家长认为非常适应或比较适应。另外44%的家长认为目前的公民教育已经不太适应或很不适应当前社会转型的需要。可见，近半数家长认为我国公民教育需要改革（见表5－9）。

表5－8　家长对公民教育实施效果的满意度

	频率	百分比(%)	累积百分比(%)
非常满意	199	11.6	11.6
比较满意	1025	59.3	70.9
不太满意	434	25.1	96.0
很不满意	69	4.0	100.0
合　计	1727	100.0	

表5－9　家长认为我国公民教育政策能否适应当前社会转型的需要

	频率	百分比(%)	有效百分比(%)	累积百分比(%)
非常适应	144	8.8	8.8	8.8
比较适应	815	47.2	47.2	56.0
不太适应	666	38.5	38.5	94.5
很不适应	94	5.5	5.5	100.0
合　计	1719	100.0	100.0	

（三）问卷调查结果二：教师的态度与意愿

1. 教师对重要公民教育政策的了解情况

中共中央发布的《公民道德建设实施纲要》是对全民开展公民教育的重要政策，全体中小学教师都有贯彻落实的义务。然而，问卷调查显示，中小学教师对这一政策不甚熟悉。仅54.6%的教师表示非常了解或比较了解，另有40.7%的教师不太了解，4.7%

的教师甚至表示没听说过。这表明我国对公民教育及相关政策的宣传、落实很不到位（见表5－10）。

表5－10 对《公民道德建设实施纲要》这一公民教育政策的了解情况

	频率	百分比(%)	有效百分比(%)	累积百分比(%)
非常了解	143	7.6	7.6	7.6
比较了解	892	47.0	47.0	54.6
不太了解	770	40.7	40.7	95.3
没听说过	89	4.7	4.7	100.0
合　计	1894	100.0	100.0	

2. 教师对我国学校德育与公民教育关系的理解

研究表明，我国德育正在向公民教育转型，而受调查的教师却缺乏相应的认识。有6.3%的教师认为德育就是公民教育，有12.9%的教师认为德育是公民教育的转型，有26.5%的教师认为公民教育是德育的一部分，另外，超过一半的教师认为德育是公民教育的一部分。对于德育和我国公民教育的关系，很多教师存在模糊认识（见表5－11）。

表5－11 教师对德育与中小学公民教育之间关系的认识

	频率	百分比(%)	有效百分比(%)	累积百分比(%)
德育就是公民教育	118	6.3	6.3	6.3
德育是公民教育的转型	244	12.9	12.9	19.2
公民教育是德育的一部分	503	26.5	26.5	45.7
德育是公民教育的一部分	1008	53.2	53.2	98.9
其他	21	1.1	1.1	100.0
合　计	1894	100.0	100.0	

3. 我国中小学公民教育的现状

从每年讲授公民教育课（或在课堂教学中渗透公民教育的内容）的次数来看，受调查学校每年开展公民教育课教学10次以上的仅占30.4%，是整个调查对象中比例最高的。开展公民教育课教学5～10次的有19.1%，1～5次的达到了26.9%，但还有23.6%的学校没有开过公民教育课（见表5－12）。从每年组织公民教育活动的次数来看，10次以上的学校只有13.9%，1～5次的学校达46.1%，5～10次的学校有22.5%，从未组织过公民教育活动的学校也达到了17.5%（见表5－13）。相应的，对于公民教育在中小学的贯彻落实情况，56%的教师认为不太到位或很不到位，32%的教师认为比较到位，另有12%的教师认为是非常到位的。这表明，中小学校对公民教育很不重视，超过1/5的学校存在公民教育课时被挤占的现象，学校组织公民教育活动普遍偏少也是不争的事实。教师们普遍认为，公民教育在中小学未能贯彻落实。

表5－12　每年讲授公民教育课（或在课堂教学中渗透公民教育的内容）的次数

	频率	百分比(%)	有效百分比(%)	累积百分比(%)
10次以上	575	30.4	30.4	30.4
5～10次	362	19.1	19.1	49.5
1～5次	510	26.9	26.9	76.4
没开课	447	23.6	23.6	100.0
合　计	1894	100.0	100.0	

表5－13　学校每年组织公民教育活动次数

	频率	百分比(%)	有效百分比(%)	累积百分比(%)
10次以上	263	13.9	13.9	13.9
5～10次	427	22.5	22.5	36.4
1～5次	874	46.1	46.1	82.5
没组织过	330	17.5	17.5	100.0
合　计	1894	100.0	100.0	

4. 教师对公民教育实施效果的满意度

从总体上看，对我国中小学公民教育的实施效果，有43%

的教师表示非常满意或比较满意，超过一半的教师表示不太满意或者很不满意（见表5－14）。如果说“当局者迷，旁观者清”的话，任教不同学科的教师就体现出截然不同的态度。调查显示，专职品德（思想政治）课教师中有38.1%非常满意目前中小学公民教育的实施效果，其他的61.9%均表示比较满意。兼职品德（思想政治）课教师全部选择了比较满意。其他科目的教师态度正好相反，没有人表示非常满意，仅0.6%的教师表示比较满意，99.4%的教师表示不太满意，甚至很不满意（见表5－15）。通过卡方检验，得出 $P = 0.000 < 0.05$，说明任教不同学科的教师对公民教育实施效果的态度存在显著差异（见表5－16）。

表5－14　教师对我国中小学公民教育政策实施的效果意见

	频率	百分比(%)	有效百分比(%)	累积百分比(%)
非常满意	219	11.6	11.6	11.6
比较满意	595	31.4	31.4	43.0
不太满意	943	49.7	49.7	92.7
很不满意	137	7.3	7.3	100.0
合　计	1894	100.0	100.0	

表5－15　任教学科对我国中小学公民教育政策实施的效果交叉意见

单位：人

	非常满意	比较满意	不太满意	很不满意	合计
专职品德（思想政治）教师	219 38.1%	356 61.9%	0 0.0%	0 0.0%	575 100.0%
兼职品德（思想政治）教师	0 0.0%	232 100.0%	0 0.0%	0 0.0%	232 100.0%
其他科目	0 0.0%	7 0.6%	943 86.8%	137 12.6%	1087 100.0%
合　计	219 11.6%	595 31.4%	943 49.7%	137 7.2%	1896 100.0%

表 5－16　卡方检验

	值	df	渐进 Sig.（双侧）
Pearson 卡方	5943.693[a]	20	0.000
似然比	2721.588	20	0.000
有效案例中的 N	1896		

5. 将德育转型为公民教育和加强活动教育的必要性

对于实施公民教育的现行政策，认为需要全面变革或进行较大修改的教师达 52.4%，另有 43.4% 的教师认为需要补充完善，仅有 4.2% 的教师认为不需要修改（见表 5－17）。至于如何修改，教师们也在一定程度上给出了答案。对于将现行德育改称为公民教育，接近八成教师认为是必要或重要的，其中，有 40% 的教师认为是非常必要的，有 39.3% 的教师认为是比较重要的（见表 5－18）。调查还显示，对于学校开展公民教育的方式，有 31% 的教师更认可组织学生参与社会活动，有 30% 的教师认为在各科教学中渗透公民教育知识是比较合适的公民教育方式，另有 22% 的教师认为应在德育课程中开设部分公民教育课，有 15% 的教师认为应该另外设立专门的公民教育学科。可见，教师非常希望现行德育转型为公民教育，而在开展公民教育的方式当中，组织学生参加社会活动是教师最认可需要加强的方面。

表 5－17　教师对于中小学公民教育政策完善程度的认识

	频率	百分比(%)	有效百分比(%)	累积百分比(%)
非常完善，不需要修改	79	4.2	4.2	4.2
比较完善，需要补充	822	43.4	43.4	47.6
不太完善，需较大修改	713	37.6	37.6	85.2
非常欠缺，需全面变革	280	14.8	14.8	100.0
合　　计	1894	100.0	100.0	

表 5－18 将我国德育转型为公民教育的必要性

	频率	百分比(％)	有效百分比(％)	累积百分比(％)
非常必要	757	40.0	40.0	40.0
比较重要	745	39.3	39.3	79.3
不太重要	335	17.7	17.7	97.0
很没必要	57	3.0	3.0	100.0
合 计	1894	100.0	100.0	

二 我国中小学公民教育政策实施随机访谈

根据问卷调查发现的问题，本研究对每个城市参与问卷调查的家长和教师各30名进行了访谈，受访家长和教师有共性的回答归纳整理如下。

（一）家长访谈结果

1. 对公民教育的认识情况

访谈过程中，笔者发现受访家长对公民教育、公民权利与责任、公民等基本概念知之甚少。谈到公民教育，受访家长首先联想到的都是道德问题，如："公民教育应该教会孩子在家尊重父母，在公交车上为老人让座""公民教育在于让学生的生活道德素质全面提高""公民教育应发扬中华民族的传统美德""公民教育就是教导做人的基本道德准则"等。也就是说，在家长心目中，公民教育与道德教育无异，只要子女有良好的品德修养，公民教育就完成任务了。当笔者提示，公民有投票权时，有些家长才恍然大悟，表示"维护个人权益""培养独立人格"等也很重要。大部分家长在访谈中体现出两种观点，一是认为公民教育就是品德教育；二是认为公民教育集中的和首要的就是进行公民道德教育。品德教育固然重要，子女品德养成是家长们极为关心的问题，但是，社会发展到今天，要立足于社会，承担一定的社会责任和享有相应的权利，只有品德是不够的。现代公民本质上是一个政治和法律的概念。家长们对公民教育的理解有偏颇，既是受我国文化传统影响的结果，也揭示出我国对“公民”相关概念的宣传和普及非常不充分，导致社会大众的认识模糊和概念混淆。

2. 对公民教育的支持程度

家长们都表示重视公民教育，但在配合学校开展公民教育上，仍存在两方面的矛盾。一是将考试置于公民教育活动之上。问卷调查显示，家长们众口一词地表示“培养合格公民重要”，但是，当公民教育与参加考试相提并论时，家长们普遍将重点转向考试。借助访谈，笔者证实了这一结论。当提出“如果公民教育活动与准备考试相冲突，怎么处理”时，大部分受访家长毫不犹豫地选择准备考试。原因在于，“要让孩子重视每一次考试，不能把考试看成可有可无”“考试是检验学习效果的机会，先准备考试再说”“公民教育是随时随地的，而考试不是经常有”。殊不知，一些地方的备考常态化，已经使公民教育活动减少到零。二是不放心子女参加公民教育活动。家长们赞同通过社会活动提高子女的社会责任感和公民能力，却对子女参加社会活动心存顾虑。不少家长认同：“应该让学生参加社会实践的活动”“多组织社会活动，从最小事抓起”。然而，当提到让自己的子女参与社会实践时，家长却提出“这个社会给人太少安全感啦!”“现在哪个家长放心让孩子去社会实践啊?”例如，一位家长说，“听说女儿要上街头做社会调查，心一下子悬起来了，孩子不注意来往车辆或者受欺负怎么办?”于是，这位家长和其他几位家长躲在旁边暗中保护。另一位家长也述说了女儿参加实践活动的过程：“平日家庭生活中，女儿是个乖巧、听话、文静的小姑娘，遇事都要家长做主，胆子挺小的。当班主任要求她与几个同学组成调研小组，走上街头调查有关盲道的情况，我就担心她能行吗?”于是，这位家长全程参与了女儿与同学们确定考察路线、观察、拍照和对路上的行人进行采访的全过程。

虽然社会调查的任务完成了，家长的陪伴却在一定程度上降低了学生的主动性，削弱了活动的效果。

3. 对公民教育的改进意见

家长们提出的公民教育改进意见集中在以下几个方面：一是应该社会全员参与，给予学生积极的影响，如："各行各业对于公民教育最重要的责任就是少与学校教育唱反调，少宣传负面的东西""不要让学生在学校学到要诚信，到社会上却立刻吃诚信的亏；在学校说要讲文明礼貌，到社会上却马上见到野蛮暴力"，"培养一名合格的公民非常重要，要求学校家庭共同有责任地完成"，"社会、学校、家庭三者应相互结合，各自发挥作用"。二是应该减轻应试压力，给公民教育提供条件，如："对学生的学习进行减负，我们是在教育学生而不是在压制学生""要全面发展，不要只以分数作为评价学生的标准""目前的教育对中等及以下学生而言，学习负担太重等"。三是应该强化社会活动，以培养能力为导向，如"拒绝死读书，要读活书，加强学生动手能力，勤动脑，而不是死记硬背不知运用""应该让孩子从上学开始就接触社会，认识到公民为社会服务的重要性和责任""应从小教导孩子，作为一个公民应该承担的责任和义务，长大了成为具有社会责任感的公民"。

（二）教师访谈结果

1. 教师对公民教育的认识

受访教师普遍认为，公民教育意义重大。它能培养学生的公民意识，让学生融入社会生活，成为好公民。有教师说，"开展公民教育实践活动可以帮助学生从身边的日常小事做起，逐步增强小公民意识，关注社区的公共问题，了解相关的公共政策，以自己小公民的角色立足社会，体验生活"。还有教师表示，"我认为公民教育与数学、英语等科目相比更重要。因为一个人也许可以不懂得数学、英语，但是人毕竟是社会中的人，他需要学会在社会中生活，融入社会"。"公民教育可以使公民知道大众的评价标准，从而规范自己的行为。良好的、符合社会道德标准的行为使公民在社会中获得认同感，所以我觉得公民教育很重要”。

2. 公民教育的实施情况

公民教育实施得不到重视和方式方法不当是教师访谈得到的共同答案，有教师认为，“我国公民教育政策实施不到位，是因为实施过程中仍有不少人对公民教育不够重视，只追求升学率，影响了公民教育的效果”。也有教师表示，“我认为，我国公民教育政策实施还不到位，理论与实践有脱节，很多公民素质有待提高，有些人虽然知道其中的要求，但没有履行职责”。还有教师说，“公民教育受众数量大，素质参差不齐，而有些地方又不够重视，或方式方法过于死板，容易给人走过场的感觉，所以效果有待提高”，“我觉得当前公民教育方法相对单一，而且很多人都觉得是走过场、搞形式主义，主要问题在于缺乏深刻的个人思考和体验，所以在方法方面应该重视情感和行为体验，这样才会更有效”。

3. 我国公民教育政策存在的问题

受访教师认为，我国公民教育政策中的学科体系安排是比较到位的，有多学科的内容，其存在问题主要体现在执行上。

（1）思想品德课（以下简称思品课）教师专业化程度低影响公民教育政策执行质量

有教师指出，“受教师编制限制，中小学思品课教师大部分为兼职。小学思品课教师一般由班主任、语文课老师兼任。初中思品课教师有5%为兼职教师，既有学校领导兼任，也有语文、历史、英语等相近学科教师兼任。只有高中阶段才设专职教师。大部分从事兼职教学的教师不是把思品课作为主业，认真加以钻研，而是将主要精力用于应付自己专业课的教学任务。并且，公民教育主要在于言传身教，但有的教师对学生要求很严格，对自己要求很宽松，导致学生感觉公民教育假大空”。

（2）当前的考试制度导致公民教育课程政策执行失真

一位资深的教研员指出，“思品课在初一、初二学年不统一组织考试，教师、学生一般都把不考的科目放在次要地位上。有的学校思品课课时受其他学科蚕食，更有的学校干脆不排课。初三要考试，思品课时安排得到落实，但为了中考，有90%以上的初三教师把它讲成了知识课，思想品德教学的内容和重点随中考考点变化、取舍。到高中阶段这种趋势更为明显。我国当前的中考和高考制度，使这门课成为知识课程，而不是培养人的活动，难以取得实效”。

（3）家长的认识和态度直接影响公民教育政策执行的方法和效果

受访教师和家长都公认参与社会服务和活动最有利于提高学生的公民意识和能力。然而，目前学生家长一般只关心孩子是否安全回家，是否能考高分，而不是孩子的公民素养。在新课标没有严格规定的情况下，学校大幅减少了学生参加公民教育活动的课时，主要原因有两方面：一方面，师生都将主要精力放在了应试准备和提高学习成绩上；另一方面，为了防止出现学生安全事故而导致的纠纷，学校尽可能不组织校外活动，也不组织学生参与社会活动。这显然是学校为了回避风险，而采取的因噎废食的做法。不少教师表示，目前学校公民教育活动主要在校内进行，并且主要以校内小报、板报等知识性教育为主。

（4）学生公民素质评价制度表面化、形式化，影响公民教育政策效果

目前，部分学校建立了学生公民素质评价制度，但是，这种评价制度在操作过程中更多地局限于学生的校内表现，且实施过程流于形式，没有发挥应有的功能。由于仅凭校内表现难以推断学生的公民素质，公民教育效果无法量化，家长的配合程度不一等原因，教师透彻了解学生，并进行客观公正地评分就存在困难，因此，小范围的校内评价并不真实可靠。同时，为了将学生输送到更好的学校，任课教师一般都给学生打高分、写辞藻华丽的评语，因为如果教师对于一些表现不良的学生，实事求是地打低分，不仅会影响升学，而且家长也不满意。教师为了学生有一个全新的起点，一般也

会主动隐瞒学生的缺点。

(5) 社会、家庭的不良影响抵消公民教育的成效

当前，我国社会正处于快速发展期，人们的道德观念受到冲击，社会人群整体素质跟不上社会发展，导致“课本是一套，实际是一套”的现象。有教师认为，“公民教育政策实施效果不好，主要是社会的负面影响抵消了学校正面教育的效果”。也有教师抱怨，“相当部分家长认为教育是学校的责任，很少纠正孩子的不良行为，使公民教育，尤其是其中德育的效果经常被校外的不良影响替代”。还有教师说，“我们对学生的不良道德行为常常有心无力，比如，我们要求学生要遵守交通规则、不乱扔垃圾，但部分家长却要求孩子看到没车就过马路，甚至取笑孩子保管好垃圾并放进垃圾箱的行为”。

4. 改进公民教育政策的建议

受访教师从多个角度提出了改进公民教育政策的建议，一是开展师资培训。有教师指出，“培训教师的确很重要，假如教师都没有从本质上意识到公民教育的重要性，那他们实施教育的方式可能还是老一套，因此公民教育教师的培训应该是更全面、更深入的”。也有教师说，“公民教育对教师的知识要求很全面，能力要求很高，我认为有必要加大教师培训力度，以期取得更好的效果”。二是增加社会活动。有教师提出，“公民教育在内容上应该进行一定的删减和更新，在方法上应该更加注重多样化的实践尝试，从而保持公民教育体系的活力”。还有教师说，“公民教育应通过多种形式的社会活动，帮助学生感知、认识社会，而不是仅仅停留在书本和表面；三是家庭和社会的配合。受访教师的建议包括：“全社会应参与开展公民教育，应有系统性、常规性、经常性”，“要提高全社会对公民教育重要性的认识”，“家庭、学校和社会在公民道德教育方面各有侧重、各有特点，是相互衔接、密不可分的统一整体。必须把家庭教育、学校教育、社会教育紧密结合起来，相互配合，相互促进”，“要突出加强社会教育，巩固家庭教育、学校教育的成果，促进公民教育的深化”。

三　我国中小学公民教育项目实施的多案例分析

公民教育在本质上是教会学生独立思考、自主选择，积极主动地参与社会生活，在充分享受权利的同时，自觉地履行义务，完成社会化的过程。公民教育仅仅依靠理论知识和课堂讲授是不够的，只有引导学生在真实的社会活动中，进行合作、体验、探究，才能逐步培养起学生主动参与的态度、批判思考的习惯和理性选择的能力，从而成长为一名合格的现代公民。为了具体分析和探讨公民教育实践活动的相关政策，以下对两个有代表性的公民教育实践活动案例进行分析和比较。

（一）案例一：以培养公民能力为目标的公民教育实践活动

1. 项目来源

2002 年 5 月，教育部课程教材发展中心与美国公民教育中心签订协议，启动了公民社会实践活动的合作。在该合作项目推动下，一些地方的中小学公民教育实践活动活跃起来，有效地推进了我国德育向公民教育转型。江苏省教育研究室、上海市教育研究室、云南省教育科学院、山东潍坊市教育科学院都先后参与了该项目的实施。

该项目以培养学生的社会责任感和参与公共事务的能力为宗旨，以小组为单位，合作解决社区存在的问题，帮助学生增长社会知识，提高交流协作、共同解决问题的技能，帮助学生学会求知、学会做人、学会合作、学会生存，使学生能够健康成长。

2. 项目内容

每个项目以学生小组活动的方式开展，包括七个步骤：第一步，学生自愿组成活动小组，查找、发现并确认社区中存在的若干公共政策问题；第二步，根据自身的能力条件和兴趣爱好，选择小组要研究的问题；第三步，收集小组所要研究问题的有关资料；第四步，制订小组行动方案，并通过研究、讨论，找出现有政策存在的问题，提出相关建议；第五步，根据在行动过程中记载的相关问题背景、研究过程资料及建议制作“展示板”。“展示板”包括“问题描述”“现有政策”“相关建议”“行动计划”四个部分。第六步，举行“听证演示”，向班级或社区报告方案、接受听证。听证演示与展示板对应分为四个部分，每部分 10 分钟，陈述 4 分钟，答辩 6 分钟。在每部分的听证过程中，学生都要接受听证人员的提问，听证人员也要对学生进行实事求是的评价；第七步，总结反思学习经验。

3. 成功范例

以江苏省为例，在交流互访和教师培训的基础上，全省各地中小学围绕公共政策问题，开展公民教育实践活动。社区中存在的“垃圾车漏水问题”“学校门口车辆限速问题”“市区电动车问题”“社区‘小广告’问题”“居民生活小区体育休闲设施问题”“烟花爆竹燃放的质量与安全问题”等公共问题受到了同学们的关注。按照项目的程序，在确认和选择公共问题、收集有关资料、制订行动方案的基础上，参与项目学校邀请各公共问题的对应行政部门和相关专业专家，对行动方案进行了听证。一些行动方案在得到专家认可的基础上被相关行政主管部门采纳，有效地解决了所在社区的问题。江苏省的公民教育实践活动不仅锻炼了学生独立思考和参与公共事务的能力，并且产生了良好的社会效益。

这一公民教育项目的实施使一些公共政策问题得到了有效的解决，如：南京力学小学的公民教育活动促成了南京鼓楼区垃圾车的改造和学校门口道路交通标识的完善，南京东路小学的公民教育活动促成了南京市小学生学生证的发放，苏州常熟商城小学的公民教育活动促成了家长接送车辆乱停放问题的解决等。根据 2009 年 9 月的统计，江苏全省 13 个省辖市共约 423 所学校、1725 个班级、1693 位教师、77837 名中小学生参与了公民教育实践活动项目。特别是常州、南京、苏州、盐城等地的公民教育实践活动，在当地产生了积极和深远的社会影响。

（二）案例二：以培养公民道德为目标的公民教育实践活动

1. 项目来源

2002年2月，由中宣部、全国妇女联合会（以下简称全国妇联）、共青团中央、教育部、国家环保总局、国家广播电影电视总局等中央六部委联合制定，在全国3～18岁儿童中实施了“中国小公民道德建设计划”。该计划旨在切实提高当代儿童的道德素质，自启动至今已经收到了初步的成果。全国31个省、自治区、直辖市的数千万名儿童通过公益活动、论坛、演讲、征文、技能比赛等多种形式参与了这项活动，儿童的道德水准也有了显著的提高。“中国小公民道德建设计划”活动正逐渐成为广大儿童道德实践中的一项重要内容。

2. 项目内容

为贯彻《公民道德建设实施纲要》，体现公民道德建设“从娃娃抓起”的精神，切实提高当代儿童的道德素质，中国小公民道德建设计划领导小组根据少年儿童的特点设计了这一项目。该项目把公民基本道德规范具体化为“五小”，即家庭小帮手、同学小伙伴、社会小标兵、环保小卫士、独立小主人，体现了儿童与家庭、儿童与伙伴、儿童与社会、儿童与自然、儿童与自我五大基本社会关系，使儿童看得见、摸得着、容易做到。同时，倡导家庭、学校、社会支持儿童从小事做起，从身边事做起，引导儿童自主开展丰富多彩的道德实践活动，全面培养儿童的道德观念和社会责任感，逐渐养成良好的道德行为习惯。小公民道德建设活动重在儿童良好道德习惯的养成，重在儿童道德水平的真实提高和积极变化。它摒弃了以往空洞、形式化的公民教育说教，转而倡导儿童自主参与，通过具体、形象、生动的实践活动，引导儿童从我做起，从现在做起，从身边一点一滴的小事做起。

3. 项目成效

项目实施以来，全国各地积极参与，取得了良好效果。河北省开展了“文明小乘客、文明小观众、文明小游客、社区小主人”的实践活动。石家庄市万名儿童从小事做起，开展了“一讲三爱护”活动，即讲社会公德，爱护民心河、爱护IC卡电话、爱护花草绿地。行唐县中小学生开展了人人争做合格小公民的“1357”活动，即：护一段街道或一个山场，做环保小卫士；学三手家务和农活，做妈妈的小帮手；种五种花卉，美化环境；做七件好事，为他人解难。张家口市开展“谢谢您，爸爸妈妈”“我是学习小主人”“爱心大使行动”“我与小树同成长”“回收废品为少年世纪林作贡献”“手拉手地球村”“我是少年志愿者”等行动。

北京西城区官园小学把做“家庭小帮手”行动引进课堂教学，在学校开展了缝扣子、摊鸡蛋、做冷拼、拌水果蔬菜沙拉的培训和比赛，使孩子们学会了简单的家务技巧，增强了生存技能，并学会关心父母。

四川成都市实验小学开展“一小”“一行”“一照”“一卡”活动，即从“五小”中选“一小”作为自己的目标，依据这个采取“一个行动”，并将自己的言行与目标的具体要求进行“一次对照”，根据对照的结果制作一张“成长卡”，用来记录自己在“争做合格小公民”活动中的成长和进步的情况。有些参与项目活动的同学说，以前自己的书包都是爸爸妈妈整理的，这下知道自己的事情应自己做，学会了自己整理书包。有同学说，以前在家里什么活都不会干，现在逐渐学会了洗碗、扫地、擦桌子等事情，终于打破了爸爸妈妈独包家务的“铁饭碗”，打破了每月自己拿零用钱的“铁工资”，打破了自己衣来伸手，饭来张口的“铁交椅”。从点点滴滴的小事中，同学们体验到如何做一个孝敬父母、热爱劳动的“小帮手”。北京官园小学的家长反映，“小帮手”活动开展才几个月，发现孩子就有变化了，开始知道关心人了。北京市育英学校四（5）中队的同学们围绕“小伙伴”的主题召开了主题队会，少先队员们通过自己亲身经历的真实故事，从不同角度畅谈了对“小伙伴”丰富内涵的理解。一个同学说，他因为没有当上大队委员，好几天心里不平衡，见了当上大队委员的同学不愿理睬，而大队委员却主动和他说话，使他受到教育，后来他和大队委员成了好朋友。他得出的体会是，要为别人的进步而高兴。有些儿童以前答应别人的事情不努力去做，常常马马虎虎甚至忘记，自从参加“五小”活动以后，知道说了就得去做，从小要做一个诚实守信的“小标兵”。

在此基础上，各地还开展了“小手拉大手，朝着文明走”的活动，“小公民”的道德实践在影响着周围的“大公民”，与成人的道德建设相互影响，共同提高，促进着全社会道德水平的提高。洛阳市儿童以“我做合格小公民”为主题，由教师组织到北京开展道德实践活动，孩子们一路自主策划、自觉行动。在火车上，他们主动保持车内卫生，帮助列车员打扫车厢，整理床铺；在进科技馆参观时，他们礼让其他人先进场馆，努力用自己的行动营造文明的环境。山东省威海市通过“小手拉大手”活动，让孩子与父母互相影响，一同向不文明言行和不良生活、卫生习惯告别，建立健康、科学、文明的生活方式。参与活动的儿童们在行动中学习了道德知识，在参与中开阔了眼界，在“五小”活动的实践中体验着道德进步的快乐，道德规范正在点点滴滴地内化为他们的道德素养。

（三）比较与分析

两个案例的公民实践活动各有侧重。案例一的公民能力培养实践活动以学生自主发现问题和选择要解决的公共问题为起点，帮助学生在真实的社会活动中体验、探究，培养学生的主体意识、分析思考习惯和合作解决问题能力。其中，“模拟听证”以具体、真实的社区问题为指向，以身体力行为前提，以解决问题为目的，帮助学生接触社会、认识社会。学生在合作探究的过程中，从被动接受转变为主动思考，从间接感知转变为亲身体验，成为学习和活动的主体。这种类型的公民实践活动体现了现代社会的公民精神，着重培养公民分析和解决问题的能力。案例二的公民道德培养实践活动内容丰富、形式多样，帮助学生从小事做起，从生活的点滴做起，培养学生良好的道德观念和社会责任感，帮助学生逐渐养成良好的道德行为习惯。在“小手拉大手，朝着文明走”的活动中，小公民还以自身的道德实践影响父母，推动他们向不文明的言行和不良生活、卫生习惯告别，促进全社会道德水平提高。这种类型的公民实践活动针对我国独生子女娇生惯养的特点，着重培养公民道德和行为习惯。

无论是培养能力为主还是培养道德为主的公民教育活动，都有益于身心的发展。然而，只要稍微留意就能发现，这些活动都是在学习任务较轻的小学阶段开展的，随着学生进入考试压力加大的初中和高中，这些活动就逐渐销声匿迹。中小学生的身心发育有其内在规律，只有抓住关键期开展教育，才能收到事半功倍的效果。从发展阶段看来，小学生处于形象思维和模仿学习为主的阶段，在成年人的激励和引导下，固然能将公民实践活动开展得如火如荼，但是他们能否理解公民身份的真正含义？没有家长在背后策划和保护，他们能否在公共事务中发现问题，并理性地提出解决方案？这些公民实践活动对他们而言，更多的是一种模仿的过程。当然，这种模仿也不无好处，因为它对培养自立能力和形成健康的心理特征是有效的，但是如果指望通过小学阶段的活动就能培养成年以后的自主精神和独立人格，这显然是不切实际的。这些体验、探究型的公民教育实践活动对处于价值观和思维能力形成关键期的初中学生更为重要，因此，必须以政策的力量加以推进，使之扩大到整个中小学阶段。

四　我国中小学公民教育政策过程中存在问题分析

问卷调查、访谈和案例分析均表明，家长和教师都认为公民教育很重要，但是，在面临考试的时候，家长态度却发生改变，而教师对于公民教育被边缘化的情况也力不从心。由于没有受到应有的重视，公民教育实施并不到位，理论与实践脱节的现象比较严重。

（一）公民教育政策制定未能让教师和家长参与

公民教育政策制定主体单一，较少听取社会的声音。一般说来，社会现象形成政策问题并进入政策议程有两种方式：一种是"外生型"政策议程，即社会问题经过媒体宣传、群众讨论、信访投诉等渠道进入政策制定者视野，政府部门通过对信息的筛选、过滤，获得真实有效的问题，并启动政策的研究与制定；另一种是"内生型"政策议程，即政策制定者通过调研、学习、考察等方式，认定经济、社会发展的需要，进而将社会问题变成政策问题，使之进入政策制定程序。从运行的方向看，"外生型"政策议程是自下而上的，"内生型"政策议程是自上而下的。"外生型"政策议程来自民间，更能反映民生问题；"内生型"政策议程来自领导指示，更能帮助地方政府取得成绩。但在我国，"内生型"政策议程是主要的政策制定方式。教师和家长作为公民教育政策的参与实施者和受影响群体，从未参与政策制定。在计划经济时代，国家垄断一切，公民权益受到忽视，公民教育政策制定主要采取"内生型"的政策议程。在市场经济体制改革启动后，公民意识逐步觉醒。人们参与政策制定的愿望越来越强烈。尤其公民教育是关系千家万户的民生问题，受访家长和教师无一不认为我国公民教育需要加强，公民教育政策亟须改进，并提出了相当多的建设性意见。但是，问题在于我国尚未建立社会民众参与政策制定的良性机制。虽然有人大、政协参政议政制度，群众信访制度，听证制度，不少政府部门还通过"领导接访日"主动倾听群众意见，但这种"倾听"毕竟是少量而且分散的。而且，现在常见的听证往往徒具形式、机械、走程序，不符合听证制度尊重公众意见和追求公共政策的合法与合理性的根本宗旨。访谈过程中，在提到公民教育政策制定时，有受访家长说，"虽然我有不少想法，但是没有人向我了解，也没有人组织我们开会，我们也不知道该找谁表达"。问卷调查显示，超过八成的教师和家长认为，教育专家学者、中小学教师、家长和关心社会人士都应该参与到公民教育政策制定当中。可见，公民教育相关利益群体参与教育政策制定的愿望是相当强烈的。

（二）公民教育课程内容与现实生活脱节

目前，我国公民教育主要体现为德育，它传递的通常是经过过滤、筛选的纯而又纯的做人道理、基本原则和完美的道德典范，呈现给学生的只是美好、善良、非真实的一面。然而客观现实并非学校德育教育所描述的那么美好、单纯，它是一个充满是非、真假、美丑、善恶、冲突的世界。有教师说，“学校德育教导学生诚信、厚德，而学生一走出校门，就能接触到各种欺诈和缺德现象，让学生迷惑、甚至失望，灌输高尚道德规范的教育显然已经不受学生欢迎，跟不上社会需求了。”进而，德育要求每一个学生树立共产主义理想，树立国家、社会和集体的利益高于一切的集体主义观念，要求每一个学生在思想行为上全心全意为人民服务。社会上宣传的道德楷模不是鞠躬尽瘁，病倒在工作岗位上的先进分子，就是舍家为国，不顾父母妻儿坚守工作岗位的“苦行僧”。这种忽视道德底线的教育，往往因为要求太高而超出了学生的心理成熟度和理解、接受的范畴，并引起学生对该类学习内容的厌倦。受访教师普遍认为，当前的公民教育课程设计离社会现实有差距，上公民教育课不如多看电视和报刊，多了解社会现实，比死记硬背生硬的知识更有效果。

（三）公民教育学科类课程实施时间无法得到保证

受访教师普遍认为，公民教育实施过程中最大的问题是公民教育不受重视，规定的课时常常无法开足。一方面，公民教育课得不到校长的真正重视。从事公民教育课教学的教师表示，由于公民教育并非考试科目，也难以通过考试反映学生公民素质，这让他们在学校中的地位相对较低，校长无论在排课还是教研活动方面，都将公民教育课置于主要考试科目之后。公民教育课时经常受语文、数学、英语等科目的补课活动挤占。有老师形象地说："公民教育是说起来重要，做起来次要，忙起来不要。"问卷调查进一步揭示了公民教育这种两难的处境，虽然有95%的教师及90%以上的家长认为培养合格公民非常重要或者比较重要，但是，仍有56%的教师认为公民教育在学校落实很不到位或不太到位，具体表现为有23.6%的学校基本没有开过公民教育课，有17.5%的学校没有组织过公民教育活动。另一方面，公民教育得不到家长的切实配合。教师要面对的是家长，培养合格公民尤其需要得到家长的支持，尽管有62%的家长认为考取高分与培养公民同样重要，有32.9%的家长认为把孩子培养成合格的公民比考取高分更重要，但仍有接近40%的家长表示为了应付考试，学校应减少学生的公民教育活动。可见，家长也存在矛盾的心态。当前公民教育未得到校长和家长的必要支持。

（四）公民教育活动性课程无法充分开展

虽然公民教育政策反复强调要通过实践活动提高公民素质，并且新课程将综合实践活动作为必修课，增加了学生的亲身体验、自主探究和实践活动。但是，有目共睹的是，以知识传授为主而忽视能力培养仍然是我国公民教育的常态。问卷调查显示，有接近一半的中小学每年组织公民教育活动不足5次，更有接近两成的中小学从没组织过公民教育活动。受访教师和家长的回答透露了原因：其一，长期以来的应试教育导致课业繁重、考试压力大；其二，教师担心外出活动引发安全事故，直接将校外活动转移到校内，将课外活动缩减为授课或板报；其三，家长对独生子女宠溺有加，担心子女在社会实践活动中受伤害，干脆全程陪同或取而代之；其四，组织社会实践活动对教师提出了更高的要求，不仅要知识渊博、责任心强，并且组织活动要消耗更多的时间和体力。一些教师宁愿照本宣科，也不愿意花工夫设计活动。在这样的主客观因素影响下，当前的中小学生普遍缺乏公民教育实践活动，缺少公民生活的体验。单纯的知识灌输是不足以培养学生能力的。在访谈中，就有家长感慨地说“中国崛起靠的是这一代，但他们的创造力、社会责任感和参与意识怎么能从总也做不完的晦涩习题中培养出来呢?”

（五）教师缺乏必要的公民教育理念和教育技能

公民教育是培养学生健全独立人格的主体性教育。它要求教育者创设和谐、宽松、民主的教育环境，启发、引导受教育者主动思考，积极参与公共事务，培养受教育者独立的思维习惯，从而把他们培养成为自觉能动的责任主体。在公民教育活动中，教师不再是绝对的权威，而是学生学习的引导者、协助者、扶持者。然而，当前我国中小学教师离这一要求还有明显差距。在访谈学校听课的过程中，笔者发现大部分课堂还是由教师讲全程。教师就像一名精心准备的表演者，他们关心的是能否把知识点讲完、讲透，而不是学生有没有兴趣听，更不用说给机会让学生表达。在这样的课堂中，师生课堂交流的机会很少。课后能得到交流的机会就更少。对于“满堂灌”，受访教师反驳说，“不讲清楚讲透彻，学生怎么懂?”对于让学生在活动中主动学习，有受访教师说，“学生哪里会主动学？那是公开课表演给领导看的，过后还要重新讲。”也有教师承认，“课堂上的师生互动不好组织，给学生讲很容易乱。课堂太闹会受校长批评”。在课堂上锻炼学生公开表达自己观点的能力，对学生今后走向社会，参与公共事务是必不可缺的。教师的这些话语表明，从校长到老师，在教育理念、教学方法、教学组织能力上都未达到公民教育的要求。可见，要实施公民教育，教师本身的素质还有待提高。

五　我国中小学公民教育政策实施存在问题的原因

（一）政策制定“内输入”为主削弱了政策的民主性、科学性

社会转型之前，由于我国社会结构分化程度较低，社会利益的

表达与综合并非由各种社会机构来承担，而是由政治系统内部行政人员通过分析、研究和调查而将他们所认定的社会利益输入公共政策中去。这同样表现在公民教育政策的制定上，我国历次公民教育政策的调整，或源于社会转型的需要，或源于对突发事件的回应，或源于领导讲话，均由教育行政部门独立分析、研究、起草，呈报批准后由中共中央、国务院及国家教育行政部门等单独或联合发布。公民教育政策的改革、实验和试行过程大部分是在教育系统内部，依赖少数相关行政人员完成的，其政策价值取向基本取决于上级文件精神和主要领导意图。尽管在政策问题确认和政策议题形成阶段，教育专家的研究成果和一线教师的实践体会能影响到政策制定者的想法，但整个政策制定过程较少让教育专家和相关利益群体，如教师、家长和社会人士参与。公民教育政策很大程度上是由学校、家庭、社会共同配合实施的，但是政策出台之前基本没有经过征求意见或听证的过程。实际上，让利益相关群体参与政策制定，除了能增强政策科学化、民主化程度外，还有政策宣传的功能。公民教育是关乎一个人价值观和态度、公民道德、公民行为以至独立人格的教育，要求家长的积极配合和全社会的大力支持。但是，受传统政治文化的影响，我国公民教育政策制定的全过程仍局限在行政部门内部。

（二）公民文化缺失导致公民教育课程内容滞后

我国经历了两千多年的封建社会，形成了以君主专制制度为核心，以儒家思想为主导的政治体系。臣民心理和德治主义为主要特征的政治文化影响深远。在新中国成立后的计划经济时代，我国以一元化的政治结构统治国家。一个人从生至死的整个历程以至家庭、单位、国家的全部事务都在国家计划之内，个人没有任何自主权。个体仅仅是社会中的小螺丝钉，任意由社会来安放。这导致传统文化对牺牲自我，顾全大局高尚人格的追求逐渐降低为对平民百姓的道德要求，并成为教科书中普适性的道德教条。虽然市场经济体制的逐步建立和西方公民文化的引入使人们的自主精神与独立意识逐步觉醒，但是作为合格公民的一般道德标准始终没能进入中小学公民教育课程。与此同时，儒家文化“齐家治国平天下”的政治理想深入民心，以至造成人们思想观念中在国之下就是家，而缺乏对“社会”这一公共领域的认识。相当数量的公民在情感上对公共生活和特定社群缺乏价值认同，不了解自己所享有的权利和应当承担的义务。不适应以平等、自由而又积极自主的理性商谈方式在公共平台上交流，发表自己的意见和见解。我国长期以德育为主的公民教育，也没有适时地弥补传统文化造成的公共观念缺失。公民教育课程仍停留于一般的政治、道德知识的传授。

（三）政策实施未得到家、校、社三方应有的重视和支持

在我国，公民教育主要是以德育的形式出现的。德育历来是“五育”之首，《义务教育法》和我国基本教育政策都要求学校将德育放在首位。然而，尽管公民教育政策反复强调要“摆脱片面追求升学率倾向的束缚，克服忽视德育、忽视实践的现象，切实把德育放在学校教育工作的首位”，但是，在强大而现实的升学压力下，德育的地位仍岌岌可危，“德育放在首位”在很多地方成为苍白无力的口号，更不必说实施公民教育了。社会关注学校的升学率，教师关注学生的个人成绩，学生把自己的学习成绩看得像生命一样重要。虽然学生也接受必要的、成为国家的好公民所必需的知识教育，但这只是居于从属地位。公民教育不受重视具体体现在几个方面：首先，低年级公民教育课经常被考试科目挤占。在访谈中，一位长期从事公民教育工作的老师无奈地说，“公民教育是否受重视取决于是否考试，低年级不需要考试，不仅学校排课会将公民教育相关课程排在边缘，而且语文、数学、英语等主科还经常以补课为由占用公民教育课时”。因此，尽管公民教育效果不能以考试评价，公民教育教师还是希望政策将公民教育全部纳入统一考试，否则，公民教育的地位将会进一步下降。其次，在少量的公民

教育课时中，相关实践活动不能得到家长的充分支持。中低年级学生在实践活动中因为活泼、淘气等原因容易碰伤、擦伤，遇到这种情况家长经常不能理解，甚至对学校不依不饶；高年级学生面临升学压力，相当部分家长认为这些活动会占用学生宝贵的学习时间，影响学生正常的学习情绪和安排等。这导致学校为了规避风险或减少家长顾虑，宁愿放弃组织有利于学生提高公民意识和社会责任感的活动。最后，由于学生德育评价采取评语和定级的办法，公民教育历来被认为是软性的科目。从 20 世纪 80 年代起，我国品德评定的基本方法就是写操行评语和评定操行等级，操行评语由班主任负责，在学生个人小结和小组评议的基础上写出，操行等级由班主任在征求学生和任课教师意见的基础上评定。经过 20 多年的实践，德育的评价方法在不同地区略有调整，但基本没有突破原有的框架。为了学生有更好的前途，也是出于鼓励改进的善意，就算对表现再差的学生，教师也会给出漂亮的评语。何况学生的在校表现并不能完全体现其公民素质。事实上，对于操行表现确实差的学生，如果教师根据学生的实际情况，实事求是地给出评语，也会因影响学生出路而受到校长批评和家长责难。因此，公民教育成绩成为最没有区分度的评价内容。

（四）部分教师不具备必要的公民教育知识和技能

教师是公民教育的执行者，也是学生眼中成年公民的缩影和化身。教师传授的知识、技能，以及自身的思想、言论、行为，都会在校园生活中潜移默化地对学生产生影响。教师只有充分理解公民教育——这门综合学科的特性，掌握相关学科的基本理论、基本知识，才能向学生系统地讲授知识，为学生分析各种公民社会现象的来龙去脉，逐步提高学生的辨别能力、理解能力和分析能力。但是，目前从事中小学公民教育的教师还不具备开展公民教育所需的知识和技能。首先，教师尚未掌握公民教育的理念和内涵。目前的公民教育教师是在传统社会中成长的，从小接受的是传统观念和思想的教育，深受传统文化观念的影响，对公民文化及公民教育的了解停留于舶来的、肤浅的认识。在我国公民文化尚未形成的环境下，相当部分教师从未深入学习过公民教育的知识，还不足以承担开展中小学公民教育的任务。其次，教师尚未具备开展公民教育的技能。公民教育与其他学科明显不同的是，公民教育时常需要通过实践活动开展，只有引导学生进行充分的探索活动、社会实践和社区服务，才能提高学生参与社会活动的能力。公民教育教师应掌握各种有效的方式方法，创设学生发现问题的情境，指导学生从问题情境中选择适合自己探讨的课题，并配合学生开展探讨。这是公民教育成功实施的重要前提。然而，目前相当部分教师却因担心失控而怯于组织学生活动。最后，教师未能建立起良好的师生关系。师生关系是学校中最重要的关系，师生交往是学校中最重要的交往。但由于灌输仍然是主要的教育方式，教师仍处于绝对权威的地位，学生轻易不敢发表自己真实的想法。教师作为与学生朝夕相伴的引导者，如果缺乏必备的民主意识、法治意识、公平意识、自由意识和平等意识，自然无法将民主意识的种子从小播撒在学生心中。

第六章

中小学公民教育政策的比较与借鉴

——以美国、英国、日本为例

公民教育的发展完善与国家的现代化进程是相伴而行的。世界各国在从传统社会向现代社会转型的过程中，形成了各具特色的现代公民教育。尽管各国公民教育都有明显的历史文化烙印，但其中无疑蕴涵着助推现代社会形成的共同点，即现代公民教育的基本元素。

一　美国、英国、日本中小学公民教育政策简况

（一）美国公民教育政策简况

美国是航海家发现“新大陆”之后，由各地侨民共同建立起来的国家。由于建国的历史短暂，并且国家是由不同国家的移民组成，美国非常重视历史教育。1776 年建国之后，美国就将公民教育作为历史教育的重要内容加以推行，不仅在中小学开设“公民科”传授美国本土的政治理念、政治制度、政治过程等方面的知识，还在 1790 年出版了公民教育的教科书。此后，美国一直保持着开展公民教育的传统，以公民教育维持着民众对政府的支持和拥护。

19世纪末，不少教育家和研究组织认为公民不仅应维护政府的正常运行，还应该承担社区建设的责任，因而公民教育应致力于提升公民的社会适应能力。1916年，美国政治科学协会（American Political Science Association）响应进步主义改革运动，主张重组课程标准，优先学习成为“社区公民”（Community Civils）。1918年，美国国家教育协会（the National Education Association）的分支机构——中学教育改进委员会（the Commission on Reorganization of the Secondary Education）发表的《中学教育的主要原则》（Cardinal Principle of Secondary Education）明确指出“公民资格教育为中等学校的社会责任”。《中等教育的主要原则》提出，“社会科的目的是要直接促进学生提高‘社会适应能力’，帮助他们‘积极有效地参与到提高社群福利的活动中”，[①] 并就公民教育的内容、方式、课程设置等向全国学校提出了“社会研究课程体制”的建议。这个课程体系被大多数中学采纳，一直沿用至今。[②] 该报告对教育改革产生了深远的影响。从此，美国的公民教育开始由提升公民政治素养为主转变为提升公民能力和培养公民整体素质为主。因此，社会科的设立是美国现代公民教育形成的标志。

1938年，全国教育协会的教育政策委员会提出“四项基本目标”，并作为学校教育的依据，它们是：第一，自我实现（Self Realization）的目标；第二，人际关系（Human Relationship）的目标；第三，经济效益（Economic Efficiency）的目标；第四，公民责任（Civil Responsiblity）的目标。[③] 第一至第三项目标或多或少与公民教育存在某种程度的关联，而第四项目标，则直接依托公民

---

① 王红：《美国公民教育的目标、内容、途径与方法综述》［J］，《外国教育研究》2004年第3期。

② 袁利平：《美国学校公民教育的历史演进与实践改革》［D］，西北师范大学硕士论文，2005。

③ ORIT ICHILOV, *Citizenship and Citizenship Education in A Changing World* [M], The Wobum Press, 1988.

教育。至20世纪50年代，良好公民资格的教育成为全国教育体系的时尚。1951年，美国社会科审议会（National Council for the Social Studies）在《第二十二册年刊》中列举了24项好公民的特征，包括重视平等、自由、基本权利、法律和其他政治价值；[①]与处理经济、家庭、社区、国家事务有关的能力等。

1957年苏联率先成功发射人造卫星引起美国朝野震动，美国强化了在中小学的科技教育、数学教育等自然科学教育和国防教育，公民教育相应被削弱。但是，到20世纪六七十年代，当这一代中小学生走向社会后，道德失范、无视社会责任、任意违反社会规则的行为使公民教育的地位重新得到强化。

20世纪80年代，美国国会通过《联邦中、初等教育法》，指出了公民教育的重要意义和不可或缺的关键地位，要求各州中学推行公民教育，并以资助定期进修的方式提高从事公民教育教师的素质。这些措施有效地加强了公民教育。紧接着，苏联解体、东欧剧变使世界两大阵营的对立消失，世界从两极变成多极，这直接加强了世界各国的经济、文化交流，加快了全球化进程。在全球交流日益增多的背景下，美国的公民教育得到了进一步加强。20世纪90年代，美国联邦政府出台了若干指导公民教育开展的文件。1990年2月，全美州长会议正式通过《关于全美教育目标的报告》，报告中明确要求："全美所有学生都要参与提高和显示良好公民意识、社区服务与责任心的活动"。[②] 1994年，美国总统克林顿签署的《2000年目标：美国教育法》（Goals 2000：Educate America Act of 1994）强调，培养良好的公民是美国教育在2000年要达到的主要目标之一。1997年2月24日，克林顿签署的"十点教育行动计划"指出，品德教育对于学生成长为好公民具有重要意义，学校

① 张鸿燕、杜红琴：《美国公民教育的特点及其发展趋势》[J]，《首都师范大学学报（社会科学版）》2007年第1期。

② 袁利平：《20世纪80年代以来的美国学校公民教育：嬗变与愿景》[J]，《内蒙古师范学院学报（教育科学版）》2006年第1期。

应承担起培养青少年成为好公民的责任，教育学生遵守纪律，远离枪支和毒品。

进入21世纪，“9·11事件”震惊世界，引起了美国政府的强烈反响。为此，美国调整了教育战略，将维护国家安全上升为国家公民教育的首要问题。根据新的国际和国内形势变化，美国教育部重新修订了《2001～2005年战略规划》，并于第二年出台了《2002～2007年战略规划》。该规划提出六大教育发展战略目标，其中，给学生一个安全的环境和坚强的品格居于首位。该规划还要求学校营造有利于学生发展良好品格和公民能力的、安全的、秩序井然的、无毒品的教育环境。[①] 联邦教育部长佩奇在陈述《2002～2007年战略规划》中提到：“自《国家在危险中》发表以来，联邦政府已经认同公民教育对国家经济发展的重要性。现在我们进一步确认，它对国家安全及民主制度本身也具有举足轻重的重要意义”，“我们承诺，不让一个儿童掉队。而同时，我们寄希望通过公民教育引导年轻人愿意并有能力运用他们的技能和知识来保卫我们的国家和我们的公民，为国家经济发展作出贡献，重建良善的社会，并强化我们的民主制度。”[②] 这一文件非常明确地阐述了学校开展公民教育的责任和青少年未来保卫国家、维护民主制度和参与社会建设的义务。

为了普及和强化公民教育，美国还让民间学术团体参与公民教育政策的制定。2003年，美国卡耐基集团和公民学习与参与信息研究中心（CIRCLE）联合发布了对美国K－12年级公民教育的报告：《学校公民教育的使命》。该报告提出公民教育的目标、学校进行公民教育的重要作用及其紧迫性、有效实施公民教育的方式及其他建议。2007年，CIRCLE发布了该报告实施4年来的总结。总结指出，该报告发布到2007年，该中心发放了3000万美元支持学

① 高书国：《21世纪初美国教育发展战略特点评述》［J］，《世界教育信息》2004年第1期，第5～14页。

② U. S. Department of Education Strategic Plan 2002 – 2007, http: //www. ed. gov/plub/straplan. 2002 – 2007.

校公民教育及相关研究。所有州都设置了公民或政治学课程并开展了教学，超过一半以上的高中实施了服务性学习。

（二）英国公民教育政策简况

在1870年之前，英国尚未形成正式的国民教育制度，正规的公民教育和训练也就无从谈起。1870年，随着英国国民教育制度的确立，社会下层人民子弟获得了接受初等教育的机会，政府对公共教育的影响和直接干预也逐步增强。尽管在相当长的时间里，英国中小学课表中，找不到“公民”“公民与道德”“生活与伦理”等科目，但这并不意味着英国没有公民教育。相反，由于英国存在着维护稳定的民主程序的政治模式和一整套隐含的社会态度，[①] 英国的国民义务教育（5～16岁），可以说就是公民教育，它以培养民主社会的健全国民为宗旨。英国教育很早就渗透着公民教育的意图。1904年，《英国的小学规程》（Elementary Code of 1904）明确提出，“小学教育的目标旨在建立并加强学生品德、发展其智能；务期充分利用学校生活以协助男、女学生能因应个别需要，妥切有效地适应社会生活”。

20世纪二三十年代，由于对第一次世界大战时期开展国民教育重要性的认识和掌握，以及出于对极权主义的恐惧和担忧，公民教育曾一度成为热门话题。1934年成立的“公民教育协会”（The Association of Education in Citizenship，AEC）提出的教育目标强调：提升民主社会公民所需具备的道德品质，并训练儿童对日常生活事务能做出清楚的思考。部分学校将公民教育列入课表教学，有关教科书也相继出版。教材内容主要包括公民的权利和义务、政府组织、民主程序和为民服务等。[②] 直至20世纪70年代末，英国的公民教育始终处在自发状态，多由非政府组织和民间团体倡导。

---

① ［美］加布里埃尔·A. 阿尔蒙德、西德尼·维伯：《公民文化——五个国家的政治态度和民主制》［M］，徐湘林等译，华夏出版社，1989，第497页。

② Gyte，G & Hill，*D. Citizenship in Schools.* In Fogelman，K.（ed）*Citizenship in Schools.* London：David Fulton. 1991.

20 世纪 80 年代后，英国面临着严重的社会和道德问题。年轻人政治意识淡漠、反社会行为增多使英国政府逐渐认识到公民教育的重要性。与此同时，在经济、政治全球化的背景下，全世界范围内掀起了公民教育的热潮，培养世界公民被列为教育内容的一部分，受到这股潮流的影响，英国也把公民教育提到重要地位。这一时期，英国对公民教育的关注主要体现在一些由政府发布的政策和报告中。1980 年，英国教育科学部（Department of Education and Science）倡导个人与社会教育，并建议加强社区研习和社区服务。次年，英国教育和科学部联合发布的《学校课程》（School Curriculum）指出，“学校教育是为儿童今后的成人生活做准备的，因此，学校帮助儿童发展潜在能力的方式，必须与他们今后作为我们社会积极成员的需要和责任相符合”。在《学校课程》中，尽管还没有明确提出实施公民教育，但从其教育目的及内容方面看，很明显包含了公民教育的成分。1989 年，教育科学部发布课程要项第十四号（Curriculum Matters 14)，标题为：“个人与社会教育：5 ~ 16 岁”。该文件强调，国家统一课程虽未将人与社会教育列入单独设计的课程之一，但各校仍应重视并加强实施，以提升学生对自己、他人、社会之责任感和道德行为的知识、理解、态度和品质。[①] 1990 年，在公民教育日益受到重视的背景下，全国课程委员会颁布了《课程指导 8：公民教育》，强调公民教育是学校课程的重要组成部分之一，为人人所必须，其目的旨在协助学生了解国民应有的权利、义务和责任，并促进其对正义、民生和守法等文明社会所认同的价值观念的关注。[②]

1997 年，工党上台后，英国政府更加重视公民教育。1997 年 11 月，英国教育和就业部（DEFEE）发表了题为《卓越学校》（*Excellence in School*）的白皮书，作出“加强学校中的公民教育和民主教学”的决定，要求通过学校教育增强学生的民主意识及对

① DES. *Personal and Social Education: from 5 to 16*. London: HMSO. 1989.

② NCC. The National Curriculum and Whole Curriculum Planning-circular , 6. 1990.

权利和义务的认识。为实现该目的，白皮书还提出要成立“公民教育委员会”。紧接着，英国成立了“学校公民教育与民主教学咨询小组”（Advisory Group on Education for Citizenship and Teaching of Democracy in Schools），由贝尔纳·科瑞克（Bernard Crick）领导，接受英国资格与课程局（Qualification and Curriculum）的管理。其目的是在资格与课程局对国家课程进行审定的背景下，对公民教育进行调查并提出建议。1998 年 9 月，“资格与课程局（QCA）”发布的《科瑞克报告》就英国开展公民教育的必要性、目的、内容、方法、重点等进行了阐述，为英国在学校开展公民教育提供了整体性的基本框架和详细建议。2000 年，英国政府将公民教育作为国家课程体系中的一门基础学科正式引入学校，从小学开始，在“个人、社会与健康教育”（PHSE）课程中进行公民教育。2002 年 8 月，公民教育作为英国中学阶段的法定必修课程开始得以实施。2007 年 1 月，英国教育与技能部发表了题为《课程检视：多样性与公民权利和义务》（*Curriculum Review: Diversity and Citizenship*）的白皮书，对当时公民教育的实施情况进行了总结和分析，并就加强中小学公民教育提出了改革建议，白皮书的发表标志着英国公民教育进入新的阶段。白皮书从三个方面加强了公民教育，第一，在教育形式上，强调渗透式教学；第二，在教育内容上，强调多样性的教育；第三，在教育评价上，把公民教育纳入普通中等教育证书（GCSE）的考试内容中。[①] 至此，英国形成了独立的公民教育体系，公民教育在中小学得以全面正式推行，不仅有明确的目标、内容、方法，而且有相应的评价制度。

（三）日本公民教育政策简况

在日本，古代就有“公民”的提法，它指古代中央集权国家

① 吴雪萍、张程：《促进社会和谐的英国公民教育》［J］，《教育发展研究》2007 年第 11 期，第 66～69 页。

中、受天皇直接统治、归属朝廷的庶民。通过大化革新，朝廷将豪族的部分私有土地、属民收归于己，这些土地、民众就被分别称为公地、公民（おおみたから）。但是，现代意义上的公民（こうみん）则是二战后民主化改造才出现的，指作为国家成员、拥有一定权利义务的个人，而真正意义上的现代公民教育也是在第二次世界大战以后出现的。战后初期，日本就启动了教育民主化改革。1945年9月，日本政府颁布实施《建设新日本之教育方针》，提出了二战后重构教育政策的主要方向和基本原则，在坚持一贯的保守主义倾向的同时，迫于美国的压力，提出了实施民主教育的设想。

1947年，新宪法与“教育基本法”等新法律陆续颁布，启动了日本教育的民主化改革。在教育制度上，日本采用美国的“六三三”学制，同时将义务教育延长为九年，即初等教育（小学）六年和前期中等教育（初中）三年。教育课程、科目也全然改变。基本上将原有的与天皇制国家绝对主义有关的科目、内容完全删除，包括“修身科”“体炼科”及“国语”“历史”“地理”等科目中有关“皇民教育”的内容，均除去无遗，代之以“社会科”。“社会科”是一个综合性的学科，内含“公民的分野”“地理的分野”“历史的分野”，以及“政治、经济、社会的分野”等教学内容，是从小学到高中一年级十年一贯的学科。1948年9月15日，文部省颁布《小学社会科学习指导要领补说》，指出：“社会科的主要目标，如果用一句话加以概括，那就是尽可能发展优秀的公民素质。”① 可见，贯穿于小学到高中的社会科沿袭了公民教育构想中“有为的民主社会的人”这一公民教育目标，是日本公民教育的基础核心课程。

进入20世纪50年代初期，日本政治、经济等各个领域都发生了巨大的变化。1951年8月，日本与美国签订“旧金山和约”和《日美安全保障条约》，并于1952年4月正式生效，标志着美军对

① 赵晖：《战后日本现代化进程中的学校公民教育》[J]，《外国教育研究》2002年第11期，第5~9页。

日本全面占领的结束。这个时期，因国际政治格局的变化，冷战局面形成，日本成为美国在亚洲反共的同盟者。借此优势，日本在美国经济和军事的双重支持下，国民经济迅速恢复。1956 年，日本经济开始出现高速增长，并实现了国民生产总值跃居世界第二。在这种政治和经济背景下，日本公民教育政策出现了重大调整。

1952 年，时任首相的吉田茂指出，要通过本国历史与地理的正常教学来培养爱国主义。1953 年 8 月，教育课程审议会提出了《关于改善社会科》的咨询报告，重点是改革“地理、历史、道德”教育。1955 年，文部省在中小学《学习指导要领——社会科篇》的修改版中，特别强调了社会科教育中的道德教育。从 1956 年起，高中也独立制定了“社会科”的“学习指导要领”，除了加深政治、经济、社会问题的学习外，已有重视伦理、道德教育的倾向。

1958 年，文部省全面修订了教育课程。这次教育改革的重点在于正式在全国中小学恢复“道德教育”的授课时间。高中将社会科细分为“伦理、社会”与“政治、经济”两个科目，小学用“道德时间”加强了伦理教育。《学习指导要领》强化了传统的伦理道德教育，相应的削弱了民主教育。同时，《学习指导要领》作为政府文件加以颁行，显示了其规范性和约束力，也表明了日本公民教育开始转向培养服从于国家利益的国家公民。此后，日本的公民教育的方向没有大的变动，除了在 1966 年由于经济增长，国力增强，在道德教育上加强“自律、自主精神”的培养外，内容上未见大的修改。到了 1977 年，为了充实课外活动与加强公民道德教育，文部省修订“学习指导纲要”，重新调整小学到高中的教育课程，将一般科目的上课时数减少一成。同时，要求各校要切实实行“升国旗”“唱国歌”等活动，以加强国家意识与爱国心教育。

鉴于时代的变化，日本文教当局于 1985 年以“为迎接 21 世纪之国际新社会做好准备”和“如何培养能在 21 世纪国际社会里活动的日本人”为题，交付教育课程审议会慎重研讨，历时两年多，决定对学习指导要领进行修订。修订的目的是全面地改善教育课程中的教育科目与内容，特别是有关公民教育与外语教育的科目。1989年，文部省颁布修订后的学习指导要领，对日本学校教育课程进行了全面性的改革，中小学各阶段的新教育课程从1992年起逐年实施。这次课程改革与公民教育相关的部分包括：一是充实道德教育。改善小学“国语科”的内容，充实高中的特别活动，加强学校与家庭、社会的连带关系，以广泛地推行道德教育；二是设置生活科。为了加强培养基础性的生活态度，在小学第一、二年级设置“生活科”，作为全课程的核心科目；三是废止高中社会科。设置“地历”与“公民”二科，并以“世界史”为必修科目，“公民科”又分为现代社会、伦理和政治、经济三个科目；四是加强“国旗”与“国歌”的教育，在中小学校讲授国旗与国歌的意义，以培养尊重国旗与国歌的态度。与此同时，配合“社会科”的教育，在全教育阶段的开学或毕业典礼上，升挂国旗、唱国歌，以期收到敬爱国旗与国歌的教育效果；五是改善中学的学习指导方法。为了培养学生们的个别能力，实现因材施教，在课程设置上扩大选修科目，在方法上配合学生们多样的兴趣要求，开展研讨并采用弹性的教学方法。

从美国、英国、日本公民教育政策发展的过程看来，公民教育政策的产生与发展与一国的历史文化传统，经济社会发展水平，在国际上的地位息息相关。其总体趋势是，一国文化传统中民主、开放的元素越多，经济社会发展水平越高，越想保持和提升本国在国际上的地位，公民教育政策就越加受到重视，并得以不断改进。

二　美国、英国、日本中小学公民教育政策的目标与内容

（一）美国公民教育政策的目标与内容

1. 美国公民教育政策的目标

美国公民教育定位于培养公民认同立宪制度，树立民主平等的

政治理想，以及参与民主社会治理的能力。相应地，美国公民教育的总体目标是让学生了解美国政治体系建构的原理，掌握民主的基本理论和相关知识，培养参与政治生活的意识，提升公民参与政治生活的技能；同时，接纳符合民主制度原则的道德标准，养成独立自重的态度，形成公民的行为习惯。公民教育的具体目标就是使中小学生在成长为成年公民以后，能在公民活动中感觉其自身的重要意义。[①] 美国公民教育主要通过“公民与政府科”和“社会科”推行，课程政策是美国公民教育政策的集中体现。1994 年出版的“全国教育标准”指出，“公民与政府科”的教育目的是：培养知识丰富、能负责任地参与政治生活的有为公民，使之乐意献身于美国宪政式民主的基本价值和原则。“社会科”的教育目的是：增进学生的公民能力，帮助年轻人在相互依赖、文化多元和民主的社会中，发展做周全而合理决定的能力，以增进公共福祉。“公民与政府科”还要求，通过有效的社会科教学，帮助学生了解社会和获取公民能力，具体包括：其一，了解人类社会环境的综合性知识，如它们的渊源、变化和未来的趋势。其二，培养有能力、有意愿去承担公民职责的公民，使之具备扎根社会生活的知识、技能和相关的价值态度。国家仰仗具有公民素质的公民来维系民主的传统，特别是在当前，社会的异质化和世界的变迁，使公民的角色更加重要，职责更加丰富。

2. 美国公民教育政策的内容

根据美国 1991 年颁布的《公民教育大纲》和 1994 年制定的《公民学与政府》国家标准，各州有权按照课程标准编写各自的教材，每个校区有权制订公民教育方面的独特制度和规则。该标准要求，对从幼儿园到 12 年级的学生应进行公民教育，公民教育既可以作为其他课程的组成部分，也可以独立开展。公民教育的内容包括公民知识、公民技能和公民性格三个方面。随着年级的增高，学

① 〔美〕富兰克·布朗：《美国的公民教育》［M］，台北：东大图书公司，1988。

生接受公民教育的课时也应相应增加。

以广义的公民教育概念做标准，美国“社会科”的范围及内涵即为公民教育的主要内容。社会科是旨在提高学生公民素质的专门课程，它综合了各个学科的相关知识，具体包括：人类学、考古学、经济学、地理、历史、法学、哲学、政治学、心理学、神学、社会学等人文学科、社会科学和自然学科。课程编写过程中，专家、学者从这一系列学科中精选了现代公民所需的基本知识，形成系统供学生学习。[1] 美国的公民教育蕴涵于社会科的知识学习和学校的相关活动中，体现为显课程和潜课程两种形式。社会科教学活动的开展，是为了让学生获得成为现代公民必要的知识、技能与态度，以形成了解、尊重和拥护人类共同福祉所必需的思维方式和行事方法。

以狭义的公民教育概念做标准，美国公民课程主要包括公民（Civils）、美国政府（American Government/Civil Government）、行动公民（Citizens in Action）、美国宪法与政府（United States Constitution and Government），以及公民与政府（Citizenship and Government）等课程。具体的课程名称各不相同，但讨论的主体基本相似，基本包括：政府简介、宪法及其修订、联邦政府、国会及立法体系、州及地方政府、法院及司法体系、美国与世界、选举与投票、政党及利益团体、民意及公共决策、公民的权利与义务、美国经济制度、消费者的权益、公民资格行动与社区关系、都市政治及问题等。其中，“公民和政府”是科际整合的学科，其内容是由政治科学、政治哲学、历史、经济学，以及法学等学科门类中抽取出来的。“公民和政府”课程的内容由各项公民在政治生活中必须具备的认知能力贯穿起来，包括对政府职能的认知、美国民主政治的基本价值与原则、对宪法的认识、美国与他国的关系、公民在政

① NCSS（National Council for the Social Studies）, *Curriculum Standard for Social Studies.* Expectations for Excellence. 4 printed, 2001, 5–6.

治生活中的角色等。“公民学与政府”国家标准将公民技能分为：第一，识别与描述，即学生能对关于公民、权利与义务或政府等的理论和实践的知识进行识别并掌握其内涵意义，能够对政治机构的功能与运行过程进行描述。第二，解释与分析，即学生能够解释政府机构和社会组织的运作情况；能够分析现有政府运作，并了解其不足；能够收集资料，运用民主价值观分析事实与观点，明晰责任并愿意承担公民责任。第三，评估、立场与辩护，即学生有能力对公共事务做出客观评价，明确自身持有的立场，能清晰表达自己的规定，并有能力与观点相似的人合作，运用知识为其立场辩护，能够评判自身和别人观点的不足，并合理地推导出自己的观点。[①]

概括起来，美国公民教育的主要内容有：政府及其职能、政治体制的基础、民主在政府中的体现、美国与世界的关系、公民在政治体制中的地位五个方面。[②] 为实现民主主义的社会理想，培养有能力并负责任的社会、政治参与者，美国公民教育将研究和学习民主政治制度作为其最基本且重要的内容。

（二）英国公民教育政策的目标与内容

英国公民教育注重帮助学生享有快乐的童年生活，并为将来的成人生活做准备，以期能培养民主社会健全良民为目标。为了达成上述目标，英国公民教育强调学生从了解自己做起，继而尊重他人，认识社会和关怀自然，并与他人建立良好的互动关系。了解自己，即体认自己作为“人”应具有的基本权利和义务，并对自己的身心状况有客观、清楚的了解；尊重他人，即懂得推己及人，能以同理心去了解他人、关怀他人、包容他人；认识社会，即对社会制度、社会规范、社会责任、社会福利、社会生活、社会问题有关

① 高峰：《美国公民教育的基本内涵》[J]，《比较教育研究》2005年第5期。

② 于海静：《美国公民教育的历史沿革、现状与发展趋势》[J]，《外国教育研究》2004年第3期。

知识的获得，并且由近及远，从家庭、学校、社区到国家及世界；关怀自然，即欣赏自然、爱护自然，积极参与环境保护工作；与他人建立良好的互动关系，即基于了解、认识而建立公正、公平、友爱、守法、合作、自主等民主态度，积极参与或从事交互活动。

1. 英国公民教育政策的目标

1990 年，英国全国课程委员会颁布的《课程指导 8：公民教育》提出两大目标：一是培养积极参与社会事务的国民态度，并激发学生的参与动机；二是协助学生获得重要的资讯，促进其技能、价值观和态度的发展，以奠定良好国民的基础。具体目标涵盖了知识、技能、态度、道德规范和价值观念等领域。在知识目标方面，学生应掌握有关社区的本质、民主社会的作用与关系、权利与义务的本质与作用等基本知识；在技能目标方面，学生应学会交流、计算、研究、处理个人与社会的关系，懂得解决问题及掌握基本技术等；在态度目标方面，学生应具有民主社会良民所必须具备的基本态度，如尊重、包容他人的生活方式、尊重他人合法权益、对社会事务热心参与，并提供建设性贡献等；在道德规范和价值观念目标方面，应培养学生关心别人、勤劳努力、自重、自律以及诚实、敦厚等价值观或道德品质。①

英国的公民教育不独立设科授课，而是采取跨学科课程教学的方式，例如："个人与社会教育"也蕴涵了公民教育的目标。教育科学部于 1989 年发行"课程要项"第十四号文件，推广"个人与社会教育"有关课程及教学事宜，强调这一课程旨在增进学生对自己、对他人、对社会的责任，协助学生周全而热切地把握现实生活，并准备更积极有效地参与家庭生活、社会生活、经济生活和公民生活。关注个人幸福和社会福利的个人与社会教育（Personal

① Advisory Group on Citizenship. *Education for Citizenship and The Teaching of Democracy in School* (*the Crick Report*) [M], London: Qualification and Curriculum Authority, 1988. Forword Terms of Reference. Appendix, 4.1 – 4.13.

and Social Education)，至今仍是英国公民教育所重视的层面。

2. 英国公民教育政策的内容

英国公民教育政策的内容主要围绕权利与义务的要求展开，既有范畴较广的国家与社会方面的内容，也有关于学生当前及未来做一个国民所需面对的每天生活细项。1990 年，全国课程委员会颁布《课程指导 8：公民教育》，对公民教育的内容提示了八大重点①：第一，社会本质方面：探讨团体及社会的结构，角色的责任、义务及权利等不同的变化情形等，帮助了解人与人之间、团体与团体之间、社会与社会之间关系对生活品质的影响。第二，多元化社会方面：探讨个人、团体和社会彼此相互依存的关系，并从多种观点或立场去研究历史和文化，促进学生体认“法律面前，人人平等”，且不同文化生活形态均受法律保障。第三，公民权利、义务方面：探讨个人与社会的责任、义务和权利，个人自由与社会规范间的平衡等，加强学生了解自己的权利、义务和责任，并促进学生对法律、对他人、对团体及对社会的尊重。第四，家庭方面：探讨家庭的重要性、当前家庭生活常见问题、个人与家庭的关系及对家庭的责任等，鼓励学生深入了解家庭生活的本质，帮助他们分析自己在家庭中角色扮演的情况。第五，民主生活方面：探讨英国的政治制度、公民投票普选制度的发展等，以增进学生积极参与民主政治的能力，提高参与的意愿。第六，国民与法律关系方面：探讨法律制度的基本概念，刑法、民法的异同及诉讼程序，以提高学生对法律的了解和尊重，陶冶公正、公平观念，加强从事公益活动的使命感，形成良好的社会生活品质。第七，工作、就业和休闲方面：探讨创造财富和休闲生活对个人和社会的重要性，了解工作的类别、劳资双方的法定权利和义务，就业机会均等的重要性，以及休闲生活和健身设施等，增进学生了解社会、政治和经济因素如何

① 高峰：《英国学校公民教育新解》[J]，《首都师范大学学报（社会科学版）》2007 年第 3 期。

影响个人的工作、就业和休闲生活。第八，公共服务方面：探讨公共服务的范围、品质与地方财富的关系，人口数量与结构变化对公共服务的影响等，了解民众获取所需公共服务的管道，帮助学生熟悉自己居住的社区有哪些公共服务，并提升增进个人幸福和社区有效运作的能力。

“个人与社会教育”也有丰富的公民教育内容。1991 年，英国教育科学部发表的督学考察报告指出：“个人与社会教育”课程应着重个人、团体和社会间关系的探究，包括居民的品质与相互关系、公民的权利和义务、现代家庭的结构和关系、犯罪的治理、法律和秩序、公共权威、民主政治、环境保护、工业化、工作和休闲的关系等。这些专题既可在本科目实施，也可分散在其他相关科目或活动中实施。所选取的教学策略除了应增进学生对自己与社会环境关系的知识和理解外，还应发展其思辨、求证、判断的能力，以使本课程具有启智功能。[①]

（三）日本公民教育政策的目标与内容

1. 日本公民教育政策的目标

日本实施公民教育是从二战后开始的。二战后，美国在日本推行民主教育，社会科担负的就是培养现代公民，加快民主和平国家建设的任务。1948 年 9 月，日本文部省颁布的《小学校社会科学习指导要领补说》[②] 指出：社会科的主要教育目标就是最大限度地培养公民素质。此后，《中等学校、青年学校公民教师用书》提出了更为具体的目标，即“培养依照民主主义社会的理想行动的人”。[③] 显然，日本在实施公民教育之初，就将知识掌握、实践能

---

① DES. *Social Science within PSE Courses*: *A Report by HMI*. London: HMSO. 1991.

② 赵晖：《战后日本现代化进程中的学校公民教育》［J］，《外国教育研究》2002 年第 11 期，第 6～10 页。

③ ［日］日比裕：《战后社会科教育史》［J］，《名古屋大学教育学部纪要（教育学科）》1994 年第 42 期。

力、性格形成三方面的培养结合起来。1966 年，中央教育审议会发表《理想的人》的报告，重申日本的当务之急是确立民主主义，理想的日本人就是自由的、有个性的、尊重自己的、具有坚强意志的、怀有敬畏心的人。到了经济高速增长的时期，日本公民教育政策的培养目标转为更重视公民对国家的责任和贡献。1989 年，文部省颁布的《小学学习指导书（社会编）》对公民素质进行了更详细的界定："所谓公民素质，是指在社会生活中，个人能正确地行使法律所赋予的权利，并互相尊重；作为具体的社区成员或者作为国家的一员能理解自身所应该承担的各种义务和社会责任，并且能够正确地进行判断和行动的能力、意识"。[①] 进入 20 世纪末，日本公民教育目标将视野从国家拓展到国际，并强调了主体性的培养。1998 年 7 月的教育课程审议会报告指出："随着国际化的进展，培育国际社会中具有作为日本人的自觉主体地生存所必要的素质和能力是极其重要的。"

20 世纪 90 年代以来，日本公民教育的总目标是：通过丰富的生活经验来培育能独立思考与判断，自律自主地行动，且能对国际社会有所贡献而受到各国人民信赖的日本人。其分阶段的目标包括：第一，小学生活科（1～2 年级）目标：要使儿童、学生通过具体的活动与经验，关心自己和社会的关系以及自己和自然的关系，并使儿童、学生能对自己本身或自己的生活加以思考，使之在其生活经验的过程当中，养成生活上必需的习惯和技能，以确立自立的基础。第二，小学社会科（3～6 年级）目标：要使学生理解社会生活的各种形态，以期培养对自己的国土与历史的关心和热爱；培养国际社会、民主和平国家的社会成员所必需的基础性公民资质。第三，初中社会科的教学目标：要以广阔的胸怀加深对国土与历史的理解，培育公民的基础性教养，培养作为一个民主和平国

① 郭雯霞：《中日两国小学社会课的比较研究：一个社会认识教育论的视角》［M］，民族出版社，2005，第 7 页。

家的社会成员必需的公民资质。第四，高中公民科的教学目标：要以广阔的视野，加深对现代社会情况的理解，培育作为一个人处世接物的态度，以及培养民主、和平国家的有为社会成员所必备的资质。日本从小学到高中公民教育的目标，贯穿着全面教养的思想，以及“自主、自律与参与”的精神，具有连贯性和综合性。

2. 日本公民教育政策的教育内容

日本公民教育政策所规定的教育内容是多个层面的，囊括了现代公民必备的各种元素，不仅满足帮助公民实现道德社会化、政治社会化等要求，而且还与经济、社会发展同步。目前，日本中小学公民教育涵括了以下内容：首先，道德教育。要求学生理解社会良序运行必须遵守的规则，从情感上认可社会的规范、文化，培养道德意识，按照家庭、职业、社会等的惯常准则规范自己的行为，并养成习惯。其次，政治教育。要求学生理解现代民主、宪政、议会制度，了解代议式民主的运行方式，掌握关于国家性质、选举制度、社团运行等方面的知识，养成爱好世界和平的价值观和参与政治事务的能力。第三，经济教育。要求学生掌握经济运作原理，经济活动过程、市场交易原理，理解基本经济制度和市场运行的风险，懂得基本的理财知识及相应技巧，如储蓄、投资、消费等。第四，法规教育。要求学生知道宪法和基本的法律制度，具备基本的人权知识，了解公民权利与义务、仲裁制度、契约关系等法律关系和规定，形成守法、尊重人权和依法办事的态度和能力。①

小学生活科的教学内容以学校、家庭及邻近人们的具体活动与经验为主，促使学生在实际活动和经验当中，一边思考一边适应，养成正确的生活习惯，打好自立的基础。小学社会科前期学习社区居民的生产生活和文化、经济情况，后期学习国家工业、农业、水产业的状况，调查国家国土资源、人口分布、自然灾害、历史文化

---

① 李萍：《日本学校中的公民教育浅议》［EB/OL］，http：//www. gwdwx. com. 2007－11－19/20110223。

等，并了解本国与世界各国的密切关系。初中社会科学习现代的社会生活、国民生活水平提高与经济的关系、民主政治、国际社会与世界和平等。高中公民科学习现代社会中人与文化、环境与生活的关系，现代社会的伦理，现代政治与民主社会、现代经济与国民生活等。日本从小学到高中的公民教育，在政治、经济、社会关系的教学内容之中，穿插伦理、道德的内容。

美国公民教育从目标到内容都体现出宪政式民主的烙印，其公民教育内容围绕培养公民对立宪制度的认同展开，帮助公民通过政治参与实现民主平等的政治理想。英国公民教育的目标和内容重视对人类福祉的回归，公民教育的首要任务在于帮助个体适应社会，关怀自然，享受现代社会生活的各种便利和设施。日本公民教育的目标和内容一开始就是从美国移植过来的，随着日本经济发展和地位提升，其目标和内容逐步转向以公民责任和道德教育为主体。美国、英国、日本三国公民教育的目标与内容虽然各具本土特色，但是也不乏共同点。它们的目标都体现出对多元化现代社会的关注和培养国际公民的理想，其内容都涵盖了与公民日常生活相关的各科知识学习，并且实现了知识教育、态度与能力形成、道德养成等多方面的综合。

三　美国、英国、日本中小学公民教育政策的实施

（一）美国政策的实施

1. 以课堂教学为公民教育主渠道

美国公民教育课堂教学偏重政治、历史等学术科目及社会问题教学。美国有多个与公民教育相关的学科，如公民、美国政府、行动公民、美国宪法与政府、公民与政府、美国史、世界史、经济学、心理学、社会学及其他相关科目。美国公民教育主要通过这些科目的教学开展。同时，在美国律师协会（American Bar Association）的大力倡

导下，全国中小学越来越多的课堂教学涉及法律知识和能力的学习。法律教育注重培养学生分析和评鉴能力，游戏、假想、角色扮演、模拟判决及个案研究等教学策略常被应用于教学情境中。民主的问题及其类似科目也是实施公民教育的重要方面。这类课程提供给学生学习价值澄清、批判性思考等自主决策的经验，鼓励学生对当前事件的讨论，如酸雨、原子能、犯罪、贫穷、通货膨胀等，引导学生培养公民的伦理价值观。相关教学提供给学生道德两难问题，协助学生解决冲突以提高道德判断水平。这类教学活动有两种形式：一是将两难问题引入到班级教学中，并鼓励不同的道德判断；二是在校内建立民主参与模式，让学生亲身体验民主的校园生活。

2. 以“服务学习”推行社区公民教育

美国注重通过公民参加社区活动培养“负责任公民”，《美国2000年教育目标》提出，“把社区变成大课堂”，每个学生都要参加做好公民和社会服务活动。[①] 通过实施课程学习与社区服务相结合的教学，美国首创了服务学习法。20世纪90年代以来，服务学习越来越受到社会肯定并促成相关政策出台。1990年，《全国与社区服务法》颁布，鼓励学生为社会提供义务服务，在解决社区问题中了解社会现状、提高参与能力。[②] 1993年，克林顿总统签署了《国家和社会服务信托法》，要求联邦基金资助各州学校组织学生参与“服务学习”，并鼓励学校与社会组织开展各种方式的合作，为学生参与“服务学习”提供条件。政策制定者、校长、教师和社区人士都应积极支持和帮助学生进入社会，形成学校和社会互通的桥梁。2000年，小布什签署《不让一个孩子掉队》的法案，再次重申服务学习的必要性，明确政府鼓励和支持各州学校实施服务

① 袁利平、宋婷婷：《美国学校公民教育：内容、途径与模式》[J]，《集美大学学报（教育科学版）》2008年第2期。

② 曹蓉玫：《美国的“公民教育”及其启示》[J]，《南昌大学学报（人文社会科学版）》2004年第4期。

学习的立场。[①] 美国借助“服务学习”的方式，使学生的公民意识、公民技能和社会责任感得到了明显提升。

3. 建立公民教育教师奖励制度

为促进全国重视中小学公民教育，尊重整个教师行业，特别是公民科教师，全国教育协会、公民教育中心、印第安纳大学国会教育中心于2006年共同发起了年度性项目——公民教育教师奖。该项目主要针对美国中小学公民课及相关学科教师，每年将奖项颁给那些在州和地方中小学公民教育中表现突出的教师。这些教师或在激发学生了解美国宪法、国会、国家和地方政策方面表现出了特殊技能，或在教育年轻人成为知情和参与公民方面做了出色的工作。该项目每年评出3位模范教师，获奖教师将在全国公民教育会议上受到表彰。获奖教师还必须同意政府将他们的课堂教学制作成录像带加以发行，以供别的教师学习。[②] 颁奖活动每年10～11月举行，每年度的获奖者都将获得资助参加颁奖活动，其中包括参加国会委员会听证会，会见国会议员和其他主要官员，并访问美国国家档案馆和美国最高法院。

4. 组织全国性公民教育效果评估

美国实施分权式的教育管理，虽然没有全国统考，但却有全国性的学生学业水平评估，并有多家权威评估机构。作为由美国国会授权，隶属于教育部属下的全国教育统计资料中心的美国全国教育进步评估组织（National Assessment of Educational Progress，简称NAEP）是美国测试学生学业的权威机构之一。该机构具有评估学生对各门课程知识掌握的资质，并定期对学生能力发展情况进行全面测试。1969～1970年间，NAEP举行了第一次全国性评估，评估

① 马文琴：《NAEP美国公民教育进步评估》［J］，《外国教育研究》2008年第6期。

② Branson，Maragaret Stimmann. The Role of Civil Education（1995）. A Report of The Task Force on Civil Education. Center of Civil Education，http：//www. Civiled. org/papers/articles. role. html.

的科目有公民、科学和写作等学科。其后，NAEP 分别于 1976 年和 1982 年开展了社会科课程评估，其中包括了对公民学课程的评估，并于 1988 年对“公民和政府”课程进行了单独评估。[①] 经过多年的积累，该机构成为持续性最长和最具权威的教育质量评估机构。1998 年，围绕美国公民教育中心（Center for Civil Education）1994 年公布的《〈公民和政府〉的国家标准》的教育目标，NAEP 开发了以公民知识、公民技能、公民品性为基本维度的评价指标体系，[②] 并根据新的评估框架，于 1998 年和 2006 年组织了公民教育进步评估。这些评估为美国政府改进和完善公民教育提供了有效的支持。

（二）英国公民教育政策的实施

1. 对公民教育课程与教材实施的整体规划与管理

为促使各校整体规划全校课程安排，英国教育科学部国家课程委员会于 1989 年提出全校统合政策，即强调校内人力的整体合作与发挥，人人负有公民教育的责任；各科教学要注入公民教育的内涵，正式课程与潜在课程共同实施；校内与校外力量同心协力，共同推进公民教育。英国公民教育教材主要根据儿童的身心发展状况、需要、兴趣等要素斟酌选取。英国公民教育重视“利己”观念的培养，他们认为儿童倾向于先关心自己，由近及远，而后才关怀他人及其他有关的环境或世界。1989 年，教育科学部在第十四号课程要项中指出：个人与社会教育宜避免操之过急，儿童倾向于由自我中心到关怀、接纳他人；由缺乏责任感到体认法律规章的必要性；从冲动而从众，再发展出良知，如此循序渐进，逐步达成。

---

① John J. Patrick. *The National Assessment of Education Progress in Civils* [EB/OL], http://www. Ericdigests. Org/2000 - 4/Givils. htm, 2008 - 1 - 14.

② 马文琴：《NAEP 美国公民教育进步评估》[J]，《外国教育研究》2008 年第 6 期。

对于教学方法，强调从活动中体验，从经验中学习。[①]

2. 根据学生特点选取公民教育教学方法

英国公民教育在教学方面具有明显特色。《1944年教育法案》就主张教育必须能配合学生的年龄、能力和性别，教材教法应能协助儿童认识自己的潜能，并充分发挥潜能。这一教育传统在英国得到了继承和发展，不仅专题探讨的教学方法被广泛使用，约占上课时间的五分之一；而且青少年喜闻乐见的校外参观活动频繁，教师常带学生到博物馆、艺术馆、工厂或农场等做实地访问，接受现实状态下的公民教育。学生在活动或参观计划的制订、实施中学习生活知识、技能和态度。教学活动的时间分配上，全班听讲平均占去上课时间的1/3，其余均为小组活动和学生个体独立研讨的时间。分组教学以老师向全体说明开始，随后分组工作或研讨，最后又回到全体分享和老师讲解。分组教学活动对于培养学生团队合作精神，学会与人和谐相处及分工合作等有积极的意义。

3. 建立全校性导护制度

英国重视导护制度，每班设导师，加强辅导。英国的教育制度当中，学校教育不仅重视知识、技能的传授，而且兼顾社会生活能力的发展。英国学校每班均设置导师（tutor）一人，实施全校性导护制度（pastoral care）。导师的工作包括三方面：一是负责处理学生个别事务，如鼓励学生努力向上、发挥潜能等，促使每位学生感到在学校有人关怀、了解，生活有意义、有价值，并且有成功的希望；二是处理班级行政事务，如随时登录学生资料并保持完整、遇到有迟到早退或缺课情形，联络家长等；三是处理团体事务，如培养班级团结精神，促进同学良好关系等。导护人员扮演着教师、导师和辅导人员的角色，不仅在课业上、个人生活上协助学生，而且在个人社会行为发展上，也积极参与并予以指导。

① DES. *National Curriculum: From Policy to Practice*. 1989.

（三）日本公民教育政策的实施

1. 既重视知识学习，也重视能力培养

与其他国家一样，日本的公民教育通过学科教学实施。对于公民教育的各科教学，日本也有具体的要求。对于小学生活科和社会科教学，要求教师应用案例教学、活动教学，利用博物馆、乡土资料馆、遗迹等。对于初中社会科教学，要利用各种资料，重视体验、调查，并让学生做总结和报告。对于高中公民科教学，要对教学信息采取客观、公正的处理方法，要有效利用社会教育机构，借以提高学习效果。与此同时，学校还通过“开学、毕业典礼”“修学旅行”“游艺会”“运动会”等开展公民教育。日本公民教育非常重视到国外“修学旅行”，它一方面可训练学生集体生活的习惯，另一方面能使学生体验到各种生活方式，接触大自然或文化遗产，直接培养社会性与国际性。此外，学校还让学生参加社会上的各种活动，如美化环境（清扫公共场所等）运动、生产活动、救济活动等，提高学生自主活动的能力。

2. 根据学生的兴趣和需要开展学习指导

日本公民教育深受美国的进步主义教育思想的影响。在教育课程的编制上，以儿童的生活问题为中心组织教学内容，以儿童的活动为中心开展教学，充分尊重儿童的自主性和自觉性，重视儿童的直接经验，从“做”中学。以初中理科为例。“个人生活”“家庭和社会生活”以及“经济生活和职业生活”成为理科主要的教育目标和教学内容。以实际的生活环境为体系建构理科教学内容、以生活单元为结构进行综合性学习是这个时期理科教育课程编制的一大特点。文部省反对把科学教育仅仅看作一门学科教育，主张它应是涉及社会科、课外活动等内容在内的跨学科性的课程。社会科也是如此，认为社会科“不拘泥于所谓的科学的系统性，而要以青少年的现实生活问题为中心，拓宽和加深青少年的社会经验”。它实际上是以学生的兴趣和欲求为中心、以学生的生活经验和活动内

容为依据而展开的综合学习，极大地解放了学生，使学生们的学习变得更主动、更生动活泼。

3. 依托社会机构开展形式多样的公民教育

日本通过各种社会机构和组织开展公民教育，使公民教育渗透到社会各个阶层。首先，以公民馆作为社会公民教育的场所。1949年，日本颁布《社会教育法》，规定公民馆要为青少年开展文化补习，为市民举办展览、讲座、论坛，为居民购置图书和音响资料，组织公民学习等。这些社会公民活动使中小学生在社区也能接受公民教育。其次，以公立图书馆开展自主公民教育。日本设立公立图书馆的宗旨是“供一般公众利用，以促进其教养、调查研究和文娱活动”。研究表明，公立图书馆为中小学生提供了自我意识发育和共同价值观形成的平台，为他们成年后更好地理解他人和采取理性的行为打下了基础。最后，以宗教组织传播公民教育基本观念。日本既有本土产生的神道，也有从大陆传入的佛教、道教，从西方传入的基督教等。宗教组织对公民开展传播信仰的活动，其中佛教影响最大，佛教倡导的共生观关注人与自然及社会各群体的和谐相处，关注弱势群体，有利于帮助学生理解和包容不同族群的文化差异，学会与他人合作共事。

4. 注重提升教师的公民素质

二战后不久，日本文部省发布了《中等学校、青年学校公民教师用书》，将公民教育的目标确定为“培养作为共同生活中良好成员必需的性格以及必要的知识技能”，并要求公民教育教师要身体力行各种符合公民身份的性格、技能和品质。① 因为学生是在教师的熏陶下成长的，教师必须先成为好公民，具备现代公民的观念，形成公民的思维、秉性和行为习惯，才能对学生言传身教，使学生在耳濡目染当中逐步培养公民的观念、品质和技能。

① 李萍：《形式多样的日本公民教育》[J]，《政工研究动态》2008年第8期，第38~39页。

美国、英国、日本三国公民教育实施各具特色，打上了各自的文化和历史传统的烙印，但深入来看，也有其共同的着力点，例如，加强课堂和教学管理，结合学生的兴趣、特点开展公民教育，注重通过实践活动提升公民技能，并通过各种方式激励和培养教师，赋予教师全方位培养公民的责任等。

四 美国、英国、日本中小学公民教育政策的新动向

（一）美国公民教育政策的新动向

美国从1994年起在50个州推行国家教育标准，全球教育活动在国家、州和地方各个层面上迅速增长起来。[①] 2002年，美国教育理事会与全国30多所著名大学联名发表了具有重要历史转折意义的文件——《超越9·11：一项国际教育的综合国家政策》，首次从全国层面提出，国际教育应该向全球教育转轨。[②] 它标志着美国公民教育在角色定位、教育目标、教育对象、实施机构等多方面融合了全球教育的特征。

（二）英国公民教育政策的新动向

英国于2000年9月确立了新的中小学国家课程标准。课程标准规定：自2002年9月起，公民课成为英国法定国家课程中的基础科目之一，是所有中学生（11～16岁）的必修课。[③] 新课程将

① The American Forum for *Global Education. Global Literacy*: *Challenges*, *Culture and Connections* [C], New York: The American Forum for Global Education. 1998. 56－59.

② The American Forum for *Global Education. Global Literacy*: *Challenges*, *Culture and Connections* [C], New York: The American Forum for Global Education. 1998. 56－59.

③ 吕耀中：《英国学校多元文化教育研究》[D]，华东师范大学博士论文，2008。

“全球视野”融入所有科目和各阶段活动当中，强调欧洲和更广阔视野的公民资格。① 2004 年，英国教育部发布了题为《置世界于世界一流教育之中》的国际教育发展战略报告，提出三大战略目标：(1) 为生活在全球社会中并为全球发展工作，而培养我们的儿童、青年和成人；(2) 加强与国际伙伴的合作，使各国的目标都实现；(3) 最大限度地为国际贸易和发展经济服务。②

(三) 日本公民教育政策的新动向

1996 年，日本中央教育委员会（中央教育审议会）发表了题为《关于展望 21 世纪的我国教育》的咨询报告，提出“在今天这样一个变化飞快的时代里，培养具有国际视野和生存能力的人非常重要”。③ 1998 年 12 月，日本文部省颁布新的《教学大纲》(《学习指导要领》)，并于 2002 年 4 月在小学和初中正式实施。大纲指出，“要以宽广的视野考察文化的多样性和现代世界的特征，培养历史的思考能力”，“不要只给学生知识，要让学生面对全球的课题进行考察”。④

虽然公民教育的文化背景、推进方法各具特色，但在全球化进程日益推进的今天，美国、英国、日本三国均不约而同地将全球教育纳入公民教育政策以及各自的国家教育标准、课程标准、教学大纲。这标志着发达国家推行全球公民教育已经进入实质性操作阶段，也成为世界各国公民教育的新动向。

---

① Department for Education and Employment (DfEE) and Qualifications and Curriculum. Authority (QCA). *The National Curriculum for England: Citizenship* [Z], London: Crown. 1999. 25.

② 夏人青：《英国战后国际教育政策的演变》[J]，《全球教育展望》2005 年第 5 期，第 77～78 页。

③ 展瑞祥：《共生理念下的日本中小学国际理解教育》[J]，《科教文汇》2009 年第 2 期，第 97 页。

④ 洪文梅：《当代日本国际理解教育的考察与思考》[D]，西北师范大学硕士论文，2005。

五　美国、英国、日本中小学公民教育政策存在的问题

（一）美国公民教育政策存在的问题

首先，在自由、民主和责任的理念支撑下，美国制定了全世界最先进的公民教育政策，并取得了令人瞩目的成就，但是，美国高度自由、民主的文化背景反过来也给公民教育政策的实施带来了障碍。美国文化过于强调个人的独立自主性，这使个人对公民教育的理解和接受具有很大的弹性，并导致公民教育政策难以实施。学生不服管教离家出走、参与群体斗殴、接触毒品和枪支等在美国学校是常见的现象；美国主张包容、尊重不同文化现象的多元主义反而成了教师放任学生行为的理由。其次，在教育教学的实施上有“剑走偏锋”的倾向。旨在培养学生分析和解决问题能力的“价值澄清”“合作探究”等教学方法在实施过程中流于表面化、形式化，教师仅强调程序和技巧，忽视了学生对知识的融会贯通；实施公民教育的社会科常被错误地界定为“简化的社会科学”，教学通常以阅读的方式进行，教师以“工具理性”的思维向学生解说分析和解决问题的法则，形成了注重结果而忽视过程，注重方法手段而忽视伦理道德的倾向。由于公民教育在教学过程中偏重实用性，未能培养学生的人文关怀和人文理想。最后，师资队伍的素质未能满足公民教育的要求。公民教育对教师素质提出了很高的要求，因为公民教育是一门综合性很强的学科，不仅要传授的知识具有多科性的特点，还要求学生通过学习在能力上有较大的提升。虽然与现代公民素质相对应的学科门类越来越多，但是在生活中处理问题时必须综合运用这些不同类别的知识。这就要求从事公民教育的教师不仅必须学识渊博、见识广泛，并且要不断丰富和更新自己的知识，引导学生融会贯通地运用知识进行理性分析和批判思考的能力。但是，在美国，相当一部分教师由于不具备多学科综合的驾驭

能力，采取了完全依赖教材的教学方式，导致社会科教学枯燥、与生活脱节，没有收到应有的效果。1988 年的《全美进步教育评估报告》指出，超过 86% 的 8 年级和 12 年级学生表示，阅读教科书为最常见的教学方式；45% 的学生表示，他们整天被要求记忆教材的内容；一半以上的 12 年级学生表示，他们从未参与模拟选举或虚拟判决等能动性活动。① 这些弊端导致长期以来美国学校教育培养的学生公民素养不高。1992 年底，美国宾夕法尼亚大学开展了一项公民素质调查，接受调查的 3119 名学生来自世界知名的达特茅斯大学、哥伦比亚大学、哈佛大学、耶鲁大学、康奈尔大学及布朗大学。调查表明：不知道美国众议院院长的学生占 44%，不知道英国首相的学生占 59%，不知道《独立宣言》及其作者的学生占 11%，不知道林肯及其“民有、民治与民享政府”名言的学生占 75%。②

（二）英国公民教育政策存在的问题

英国于 2000 年将公民教育作为国家法定科目正式引入中小学，但其实施却不是一帆风顺的。首先，公民教育政策持有的政治观相对狭隘，使青少年失去了学习的兴趣。建基于《科瑞克报告》建议之上的英国公民教育课程，存在忽视政治环境变化的缺陷。它将国家利益放在首位，只认可国家体制下的传统政治参与，而将公众的抗议行为和压力集团的活动视为非正式的。一项调查显示，青少年的政治冷漠并非源于自私和无知，而是对传统的政治参与不感兴趣，相反，他们对非正规的政治参与充满热情。他们认为政府并没有让公民参与政治，而只是让公民参与各式各样的国家活动，诸如贫富差异、性别歧视、种族问题、残障人士等重要的公民问题未受到应有的重视。这既造成了英国公民教育课程的结构性缺陷，也导

---

① 陈玉琨等主编《90 年代美国的基础教育》［M］，广西师范大学出版社，1998，第 3～4 页。

② Kerr, David: *Citizenship Education: An International Comparison* [EB/OL], http://www.inca.org.uk/pdf/citizenship.

致学生产生消极态度和政治疏离感。显然，青少年乐意学习的是他们关心的话题，而不是强加给他们的政治观念。其次，渗透式的教学方法和复杂的学校背景影响了公民教育的正常实施。《科瑞克报告》虽然确立了“公民教育”作为法定学科和国家核心课程，但并没有要求以独立学科的方式开展公民教育教学。由于《科瑞克报告》允许学校将公民教育与其他学科结合起来教学，这导致一些学校将公民教育等同于原有的“个人、社会、健康教育”(PSHE)，公民教育形同虚设。并且，在英国教育多元化的背景下，一些宗教学校持有单一的民族文化观，在容易产生自大、冷漠、歧视的环境下开展认同、宽容、尊重多元文化的公民教育明显是有难度的。再次，公民教育教师数量和质量上的不足导致公民教育质量无法保障。《科瑞克报告》只提到师资培训的重要性，却没有要求公民教育教师接受定期的专业培训。由于公民教育教师数量严重不足，不少学校采取了以其他科教师充当公民教育教师的做法，甚至教辅人员也承担了公民教育课的任务。公民教育本来就相比其他学科有更高的要求，在师资匮乏的情况下，公民教育状况令人堪忧。最后，公民教育没有纳入考试科目使其重要性进一步受到忽视。家长和学生的惯常做法是将非考试科目放在次要地位。学生对新增科目本来就有一个认识过程，不纳入考试的做法更加使学生对公民教育应付了之。2005 年，英国教育标准局（the National Education Standards Board）发布最新的课程评价报告指出，公民教育课被评为中学所有课程中教育情况最差的课。[①] 现实情况表明，各种因素使英国的公民教育政策并没有取得预期的效果。

（三）日本公民教育政策存在的问题

相比亚洲地区还没有实施公民教育的国家，日本可以算是走在

① 姬振旗：《英国中小学公民教育问题探析》［J］，《外国教育研究》2008 年第 3 期，第 84～86 页。

前列，但是由于文化、传统等方面的原因，其公民教育政策的实施也遇到许多问题。这些问题长期得不到解决，导致学校公民教育政策实施受到制约，影响了公民意识的健康发展。日本公民教育政策推行首先遇到的是社会没有彻底转型的问题。尽管日本经济水平位居世界前列，但是，处于国家与公民之间的社会团体、第三部门却发育迟缓，公民组织活跃程度不高。这导致公民普遍缺乏活动的空间，能够参与的公共事务相当有限。尽管学校按部就班地开展公民教育，向学生传授民主价值观和公民参与社会活动的知识、技能，但是学生无法在社会上找到验证知识和实践技能的场所。公民社会发育不全、公民组织不成熟直接导致了日本公民教育政策实施过程中"重知轻行"的倾向。其次，公民教育文化氛围尚未形成。日本的公民教育仅停留在未成年阶段的学校教育上，社会民众的心理和行为均不具备公民的特征，公民没有形成参与社会事务的思维和习惯，从学校教育获得的公民知识和技能因长期没有得到应用而逐步被遗忘。这导致日本公民教育并未促使学生批判思考现实问题和参与社会公共事务。相反，社会现实让学生质疑学校公民教育的意义。与此同时，日本公民教育政策是坚持民主价值取向的，但非民主的狭隘元素却长期存在于日本民族文化当中，尤其是受右翼保守势力试图复活军国主义活动的影响，相当一部分青少年的知与行无法统一。这种学校教育和社会文化鸿沟导致日本人的少年时代和成人时代处于一种分离状态，甚至出现了双重道德。当学校毕业生怀抱着公民理想和信念跨入社会门槛时，社会现实却让他们止步不前，甚至知难而退。当他们对改变社会现状无能为力时，为了获得社会认可和发展机会，只好屈从于落后文化，融入传统、保守的现实社会，做循规蹈矩、缺乏公民行为特征的人。[①] 公民教育的效果就此被抵消。最后，知行分离，学校与社会断裂还引发日本公民素

① 吴文侃主编《中小学公民素质教育国际比较》［M］，人民教育出版社，2002，第118页。

质出现了更深层次的问题。由于从学校公民教育中获得的知识和技能无用武之地，不少日本人将视野从国内转移至国外，他们较少关心国家对公民权利的保障问题。相反，在日本国内日益滋长起来的新兴宗教和民族主义意识形态使扩张领土和实现狭隘的民族利益成为日本人孜孜不倦的政治追求。由此而引发了一种偏执的爱国感情，使日本公民的参与感来自对国际事务的关注而不是社会责任的履行。这些新思潮形成了一种与公民教育政策反向的离心力，使日本公民远离具体公共事务和现实社会利益，甚至背离民主政治的轨道。

六　美国、英国、日本中小学公民教育政策的共同特点与趋势

（一）重视公民教育政策的制定与实施

美国、英国、日本三国公民教育各具特色，但共同的趋势是公民教育越来越成为国家战略和教育政策的焦点。美国公民教育具有悠久的历史，长期通过社会科开展公民教育。受国际政治形势的影响，美国公民教育的主导地位曾一度被国防教育和自然科学教育取代，但是青年人道德下滑、不负责任的行为使公民教育再次受到重视。20 世纪 80 年代以后，随着公民教育的作用日益突出，美国政府对公民教育的影响也更为直接、深刻，为维护美国的民主制度培养国家公民的价值取向更加突出。进入 21 世纪后，美国公民教育在全国各州得到了普及，并更加凸显国家利益。英国也有深厚的公民教育传统。由于自由主义思想在英国根深蒂固，国家不干预教育的观念在英国得到普遍认可。直至 20 世纪 70 年代末以前，英国的公民教育始终处于自发状态，多由非政府组织和民间团体倡导推行。直至 20 世纪 80 年代后，英国面临着严重的社会和道德问题，才使英国政府认识到强制推行公民教育的重要性。进入 21 世纪，公民教育先后成为英国小学、中学阶段的法定必修课程。相比美国和英国，日本缺乏公民教育的传统，公民教

育是二战后才从美国引进的。20世纪50~70年代，随着经济的发展和国力的强大，日本公民教育开始摆脱美国的控制，逐步加强了伦理道德教育、国家意识和爱国主义教育。到了20世纪80年代，时代的发展使日本政府高度重视公民教育，并启动了以“培养21世纪的日本人”为主题的改革，改革的目标是全面加强公民教育。这次改革不仅充实和完善了道德教育和爱国主义教育，并且从现代社会对公民素质的要求出发，丰富了公民教育的内容，加强了公民能力的培养。在所有的教育活动当中，公民教育与时代、社会的演变是最有关联性的。美国、英国、日本三国公民教育的历史传统各不相同，但都在20世纪80年代不约而同地加强了政府主导的公民教育、道德教育。原因在于，社会发展到今天，无论是物质生活还是精神生活，无论是伦理观还是价值观，都在急剧地发生变化，机械化、资讯化、国际化、多样化都在加速地推进，迫使教育也非在做人、处世、接物等内容上有所改进不可。换言之，社会现代化和社会转型使世界各国不约而同地将制定和推行公民教育政策放在极其重要的地位上。

（二）建构了完整的现代公民教育体系

美国、英国、日本三国的公民教育政策都在推行中不断完善。第一，这三个国家的公民教育政策都以公民为核心，从国家、社会需要与个人发展相契合的角度建构公民教育。美国公民教育源于传承民主制度、提高公民素养的需要；英国公民教育既重视社会事务的参与，也重视个人幸福；日本公民教育注重培养公民道德和自律自主的行动能力，目的是让公民热爱祖国和为国际社会作贡献，共同要解决的核心问题都是引导公民按照本国传统正确处理个人与国家、个人与社会、个人与他人、个人与世界的关系。第二，这三个国家公民教育的目标领域相似。美国通过公民教育学科教学培养公民应有的价值观和态度、知识、技能；英国公民教育课程的具体目标包括知识、技能、态度、道德规范和价值观念四个方面；日本按照学生成长和发展的阶段划分公民教育目标，实际上也蕴涵了习惯与技能、态度、知识和道德素养。尽管目标体现的方式有所区别，但是，公民培养的目标领域均是围绕价值观与态度、道德、知识和技能设置的。第三，这三个国家公民教育的学科范畴，都充分体现了人文学科与社会科学的整合。美国公民教育的任务主要通过其核心科目——社会科来实现。按照美国全国社会科委员会的定义，社会科课程是“为形成公民能力而进行的社会科学和人文科学的整合学习。课程内容包括，人类学、考古学、经济、地理、历史、法律、哲学、心理、宗教、社会学以及一些适当的人文学科、数学和科学的内容”；[①] 英国公民教育既有国民权利、义务方面的法律教育，民主治理方面的政治教育，也有家庭方面的伦理教育，工作、就业和休闲方面的经济、心理教育，根据成人生活细项展开，融合了人文和社会学科的知识；日本从小学到高中的公民教育，既包含了以政治、经济、社会现象为中心的社会科学知识，也有以人为中心的人文学科伦理思想。第四，这三个国家公民教育政策的实施途径都丰富多样，有课堂教学、课外活动、服务学习等。美国在学科教学之外特别重视服务学习，已有超过一半以上的高中实施服务性学习；英国注重专题探讨和学生自主策划、组织课外活动；日本要求教师开展案例教学、活动教学，还注意以典礼、仪式等文化熏陶的方法推进公民教育。第五，这三个国家的公民教育政策内容安排也突出了层次性和相互衔接性，第一层次教育面向 3～12 岁的儿童，即幼儿园到小学阶段，以感性知识传授为主，引导儿童的视野逐步从自我到他人，从家庭到学校，从学校到社区，培养儿童的基本伦理观念、道德感和良好的行为习惯。第二层次教育面向 13～18 岁的青少年，即初中和高中阶段，以理性知识和活动技能传授为主，引导学生培养参与公共生活的兴趣和意识、批判思考的习惯和与他人合作解决问题的技能，并将学生的视野从社区扩展到社会，从本土扩展至全球。第六，这三个国家的公民教育政策都体现了各自的文化，美国公民教育政策体现的是民主政治的文化，

① 闫虹：《美国中小学公民教育概述》[J]，《基础教育参考》2007 年第 7 期。

英国公民教育政策体现的是个人自由与社会规范相平衡的文化，日本公民教育政策体现的是注重伦理道德的文化。

（三）政策制定过程发动全社会广泛参与

在美国，民间学术团体在公民教育政策制定中发挥着重要的作用。20 世纪初，引起公民教育政策发生重大转折的建议：在全国学校中实行“社会研究课程体制”，就是在全国教育协会公布的一份报告中提出的。其他社会组织，如中学校长联合会、社会科审议会、卡耐基集团等也参与了公民教育政策的制定。社区则是公民教育政策的主要执行者。20 世纪 80 年代，美国顾问和设计委员会提出加强公民教育的建议：要求公民教育的实习应是高中毕业生的必备经验之一，即要求学生在学习期间参与各项社区服务计划，向医院、市政部门、刑事法庭或其他社区机构提供服务，并要求所提供的服务与课程相关，同时要求任课教师对其服务开展指导。不少民间团体为服务学习提供了资金和学术上的援助。美国教育统计中心 2004 年的调查显示，全国有 83% 的高中安排了社区服务课程，是 1984 年 27% 的近 3 倍。① 现在，在美国，社区和民间团体在公民教育过程中的地位与作用并不逊于学校。

英国也非常重视公民教育政策颁行前的可行性研究和政策宣传，通过咨询会、研讨、书面调查等方式广泛征求社会对公民教育的建议和意见，同时也使社会大众对公民教育有充分的认识和心理准备，为公民教育政策颁布后的推行奠定了基础。例如，作为公民教育课程设立依据的《科瑞克报告》，制定组织在其形成之前就有广泛的调查，并向全社会充分征求意见。1997 年，“学校公民教育与民主决策咨询小组”成立，受命对公民教育进行调查并提出建议。调查的内容包括：对公民教育课程是否设立的建议，公民教育方式的

① Joel Westheimer, Joseph Kahne. *Educating The “Good” Citizen: Political Choices and Pedagogical Goals*, PS: Political Science and Politics, 2004 (2). p. 242.

建议，公民教育内容范围的建议，公民教育课程地位的建议等。[①] 1998 年 3 月，咨询小组发表了自成立以来的首次报告，并将报告提交给地方教育行政部门、家长代表、教师代表、社区人士、社会团体等社会各类代表审阅。3 个月后，资格与课程局先后举行了多次咨询会议，邀请各地区随机抽取的教师代表、地方教育行政部门代表、家长代表、各类教师社团、家长协会、研究团体、社区志愿者联盟及其他关心和有兴趣参与的团体和个体代表参加。咨询小组成员全程听取了各方面代表的意见，才开始撰写最终报告。咨询会议有统一的组织形式：简明扼要的陈述—提问—讨论—汇总。通过多次咨询会议，各方面代表就公民教育课程设置和实施问题展开了充分的讨论。诸如政府对公民教育的经费投入、公民教育作为法定核心课程实施的必要性和难度、公民教育教师培训的内容与周期、公民教育评估的方式、公民教育与其他学科整合的方式、学校与社区合作共同推进公民教育的机制等问题得到了充分的咨询和讨论。对于前期会议采纳意见后形成的初步方案，咨询小组还以简明的方式进一步征求意见，对当场所有提问和答复都有明确的记录。由于咨询小组调查范围广，对建议的跟进和答复及时，《科瑞克报告》的发表引发了英国社会对公民教育的极大兴趣，使公民教育成为全社会的共识。

（四）将全球教育作为政策的重要组成部分

20 世纪 90 年代以来，人们越来越多地重新解读世界。新观点越来越多地质疑常规国家国际系统的可行性，并将更多的重点放在其他因素上，包括跨国公司、国际和地区组织、非政府机构和个体公民等。“全球”概念不断得到丰富和发展。“全球教育”讨论由

---

① Advisory Group on Citizenship. *Education for Citizenship and The Teaching of Democracy in School* (*the Crick Report*) [M], London: Qualification and Curriculum Authority, Forword Terms of Reference. 1988.

此萌生，给公民教育带来了新的希望和任务。罗素（Rosenau）曾说，公民微小的权力能转换成影响全球政治的宏大权力。[①] 在诸如环境、人权和女性主义等问题上，个体的行为已经变得越来越有影响力。从这一观点出发，"全球治理"和提升全球公民意识的呼声变得更加铿锵有力。[②] 国家不再是世界游戏的唯一参与者。开展国际教育不再仅仅是为了建构国家之间更好的关系。新的全球世界有多层互相依赖的关系和各种各样的机构。国际和国内政治的区别变得更加模糊，对民主和责任的要求从国内扩展至全球。相应的，全球教育观念将引发学校的相应变革：第一，由于世界不断变化，基于传统国际观的教育实践已不再适用，需要编制新的课程；第二，需要培养具备相应知识、技能和禀性，以适应全球化世界生活的新型世界公民。目前美国、英国、日本三国公民教育的政策都主张通过跨学科课程和参与学习开展全球教育。教育内容也越来越多地涉及不断变化的全球问题，如环境、文化间冲突、跨国恐怖主义等。通过对这些主题的研究和学习，世界系统相互依赖的特征日益受到重视，地区的特殊性也得到关注和强调，这也代表了各国公民教育的共同趋势。

美国、英国、日本三国作为发达国家的代表，依托公民教育政策开启了国民的智慧和现代的文明，体现了现代公民教育制度的价值取向，提升了整个社会的文明程度，提高了公民的整体素质和受教育水平，不断地为国家现代化进程提供人力资源保障，进而推动并实现了西方社会的现代化。[③] 各国公民教育政策实施过程中遇到的问题也提醒我们：制定系统、全面的公民教育政策固然重要，但

---

① Rosenau, J. Turbulence in World Politics: *A Theory of Change and Continity.* Princeton: Princeton University Press. 1990. pp. 26 – 29.

② The Commission on Global Governance. *Towards The Global Neighbourhood.* Oxford: Oxford Universtiy Press. 1995. pp. 16 – 25.

③ 张晓东：《国家德育政策视域下的中小学公民教育》[J]，《教育导刊》2008 年第 10 期，第 9 页。

是，如果公民教育政策不能落实到位，或者缺乏落实的社会文化环境，以及运用公民知识、发挥公民能力、履行公民权责的社会机制，那么，再完美的公民教育政策也将徒劳无功。可见，公民教育政策重在实施，而落实公民教育政策的关键则在于全社会公民文化形成、民主参与制度健全等方面的保障条件。

第七章

转型社会我国中小学公民教育政策改进路径

经过30多年的变迁，我国中小学公民教育政策有了很大的发展，但是也存在若干明显的缺陷。诸如，违背培养公民独立人格和自主精神的政策价值取向，局限于国家公民的功能性政策目标，重复庞杂、缺乏整合的政策内容等，使我国中小学公民教育政策不仅明显落后于发达的现代化国家，并且在实施过程中也遭遇困难和压力。要使中小学公民教育政策切合社会转型的需要，我国政府就要克服政策变迁的路径依赖，将政策变迁推进到政策核心层，实现政策变迁的路径创新。政策价值取向统领着政策目标、内容及实施各个方面，创新我国中小学公民教育政策，要从公民的核心内涵出发，结合公民角色在当今社会的演变，提出我国中小学公民教育政策的价值取向。在此基础上，建构相应的政策体系，并提出政策改进的策略。

一　转型社会中小学公民教育政策价值导向调整

公民是自然享有政治、经济、文化、教育等权利的个人意义上的社会成员，与国家、社会的关系是双向的。在全球化时代，还增加了公民与世界的双向关系。首先，公民对国家具有责任和义务，同时也向国家要求权利和利益；国家在要求公民为国家利益作出贡献的同时也对公民负有责任和义务；公民与国家的关系是平等的，国家和政府必须平等地关怀和尊重每个公民。[①] 其次，作为社会成员，公民是独立而平等的个人，享有平等的权利和义务。公民在社会上与他人合作共事并承担社会角色和责任，公民有权利参与公共讨论和政治事务，并能通过政治、经济、文化等层面的参与促成公民社会的实现。最后，现代公民同时是地方、国家和国际等重叠社群的成员。世界公民对个体的要求是能融入从地方到国家到国际的不同层级的社群生活，能认知自己所抱持的看法未必是普世共享的观点，能了解人类社会的不同思想和社会方式，并能以国际社会成员的立场检视和处理问题。[②] 现代公民身份的立体化使公民教育政策的价值取向也必须得到转换和丰富。

（一）培养具有爱国精神、守法意识和基本道德的国家公民

1. 强化作为国家公民的宪法意识

宪法是公民权利的保障书，是公民行为的最高准则。公民把自己的私权利让渡出来，通过宪法的确立，形成了公权力，并由宪法在私权利和公权力之间做出了一定的配置。宪法的目的在于限制公权力，最大保障私权利的行使自由。我国《宪法》规定，公民享有的基本权利包括：第一，平等权，即公民在法律面前一律平等；第二，选举权与被选举权，即年满十八周岁的公民，不分民族、种族、性别、职业、家庭出身、宗教信仰、教育程度、财产状况、居住期限，都有选举权和被选举权，但依法被剥夺政治权利的人除

---

① 金生鈜：《公民与公民道德教育》[J]，《道德教育研究》2002 年第 2 期。

② Kubow, P., Grossman, D. & Ninomiya, A.. *Mutidimensional Citizenship: Educational Policy for The Twenty-first Century* [A], J. J. Cogan & R.. *Derricott.* (*Eds.*) *Citizenship for The 21st Century* [C], London: Kogan Page. 1998: 115 - 134.

外；第三，言论、出版、集会、结社、游行、示威的自由；第四，宗教信仰自由，包括信仰宗教的自由和不信仰宗教的自由；第五，人身自由、人格尊严、住宅不受侵犯和通信自由；第六，劳动权、休息权、退休人员生活保障权和公民在年老、疾病或者丧失劳动力时获得物质帮助的权利；第七，受教育权，进行科研、文艺创作和其他文化活动的自由；第八，妇女在政治、经济、文化、社会和家庭生活等各方面享有同男子平等的权利，婚姻、家庭、母亲和儿童受国家的保护；第九，保护华侨、归侨和侨眷的合法权益；第十，国家和社会保障残废军人的生活，抚恤烈士家属，优待军人家属；国家和社会帮助安排盲、聋、哑和其他残疾公民的劳动、生活和教育；第十一，对于任何国家机关和国家工作人员的违法失职行为，有申诉、控告或检举的权利；由于国家机关和国家工作人员侵犯公民权利而受到损失的人，有依法取得赔偿的权利。公民违法犯罪时，这种权利可以被限制或剥夺。

与公民基本权利相对应的公民基本义务，即宪法义务，是指由宪法规定的，为实现公共利益，公民必须为或不为某种行为的必要性。它是公民对他人、社会和国家的首要法律义务，是国家和社会创制公民普通法律义务的应当性宪法依据。公民的基本义务和基本权利共同反映并决定着公民在国家中的政治和法律地位，构成普通法律规定的公民权利和义务的基础和原则。我国《宪法》规定公民的基本义务有：第一，维护国家统一和全国各民族团结；第二，必须遵守宪法和法律，保守国家秘密，爱护公共财产，遵守劳动纪律，遵守公共秩序，尊重社会公德；第三，维护祖国安全、荣誉和利益的行为；第四，劳动的义务；第五，受教育的义务；第六，保卫祖国、抵抗侵略、依法服兵役和参加民兵组织；第七，依法纳税；第八，夫妻双方有义务实行计划生育，父母有义务抚养教育未成年子女，成年子女有义务赡养扶助父母。

宪法与公民的日常生活有着密切的联系，各种违宪行为损害的不仅是国家与社会的利益，而且是公民个人的利益，在违宪行为得不到有效遏制的情况下公民的利益是很难实现的。对于公民个人而言，维护宪法与实现自己的利益有着十分密切的关系。因此，实施宪法，维护宪法，同各种违宪行为进行斗争是公民的重要义务。有些公民认为，宪法离百姓的生活比较远，它不像刑法、民法那样具有明显的效率，没有制裁手段。这主要是由于，在我国的宪法实践中，宪法的规范化、生活化水平比较低，宪法实现过程缺乏民众的支持。另外，在处理宪法规范与社会生活之间的矛盾时我们没有采取多样化的方式，过分频繁地运用修改宪法的方式，在宪法权威的确立方面也带来了一定的损害。随着社会主义法制体系的逐步完善，宪法正在变为公民的生活规范，调整着人们的实际生活。我国公民教育政策首先要向中小学生普及宪法知识，帮助他们提高宪法意识，学会运用宪法维护自己的利益。

2. 培养履行国家公民义务所需的意识和德行

（1）将公民的爱国情感转化为立场、行为和习惯

爱国主义是所有国家公民教育的重要内容。爱国主义是一种德行，因为它是调整公民与国家关系，满足公民维护国家独立自主、繁荣富强的道德需要和促使公民遵守社会道德规范的行为方式。它的派生性与公民资格直接相关，既是国家对其成员公民身份、法律地位的确认，又意味着一种公民个体自愿归属国家的观念。公民资格赋予每一位公民与生俱来的爱国情感和维护国家凝聚、延续和稳定的责任。因此，爱国主义是公民对国家责任的衍生物，即国家赋予我权利，包括享有财富和自由，我对国家怀有感激和忠诚。这些感激和忠诚经由爱国的态度表现出来，使公民将祖国优先于其他国家。① 作为国家公民，不仅要对国家政府的组成、职能，各部门的权力及其责任，国家的运行机制等有全面清楚的了解，并且应对自己国家过去的历史深入了解，理解国家历史文化传统对现代社会的影响。在公民教育当中，爱国主义的情感，应该通过教育和引导，外在体现为对国家的民族

① 黄晓婷：《国家意志还是自主选择：爱国主义公民教育政策探析》［J］，《广州大学学报》2010 年第 1 期。

问题、领土问题有清晰的把握，懂得坚持正确的立场；在对待国家标志物，如国旗、国徽、国歌等的敬畏和尊重，在对待国家尊严和荣誉上毫不退让和奋勇力争。作为公民德行，爱国主义源于对祖国的深厚感情，公民教育正是要将这种感情转化成为自身的需要和习惯，引导公民发扬民族精神、自觉维护祖国统一和各民族团结。

（2）要培养公民的民主观念和法制意识

民主政治，是凭借公共权力，和平地管理冲突，建立秩序，并实现平等、自由、人民主权等价值理念的方式和过程。民主政治是奉行多数人统治的一种政治制度，是现代国家的重要标志。民主政治的推行是社会稳定的重要保证，它立足于保障公民的基本权利，让每个公民都有足够的尊严。[①] 民主政治的完善与公民的素质密不可分，公民教育政策要通过选举制度、政党制度、民主程序等知识的普及，引导中小学生形成民主观念。与此同时，保障民主政治顺利推进和公民依法享有民主权利是公民的守法习惯。宪法和法律是政府和公民的最高行为准则，政府依照宪法和法律管理国家事务，公民依法行使权利并履行义务。正如洛克在《政府论》中阐述的："法律按其真正的含义而言，与其说是限制还不如说是指导一个自由而有智慧的人去追求他的正当利益，它并不在这受法律约束的人们的一般福利范围之外作出规定。法律的目的不是废除和限制自由，而是保护和扩大自由。"法制建设是社会主义民主政治建设、实现人民当家做主的根本保证。公民教育政策要着眼于培养公民的法制意识，使其形成遵守法律和运用法律参与国家生活的良好习惯。法制意识具体体现为公民的责任意识和守法习惯。责任意识是使公民履行与自己的公民身份相适应的，在遇到有关国家政治和社会利益的问题时，必须自觉维护公共利益的意识。守法习惯是依法治国的重要基础。只有"法律面前，人人平等"的观念深入人心，上至国家最高领导人下至平民百姓，不论地位高低、财富多少，都

① 黄崴：《公民教育：责权主体的教育》［J］，《现代教育论丛》1997 年第 2 期。

做到依法办事，这样才能彻底消除“人治”，实现法治，我国才能正在跨入现代社会的门槛。

（3）要培养公民自觉遵守社会公德

孟子说：“徒善不足以为政，徒法不能以自行。”法律给全社会设定的模式和标准是统一的，它要求所有人都必须一体遵行；道德所设定的行为模式和标准则是多元、多层次的，在法律条文不能到达的地方，还需要道德规范予以补充。诚如一些学者指出的，一种社会制度的运作在许多方面受其公民德行的影响，在某些情况下，低劣的个人德行所造成的弊端，不论多么完美的制度都无法应付。因而，现代社会不能只依赖制度，还要依靠德行才能形成相互信任、合作共处的基础。现代公民所需要的德行分为两大类，一类是作为公民所应当具备的一般德行，另一类是处于现代社会的公民所必须具备的特殊德行。前者有忠诚、公正、守法、敬业等；后者如守信、团结、礼貌、勇敢等。[①] 公民德行是通过习惯性实践养成的。公民道德既非自然的，也非反自然的，人具有发展自己成为好人的潜能，但潜能的实现却需要借助于教育培养形成习惯。“近朱者赤，近墨者黑”，伦理德行具有可向多个方向发展的潜能，道德养成与个体所处的环境氛围和道德教化有关。要使伦理德行向好的方向发展，就必须通过公民教育的引导，通过反复不断地践行道德行为，养成良好习惯。只有以公民教育政策培养中小学生遵守社会公德，才能有效地规范、引导、教育、评价和矫正青少年公民的行为，使他们成长为成年公民之后的社会交往和公共生活得以顺利进行，形成和谐友善的社会风气。

（二）培养具有公民意识、理性精神和参与能力的社会公民

1. 培养作为社会公民的人权意识

公民首先是人，应享有作为自然人的基本人权。人权是人生活

① 焦国成主编《公民道德论》[M]，人民出版社，2004。

在社会，特别是在国家中所应当享受并得到充分保障与实现的各种权益，是公民存在与发展的内在根据。[①] 如果人权被剥脱，公民的身份也将不复存在。作为社会的合法成员，公民的基本人权包括：生存权和发展权。首先，生存权是人与生俱来，国家不得随意剥夺的权利。其次，是发展的权利，公民有权平等地享有发展机会、社会成果和社会福利，国家应保障妇女享有与男性同等的发展潜力，按居民的普遍生活水平，为弱势群体如伤残人士、失去劳动力群体、贫困人士、孤儿等提供生活的最低保障。再次，现代国家普遍实施代议制民主制度，由公民直接或间接选举代表，行使国家权力，因此，选举权和被选举权是公民应得到保障的普遍政治权利。最后，是自我实现的权利，人在社会上可以友好地交往，相互尊重，自由地组成团体，帮助弱势群体参与社区公共事务，提升社区群众的福祉，从而获得自我价值的认同。

我国具有深厚的集体主义道德教育传统，在强调公民义务履行而忽视权利保障的背景下，尤其应该重视公民基本权利教育。在倡导公民权责一致的前提下，我国公民教育政策应将培养受教育者的公民权利意识和维护公民权利的地位放在极为重要的地位上。不仅要让中小学生了解法律和政策赋予了他们哪些权利，怎样保障他们的权利得以实现，更要掌握怎么维护和争取自己与他人平等地享有这些权利。因为公民的权利意识，不仅表现在自己的权利和利益受到侵犯时会站出来捍卫，更重要的是，在对千里之外、看起来跟自己无关的事件上，在与自己毫不相识的人的权利受到侵犯时，他们一样会出手相助。因为一个人的权利，就是每个人的权利。

2. 培养参与公共生活所需的知识和能力

（1）培养适应市场经济的独立人格、平等意识和契约精神

在邓小平“南方谈话”后，我国正式将建立社会主义市场经济

① 赵林克：《简析人权的基本内涵及其历史演进》[J]，《法制与社会》2007 年第 7 期。

体制作为经济体制改革的目标。在20世纪90年代初步建立起市场经济体制后，我国又提出在21世纪第一个十年完善社会主义市场经济的目标。可见，深化市场经济体制改革是我国坚定不移的经济政策。建立和完善市场经济体制除了需要懂得市场经济的基本知识外，还需要具备市场经济运行和发展所需要的内在精神的现代公民。市场经济是一种由市场自动配置资源的经济制度，资源配置的主体是市场。它要求在完全竞争的前提下，实现社会资源配置的最优化，并给予每个经济主体以经济选择的自由。它以市场价格作为唯一的杠杆有效地配置社会资源，以期实现社会经济发展的最高效率。市场经济自主、有序地运行是商品顺利交换的前提，它需要一系列配套支撑条件：首先，市场经济是自由的经济方式。市场经济的所有参与者，不论企业实体规模大小、性质如何，不论是自然人还是法人，都必须具有自主、独立的人格，有权利在遵纪守法的前提下自行决定经营行为，自由地与其他经营者进行商品交换。经济主体享有充分的自由权利是价值规律发生作用的前提。其次，市场经济依托的是平等的交易方式。市场经济是建立在平等、公平、公正的基础上，完全通过市场调节、市场机制来实现资源优化配置的一种经济组织方式。等价交换是市场经济固有的根本法则，市场经济要求商品所有者在市场交换中是平等的。只有作为市场主体的公民享有平等地位，适用同等规则，市场竞争才有意义，市场经济才能获得健康发展。最后，市场经济是法制经济和信用经济的有机统一。经济关系的契约化，是市场经济的一个重要特征。市场经济中的契约关系，维系着各方的权利和义务，严格履行这些契约，是市场经济正常运转的基本规则。为了保证这些契约的公正性和严肃性，就要有完备的法律规范和信用保障。从这个意义上说，市场经济既是法制经济，也是信用经济。市场经济越发展，信用所发挥的功能就越重要。遵守契约是市场经济活动得以建立的必要条件，契约精神是市场主体的基本素质要求。

（2）培养适应民主政治生活的参与意识、理性精神和监督能力

在经济体制改革深入推进的同时，我国民主政治建设也迈出了

坚实的步伐。经过改革开放以来的探索和建设，人民代表大会制度作为中国人民当家做主的根本政治制度，其地位、职能和作用不断得到加强，中国共产党领导的多党合作和政治协商制度在国家政治和社会生活中的重要性不断增强，全国各地城乡基层民主不断扩大，公民有序政治参与的渠道增多，民主的实现形式日益丰富。与此同时，建设社会主义法治国家迈出了坚实的步伐。我国确立了依法治国的基本方略，以宪法为核心的中国特色社会主义法律体系基本形成，人权得到可靠的法制保障，人们的法治观念逐步确立。在中国改革开放和社会主义现代化建设的关键时期，党的十七届五中全会提出“积极稳妥推进政治体制改革，不断推进社会主义政治制度自我完善和发展”的目标。这表明了中央推进政治体制改革、建设社会主义民主政治的态度和决心。所以，如何培养大批具有较高政治素养的公民从而加快政治文明建设，是公民教育政策面临的重要任务。

民主政治就是按照“少数服从多数”的原则治理国家，建立社会良序运作的机制，有效地对权力进行分配和制衡，保障公民的基本人权得以实现的国家治理模式。民主政治的内涵有三个方面：民主选举、权力制衡、意见表达。首先，要建立公民行使权力的机制。由于公民数量众多，任何国家都不可能实现公民的直接治理，因此，现代国家都赋予公民选举权和被选举权，公民通过自己挑选的代表行使治理国家的权利。在我国，人民代表大会制是公民的代议机构，公民投票选出自己的代表，选举国家领导人，审议政府决策。要使选举活动真正体现民主政治的精神，参与选举的公民就要具备参与意识、责任意识，掌握选举的基本知识和规则，懂得在选举和被选举的过程中对自己、对他人、对社会负责，懂得依法行使自己的权利、尊重他人的权利。其次，要建立权力分配和制衡机制。在现代国家通行的是政党制度，治理国家的是执政党，落选的属于在野党，政党之间依靠政纲和执政能力相互竞争，获取民众的选票。三权分立制度也是现代民主国家的一大特色，立法、行政、司法各个系统相互独立，相互配合并制衡、约束。我国实行中国共产党领导下的多党合作和政治协商制度，有利于网罗国家的各种精英，避免在政党斗争的内耗中流失人才。我国的立法、行政、司法系统也是相对独立的，但是由于我国实施一党领导、多党合作的制度，三大系统都服从党的领导。这在一定程度上增加了权力制衡的难度。权力制衡的目的是规范权力行为、防范权力被滥用，防止和避免绝对权力存在的有效手段。但规范权力的运行，不能单纯依靠政府的自律，还要依靠公民的监督。公民的监督意识正是权利制约权力机制的思想保障，国家权力受到人民的监督是人民主权原则的核心所在。再次，民主还需要依靠一系列的程序和规则。近年来，随着我国政治体制改革，我国政务公开制度、公民信访制度、决策听证制度都得到了有效地加强。政府的职能和决策必须在政务网上公开，接受群众监督；公民在遇到困难和问题时，可以采取电话、书信、当面咨询等方式向政府反映，寻求解决。政府部门不予解决的，公民还可以向上一级主管部门提出申诉甚至到法院起诉。政府部门在出台重大决策之前必须召开听证会，充分收集各阶层代表的意见，并对意见采纳与否提出正当理由。虽然这些制度已经逐步建立起来，但是在实施过程中却遇到各种障碍，例如，公民以极端的方法维权、听证会因参与公民少而拖延了政策出台等。可见，推进民主政治单靠政府的努力是不够的，还需要公民积极地参与公共事务，公开地交流不同意见，其中意见相异或对立的各方应调整各自的意见，并在理性判断的基础上，得出关于公共事务和社会事务的结论。最后，也是至关重要的，民主还需要通过具体的实践过程才能得以体现，如投票选举的过程、征求意见的过程、调查研究的过程等。而这些过程是否有效，关键在于公民的参与程度。在我国公民文化相对缺乏的情况下，公民往往对熟人的、切身利益相关的事情积极参与，对陌生人的、暂时与自己无关的事情疏于过问。这是乡村社会形成的“差序格局”给人们遗留下来的村民心理。在这种缺乏公共性的心理基础上，真正的民主治理是难以实现的，因为一个人的权利受侵害意味着所有人的权利都将受到侵害。参与意识、监督意识、理性精神是民主政治必不可少的公民素质，而这些特征的体现都以公民的实践为前提，只有通过实践，公民的民主政治理念才能转化为政治文明的现实。

（3）培养适应公民社会运行的公共精神、合作意识和批判思考能力

改革开放以来，在我国建立社会主义市场经济体制和推进政治文明建设的同时，公民社会赖以存在的条件也不断具备，公民组织的生存空间不断拓宽，公民社会获得长足发展。据国内专家学者的研究，目前中国有各类非营利组织约300万个，这些非营利组织涉及教育、卫生、科技等多个行业，种类繁多。[①] 而且，公民社会的力量开始以各种方式影响党和政府的政策，并且公民组织日益明显地参与社会公益事业，分担公共事务治理职能，提供社会公共产品。

公民社会是现代社会的必然产物，对于现代社会的良性运作具有不可替代的整合功能。首先，公民社会的发展需要形成人与人之间的相互信任关系。对此，美国著名的政治学家帕特南（Robert D. Putnam），提出社团作为合作的社会结构，要求社团成员在政治上更成熟，更有社会信任感，有更多的社会成员参与。因此，只有通过公民参与形成的以自愿、无偿、服务他人、回报社会等为特征的各种志愿性社团，才能在一定程度上克服市场经济造成的人际冷漠、疏离及社会的原子化状态，实现社会价值理性的回归。其次，公民社会需要协调社会不同群体之间的利益矛盾，实现社会的利益整合。一方面，公民应通过社会组织建立不同利益群体的利益聚合与表达机制。另一方面，公民应借助社会组织的力量把分散的、单个的公民政治参与聚合起来，为这些利益群体的利益表达提供制度化的渠道，满足各种社会利益群体进行广泛政治参与的要求。再次，公民社会需要培育社会资本，实现社会的制度整合。公民社会组织作为公民之间横向互动的组织结构，需要互惠、信任等合作规

① 陈向阳：《非政府组织在中国的现状及挑战》［J］，《中国政治》2005年第8期。

范产生并与之相适应。并且，公民社会组织是自由人自愿联合起来提供公共产品的一种自治化过程，它要求社会团体自发构成民间自律管理的重要力量，从而有利于社会自律性社会规范的形成。只有实行行业自律和内部自律，加强行业内部职业道德规范建设，才能建立社会民间组织自我约束、自我完善、自我发展的自律性运行机制，促进社会自治机制的形成和社会自治秩序的构建，从而实现社会的有序整合。最后，公民社会需要依托社团组织形成国家与社会良性互动的社会结构。只有借助公民社会组织以及公民对政治生活的积极参与，才能在国家与分散的社会公众之间形成一个中介力量，使我国的政治生活增加一个弹性因素，提高社会抵御政治动荡的能力。[①] 概言之，公民社会的形成是完善市场经济体制和发展民主政治不可或缺的重要条件。而要实现公民社会的社会整合功能，必须通过公民教育政策培养公民积极参与社会事务的责任意识，以利他的方式关心公共利益的公共精神以及基于公共善基础上的公民美德，如尊重、互惠、信任等。

（三）培养具有全球意识、包容精神和多元文化理念的世界公民

1. 培养作为世界公民的权利公约意识

《公民权利和政治权利国际公约》是联合国大会于1966年12月16日决议通过，并开放给各国签字、批准和加入的，在《世界人权宣言》的基础上通过的一项公约。该公约与《世界人权宣言》《经济、社会及文化权利国际公约》一起，被统称为“国际人权宪章”，[②] 是最重要的国际条约之一。公约规定了公民个人所应享有的基本权利和基本自由，包括生命、自由和人身安全的权利，免受酷刑的自由，法

---

① 高红：《公民社会组织的社会整合功能》［EB/OL］，http：//www. yfzs. gov. cn/gb/info/xsll/shfx/2009 -02 -24/2011 -02 -09。

② 《经济、社会及文化权利国际公约》［EB/OL］，http：//news. xinhuanet. com/ziliao/2003 -01/2011 -03 -09。

律人格权，司法补救权，不受任意逮捕、拘役或放逐的自由，公正和公开审讯权，无罪推定权，私生活、家庭、住房或通信不受任意干涉的自由，迁徙自由，财产所有权，言论自由，结社集会的自由、参政权等。这一公约于1976年生效。公约中的内容，在我国《宪法》中大部分已有规定。1998年10月5日，中国常驻联合国代表秦华孙大使在联合国总部代表中国政府签署了《公民权利和政治权利国际公约》。目前，我国政府正在积极研究《公民权利和政治权利国际公约》涉及的重大问题，一旦条件成熟就将履行批准公约的法律程序。

受我国经济发展水平、文化背景、社会制度和价值观念等条件限制，《公民权利和政治权利国际公约》仍有部分条款不适合我国国情，或者需要对现有法律进行修改后，由中央人民政府向全国人大提交批准该公约的建议。但是，公民教育政策的任务主要是普及公民基本知识和提高公民的权利意识，而我国也在加快全球化进程，逐步融入国际社会。因此，公民教育政策有必要引导中小学生了解联合国国际公约规定的公民权利，进一步提升作为世界公民的权利意识，并为参与全球事务做准备。

2. 培养适应全球化进程和多元文化生活的公民资质

20世纪90年代以来，伴随着世界政治、经济一体化，全球化进程加快，世界各国都无可避免地加入了全球化的潮流。全球化是渗透到人类生活各方面的整合与分化的过程：一方面，全球化是多维度、多层面的变化过程。在今天这样一个崭新的全球化时代，全球经济、政治、文化交流日益加快，各国之间交流、互动、合作日益加强。全球化渗透到各个领域，体现为政治全球化、经济全球化、贸易全球化、科技全球化、信息全球化、网络全球化等多维度、多层面的变化过程。① 另一方面，全球化是整体化与多样化相统一的过程。各国之间的政治、经济、文化活动的联系是全球性

---

① 文军：《传承与创新：现代性、全球化与社会学理论的变革》［M］，华东师范大学出版社，2004。

的，地方性团体或共同体的决策或者事件可能会具有全球性的重要影响。随着各国之间相互联系、相互作用的程度不断加深，不同的文化观念、生活习惯、风土人情分别呈现，并彰显特色。

在全球化发展的背景下，培养什么样的公民成为公民教育政策必须应对的重大问题。首先，全球化向政治、经济、科技等不同领域渗透，意味着一国公民与世界各国公民加强联系与互动是全世界发展的共同趋势。只有培养具有全球意识，包容和尊重各民族的文化差异与价值多元的公民，才能使我国平等地与各社会群体开展对话和交流，主动加入全球化进程，而不是被抛弃和遗忘。其次，仅有对文化差异的宽容和承认是不足以应对全球挑战的，还需要培养青少年的跨文化适应能力。合格的公民不仅能够很好地适应主流文化，而且也应该适应本民族文化和其他亚文化。教育既是民族文化传承文明、延续文化的基本载体，也是了解多元文化的主要途径。中小学公民教育政策在推进学生社会化的过程中，不仅要传递社会共同的文化和价值取向，而且也应该能够呈现多元的文化，把各种文化差异凸显出来，培养学生成为能够尊重差异，善于处理矛盾、冲突的未来世界公民。①

（四）强化公民地位平等和权责平等的意识

1. 培养公民在法律面前一律平等的意识

我国《宪法》第 33 条规定；“中华人民共和国公民在法律面前一律平等。”这条规定，既表明了我国社会主义法制应坚持的重要原则，又表明平等权是我国公民享有的一项基本权利。公民的平等权，是指所有公民（包括残疾公民）根据法律规定，享有同等的权利，承担同等的义务。一方面，“法律面前，一律平等”意味着公民权利和公民义务是有机统一的。所有公民都平等地履行宪法

① 万明钢、王文岚：《全球化背景中的公民与公民教育》［J］，《西北师范大学学报（社会科学版）》2003 年第 1 期。

和法律所规定的义务。义务和权利并存，没有无权利的义务，也没有无义务的权利。公民是集权利和义务于一身的主体，公民教育政策的价值取向，无论在个体、国家还是全球层面上，都包括培养公民享受权利的意识和履行义务的能力两个方面。这两个方面在公民教育中处于同等地位，必须同时进行，没有孰先孰后之分。另一方面，“法律面前，一律平等”还意味着所有公民在享受权利和履行义务上是平等的。公民依法平等地享有权利，同时也必须平等地履行法定的义务，凡是宪法和法律所规定的公民义务，每个公民都必须依法履行，决不允许有拒绝履行义务或逃避履行义务的现象存在，也不允许只要求一部分公民履行义务，而允许另一部分公民不履行义务，即不允许存在特权阶层。

2. 强化公民平等享受社会福利权利的意识

公民权利在现代社会已经扩展到社会保障和福利权利领域。当前，我国正在加快社会转型，缩小城乡、区域、贫富差距，扩大社会保障覆盖范围，逐步建立覆盖城乡所有劳动者的社会保障体系。如何建立既保证分配公平，又不降低效率的社会保障制度成为人们热议的话题。其核心是如何保障公民普遍享有一系列广泛的并由国家保障的社会与经济权利。因为社会权利是基本人权，公民政治权利范围之外的福利权利，是公民权利在现代福利国家的延伸。社会权利也是公民身份中最具有弹性和争议性的部分。正如马歇尔所指出的，在诸如哪些福利与服务应该为公民所拥有、提供何种水平及质素的福利与服务才是必需的等问题上，并无固定共识。因为一项服务或者利益的提供可能依赖于一系列因素，例如：宏观经济状况，税率水平或大众对某些政策的支持。[①] 在这些限制条件存在的情况下，引出一系列关键问题：资源将如何分配？是谁？将得到什么？以何种方式获得？对这些问题的不同回答，会产生普遍性原则

① 〔英〕彼得·德怀尔：《理解社会公民身份：政策与实践的主题和视角》［M］，北京大学出版社，2011，第13页。

或选择性原则，以及结果平等方法或机会平等方法。

为了提高我国劳动者的积极性，维护国家的长治久安，我国中小学公民教育政策应采取普遍性机会平等的价值导向。因为公民身份的概念中隐含着平等的观念。每个公民无论其阶级地位如何，都与那些同属于一个社群（国家）的人一样，享有共同的“地位的平等”。即使最贫穷的社会成员也应享有自身的权利，融入并参与社会。与此同时，我国中小学公民教育政策应倡导普遍性原则和机会平等的分配方法，使每一个人在一个不平等的社会中有一个平等的起点。这里的焦点是人生机会的再分配，其核心信仰是社会应该论功行赏。也就是说，每一个公民应该被保证赋予平等的发展机会。这会确保每个人都有公平的机会在不同的水平上获得成功与发展，以体现每个人的天资与能力。这种平等的最后结果很可能是一定程度的不平等，但这被认为是合理及可接受的。重要的是，所有公民不受偏见地、平等地利用相关社会机构培育及发展他们的才能。在人们的才能已经得到发展时，社会流动的渠道是畅通的，并且只要人们愿意，在占据有影响力的社会位置方面也是有机会的。

现代社会对公民的要求是多层次、综合、立体的，相应的，对于中小学公民教育政策国家也体现为多层次的价值导向：首先，公民以具有宪法意识为起点，既要具备独立人格、权利意识和平等意识，也应爱国、守法、遵守社会公德；其次，社会公民以具有人权意识为起点，应具备责任意识、参与意识、监督意识、公共精神；再次，世界公民资质以具有权利公约意识为起点，应具有包容的态度、公民美德，以及跨文化适应能力等；最后，也是至关重要的，无论哪种身份的公民都应该具有法律面前一律平等的意识。全体公民不仅应该实现权利和义务的一致，而且应该无一例外地履行权责。概言之，中小学公民教育政策追求个人价值和社会价值的统一，实施权责一致的教育，培养享受权利并履行义务的社会成员。其价值导向实际上定位于培养健全自律的独立人格，使个体充分认识自身的公民身份所承载的意蕴和责任，培养中小学生具备享有公民权利和履行公民义务的资质。

二　转型社会中小学公民教育政策文本要素确定

公民教育政策文本的一般结构包括价值取向、培养目标、教育内容、实施途径、保障条件五个要素。根据政策背景、政策类型、政策功能的不同，在具体文本上会有所取舍，有时是显性的，有时是隐性的。但从总体上看，这五个要素缺一不可并且有相互衔接、层次递进、相辅相成的关系。政策价值取向引导政策培养目标的设定，培养目标反过来体现政策价值取向的追求；政策价值取向和政策目标共同规定了政策内容，政策内容的选取反过来为政策价值取向和政策目标服务。政策的实施手段和保障条件由政策内容决定，同时也受政策实施的背景条件约束。

（一）采取体现公民教育核心理念的政策价值取向

1. 政策价值取向与公民教育思想存在内在对应关系

价值取向是公民教育政策的灵魂。价值取向在政策文本中体现为指导思想和基本原则，具有较强的稳定性。一个国家的公民教育政策价值选择不可能与具体公民教育思想完全一致，但可以肯定的是，在价值选择的背后，都隐藏着不同的公民教育思想。隐含自由主义公民教育思想的公民教育政策，其价值取向充分肯定个人的自主性，自由权利的优先性，重视人的平等性和政治中立。它主张个人权利不能为了公共利益而被牺牲，个人利益优先于任何社会责任或促进公共利益的要求，公民必须遵守法律的基本要求，但公民参与公共事务等责任并不被强调。隐含共和主义公民教育思想的公民教育政策，其价值取向强调国家利益，主张社会利益优先于个人利益，个人应当服从于国家。它主张公民应当具有爱国主义思想，并倡导服务国家、关心他人、积极实践、奉献社会等公民美德，鼓励公民积极主动地参与国家政治生活和社会生活，通过与其他参与者的互动来完善自身人格。隐含社群主义公民教育思想的公民教育政策，其价值取向既反对自由主义主张的个人利益绝对优先，也不鼓励公民无条件地履行国家任务，为公共利益牺牲个人利益。它主张国家和社群利益优先于个人利益，认为个人自由的实现必须以公民对社群的认同为前提，公民在行使权利时必须首先考虑到其应当承担的社会责任，并认为积极主动地参与社群公共事务是享有公民资格的重要前提。隐含多元文化主义公民教育思想的公民教育政策，其价值取向主张不同的社会群体都有维持其独特的文化认同、享有其文化特质的权利，肯定和正视差异，追求实质性平等。它反对歧视，强调增强社会的包容性，主张支持多元文化发展，提倡传递容忍文化差异的价值观和培养跨文化的适应能力。每个国家的公民教育政策都基于各自所秉持的公民教育思想提出价值取向，都反映出对公民及公民教育基本问题的回答，体现出公民对与国家、社群、世界三者之间权利与义务关系的取舍程度。

2. 价值选择应实现民族文化和公民教育理念的统一

公民教育政策的价值选择是政策制定者根据国家的社会经济发展水平和文化传统对不同公民教育思想的取舍。公民教育是一国文化的重要组成部分，必然受到国家传统文化特性的影响和制约，反过来也体现民族文化与思维方式的特质。由于政治制度、社会结构、历史沉淀和文化传统不同，世界各国对公民教育的价值选择各不相同，并设置了独特的公民教育目标和内容。我国具有深厚的儒家文化传统，强调追求群体价值和社会价值。在个人利益与群体利益发生矛盾时，我国传统首先强调的是国家、社会和集体的利益，重视的是国家意识的培养，目的是增强国家、社会和集体的凝聚力。但是，重视国家、社会和集体的利益不应以牺牲个人的主体性为代价，因为在要求个体绝对服从集体的同时，会模糊国家权力的边界，造成国家对个人权利的无视和侵犯，导致专制政府的出现和个体依附性人格的养成。这与现代社会崇尚民主、自由、法治的政治理想，培养独立人格、参与意识和理性精神的宗旨是背道而驰的。因此，公民教育政策的价值选择既要考虑国家的文化传统和国民的思维习惯，也要坚持现代社会的民主追求，实现民族文化传统与公民社会理想的内在统一。儒家教育思想特别重视伦理教育，重视人与人之间的关系处理，谋求养成正义、善良、协调、合作、谦让的道德品质，这是我国培养公民德行中应该坚持的。而封建王权社会遗留下来的服从尽忠的臣民意识是必须摒弃的。我国国民取得公民地位的时间不长，公民文化传统也相对缺乏。作为现代化进程后发外生型的国家，我国公民教育更应把社会成员当成一个个有思想、有理性、有责任能力和有主体创造性的人，也就是有尊严的人来培养，突出培养主体人格、独立精神、参与意识、理性行为习惯等公民教育价值取向。并且，这种价值取向应该贯穿公民教育的全程。也就是说，对人性的尊重不仅体现在公民教育政策的目标设置和内容安排上，更体现在教育过程与方式的选择上。用培养为“人”的方式培养人，而不是培养为“奴”的方式规训人，为学生提供从思想观念到行为习惯上养成公民素质的环境氛围。

（二）设置有利于学生公民资质形成的政策目标

公民教育政策的培养目标体现的是公民教育政策的价值追求，在政策文本中就是由指导思想和基本原则所决定的公民教育目标。它取决于公民教育的服务对象，也具有较强的稳定性。

1. 设置与认知规律相对应的培养目标

公民教育作为普通教育的一个分支，必须遵循人的认知规律，因而，公民教育政策具有与一般教育政策一致的目标内容领域。关于教育目标的分类，学界有一个认识发展的过程。1956 年，美国著名教育心理学家布卢姆（B. S. Bloom）以行为主义心理学为理论基础，立足于教育目标的完整性，制定了教育目标的分类系统。[①] 布卢姆认为，以学生的外显行为作为分类的对象是有必要的，因为在学生的内隐心理活动和外显行为中，只有外显行为是可观察、可测量的，只有以外显的行为作为分类的对象，用关于外显行为的术语来陈述教学目标，才具有实际意义并能加以客观地评价。他提出把教育目标分为认知、情感和动作技能三个目标领域，并按照由低到高、由简到繁的顺序把每个目标领域再细分为多个层次和水平。在此基础上，1998 年美国学者霍恩斯坦（A. Dean Hauen Stein）发展了布卢姆的教育目标分类，提出了一个全新的教育目标分类体系。[②] 霍恩斯坦将教育目标划分为认知领域、情感领域、动作技能领域和行为领域。在霍恩斯坦的教育目标分类中，除了对认知领域、情感领域和动作技能领域加以重新界定之外，还增设了一个综合性的领域，即行为领域，这个领域是认知领域、情感领域和动作技能领域的综合。事实上，各国公民教育的内容划分，大致都涵盖认知、情意、技能三大领域。例如，美国全国性公民教育学术团体全国社会科审议会（National Council for the Social Studies）在 1983 年发表并于 1989 年修订的《寻找社会科的范围与顺序》（In Search of A Scope and Sequence for the Social Studies）的专题研究报告中，将社会科的教育目标分为：知识、民主价值和信念、技能三个方面。又如在英国国家课程委员会 1990 年发布的《课程指引》第八册中，阐述了公民教育的重要意义，并提出公民教育的具体目标包括：知识、技能、态度、道德规范与价值观念四个方面。

按照教育内容目标分类理论的主要思路以及现代社会对公民的资质要求，可以将现代公民教育政策的培养目标划分为公民知识、公民技能、公民美德、公民人格四大领域。公民知识是指公民适应

① 〔美〕洛林·W. 安德森：《布卢姆教育目标分类学》［M］，外语教学与研究出版社，2009。

② 邓泽民、赵沛：《职业教育教学设计》［M］，中国铁道出版社，2006，第 80 页。

现代社会公共生活所需的各学科知识，包括哲学、政治、经济、法律、心理，以及社会生活交往方面的基本知识，这些知识是形成公民意识、养成公民良好品质和行为习惯的基础。通过这些知识的学习，受教育者不仅要明确公民身份的含义，把握公民的权利与义务，还要正确理解公民与国家、社会的关系，形成独立的思维习惯和理性的辨别能力；公民技能是指，公民参与社会生活和公共事务所需的基本技能，包括阅读与学习的技能、认识与理解的技能、分析与思考的技能、判断与决策的技能、团体活动与参与社会事务的技能等。全球化时代对公民能力提出了新的要求，包括多样性的洞察力和鉴赏力、国际展望的能力、调解和谈判的技能，理解并包容不同意见的能力、对自己的行为高度负责的能力等。① “公民美德”是指，作为社会或国家公民的个体，在遵循或履行社会公共伦理规范的实践中，逐渐养成的具有公共普世意义的美德和伦理品质，诸如：文明礼貌、正义感、社会责任感、平等、宽容、诚信、感恩、同情心、互助、仁慈、爱国主义、人道主义和国际主义等。② 公民美德无固定统一标准，但作为现代社会公民，形成正确的善恶观念，实践和维护基本的伦理规范，是对公民道德的底线要求；公民人格是指，公民适应现代社会生活所必须具备的心理和行为特征的总和。人格特征是公民素质的综合体现，有内在人格特征和外在人格特征之分。公民的内在人格特征表现为与公民身份相称的心理特质、价值观、情感、态度、意识等，如自尊、自律、自强、自立等心理特质，尊重不同意见的态度，公平正义的立场、观点，友爱、互助、宽容的情感，积极参与国家与社会事务的公共精神、监督意识。公民的外在人格特征表现为公民行为和公民技能，如符合法律和道德规范的公民行为和独立思考、理性判断、自主选

① Berman, Sheldon, *Children's Social Consciousness and The Development of Social Responsibility* [M], Albany: State University of New York Press, 1997.

② 《公民美德构成现代社会政治文明建设的社会根基》[EB/OL], http://www1.tyust.edu.cn/yuanxi/xuanchuanbu/xcb/onews.2008-06-3/2011-02-11。

择的公民技能。

上述这四项公民教育政策目标领域还具有渐次递进的关系。公民知识是其他公民资质形成的基础，学校通过传授公民知识，培养公民的价值观、态度和情感，形成公民意识；具备公民意识的学生，运用学到的公民知识，参与社会活动，从中训练公民技能和培养公民行为习惯；当公民行为日积月累，按照伦理规范逐步形成习惯后，公民道德成为人们判断是非的基本标准和行为的主要准则。达成以上公民教育目标最终都是为公民人格形成服务的，因为公民价值观与态度、情感与意识、知识与技能、行为与习惯等构成了内在与外在相统一的公民人格。可以说，公民人格既建基于价值观和态度之上，又以公民知识、公民技能、公民道德为基础，三者合一方能构成公民人格。并且公民教育在培养公民知识方面离不开基本伦理，只有具备伦理基础的公民知识才有价值；而公民技能的运用也必须遵循基本的道德标准。

2. 设置与角色层次相对应的培养目标

围绕公民资质，在国家层面公民、社会层面公民、世界层面公民等角色的不同维度上，现代公民教育政策形成了不同层次的具体目标。就国家层面公民而言，公民教育是向中小学生传授有关国家政府与法令方面的知识，培养公民对国家制度、法律制度的合理认同，使中小学生了解公民身份赋予的权利和对国家、社会应承担的责任，从而在依法行使权利的同时，忠诚地履行对国家应尽的责任和义务。就社会层面公民而言，公民教育是指经过基本陶冶，使中小学生的心灵、精神、品德得到成长，形成主体性，培养民主、自由、平等和主权在民的现代精神。养成健全独立的人格，提高公民素养、促进公民个人发展的过程。与此同时，公民教育还是传递公民伦理、社群认同和传统文化的过程。通过社群活动，培养中小学生社群认同感和积极参与社会事务，形成尊重、谦让、诚实、负责任等基本道德，维护和谐人际关系的过程。通过伦理教育，使公民养成文明礼貌，助人为乐，爱护公物，保护环境等社会公德；养成爱岗敬业，诚实守信，办事公道，服务群众，奉献社会等职业道德；养成尊老爱幼，男女平等，夫妻和睦，勤俭持家，邻里团结等家庭美德。通过文化传统教育，使学生了解民族文化传统，并养成积极参与社会事务的习惯和能力的过程；就世界层面公民身份而言，公民教育是培养中小学生具有国际性和国家性、普世性和民族独特性的双重文化品格的过程。通过全球教育、多元文化教育和环境教育，培养公民民族意识与爱国精神，形成热爱和平、世界一体的观念，以及良性竞争、谋求世界发展的意识；通过多元文化教育，培养未来公民包容、尊重不同民族之间的文化差异，形成相互交往、相互沟通的意识，具备处理全球问题知识与技能；通过环境教育，培养公民生态意识与人道精神，养成保护环境，关心自然，保护地球的资源和生命，尊重生物的差异性和多样性的行为习惯。

（三）围绕公民知识、公民能力和公民德行安排公民教育课程

教育内容是公民教育政策的载体。教育内容本应是一个自成体系的整体，但是我国公民教育政策在发展过程中逐步形成了主要内容和辅助内容并行的局面。由于我国中小学公民教育政策长期以政治教育和道德教育为核心，真正对公民资质形成必不可少的法治教育、公共安全教育等，却成了次要内容。现代中小学公民教育政策既要使学生个体受到陶冶，获得心灵、精神、品德的成长，形成健全人格，也要使他们社会化，成为见识丰富、能有效地享受权利和履行义务，并能负责任地参与社会生活的公民。因此，以学科课程引导中小学生形成正确的价值观、养成人文精神的人文学科和以活动课程传授社会知识，培养中小学生参与社会事务能力的社会科学，两者互为补充、缺一不可，共同构成现代公民教育政策的教育内容。

1. 以学科课程传授公民知识，培养公民意识

学科课程也称分科课程，是一种主张以学科为中心来编定的课

程。学科课程主张课程要分科设置，分别从相应科学领域中选取知识，根据教育教学需要分科编排课程，进行教学。公民教育政策以学科课程开展公民教育，可以保证公民教育课程的逻辑性、系统性和简约性，有利于学生学习和巩固知识，同时也便于设计和管理。

(1) 公民教育政策教育涵盖学科的基本特点

公民教育具有人文学科和社会科学交错的学科特点。在一些国家，"公民教育"被称为"社会科学（social sciences）、社会学科（social studies）、社会（society）、社会的学科（studies of society）、生活技能（life skills）等"。也就是说，在全世界范围内存在以社会科学替代公民教育的倾向。这种现象有其特定的历史渊源。当前，世界各国的公民教育受西方主导的价值取向——现代性的影响非常深远。现代性最大的特征就是坚信科学和技术会将人类从自然和社会对其存在的限制中解放出来。当代西方哲学家、社会理论家及启蒙时代的科学家们大多梦想着一个存在普遍真理、正义、善良、繁荣和美好的社会。他们认为，坚持科学分析思路和技术进步的结合，即技术理性（technical rationality），这个理想便能在科学、法律、经济、政府和艺术领域得以实现。相应地，人文学科在各国公民教育中未受到应有的重视。

然而，就客观而言，技术理性并没有使现代性的梦想成为现实：现代社会并没有产生广泛的正义、善良、繁荣和美好。相反，忽视人文理想的社会是支离破碎的、享乐主义的、叛逆的、自恋的和缺乏社会认同感的。① 正如赫伯特·西蒙（Herbert Simon）指出的："理性完全是工具性的。它不能告诉我们去哪里；顶多就是告诉我们怎么去。它是一支供租用的手枪，能服务于我们的任何目标，无论好坏。"② 西蒙的观点既指出了工具理性的结构性缺陷，

① Bell D. *The Cultural Contradictions of Capitalism* [M], New York: Basic Books, 1976.

② Simon H. A. *Reason in Human Affairs* [M], Standford, CA: Standford University Press, 1983.

也是对公民教育应重视人文学科教育的提醒。社会科学知识固然是公民教育的主要内容，但如果因此忽视人文精神的养成，将社会科学等同于公民教育，那么，以技术理性、工具理性为主导的价值取向将会使现代国家产生诸多社会问题，如政治冷漠、价值虚无、道德下滑等。因为恰当的目标和处理问题的态度是什么，这并不是知识或技术问题，而是价值判断，需要以个体的人生观、价值观、世界观做支撑。现代公民教育的目标是培养健全自律的独立公民，也就是说，现代社会公民除了必须具备广博的公民知识、基本的公民参与能力外，更要有自由平等、公平正义的信念，养成良好的公民德行，具备基本的人文关怀和人文精神。这都有赖于人文学科的教育。通过人文学科的教学，引导学生加深对人类的认识，培养人文理想、人文精神、人文关怀，形成规范、指导和约束着自身活动的人生观和价值观，是公民教育必不可少的重要内涵。

因而，公民教育政策的学科布局应该是，人文学科与社会学科并重，共同作为培养公民的基本内容。在传授社会知识、参与技能的同时，赋予未来公民对理想世界和理想人格的追求、高扬人类价值、培养实现自身完善以及谋求个性解放的人文精神。这将使中小学生在未来成长为成年公民以后，具有充分的公民资质参与公共生活和社会事务，在处理个人与国家、个人与社会、个人世界的关系，运用科学知识和先进技术解决问题的过程中，拥有公平、正义等人文观念，并能够以深刻的人文思想和对人类终极关爱的价值观，思考公共问题，做出抉择，从而为人类生命寻找更崇高的价值。

（2）公民教育政策涵盖学科的具体构成

公民教育政策依据现代公民的培养目标组织教育内容，大部分人文学科、社会学科以及一些自然和交叉学科都是公民教育政策的必选教育内容。

公民教育应涵盖的人文学科包括哲学、伦理学、文学、历史学、文化学、人类学等学科。其中，哲学是关于自然、社会和思维一般规律的学说，哲学教育帮助学生形成正确的世界观、人生观和价值观，提高逻辑思维能力，养成理性思考的习惯，掌握人类社会发展的最一般规律；伦理学教育培养学生形成爱国主义情感和人类基本的同情、同理心，掌握现代伦理范畴、树立正确的是非观念，养成社会公德、职业道德和家庭美德，自觉践行文明礼貌、正义、平等、宽容、诚信、社会责任感等公民美德；文学教育培养学生对祖国语言文字的热爱和对民族文化的珍视，陶冶情操、塑造人格，建设精神家园，使学生具备现代公民的基本文化修养和人文素养；历史教育通过对学生理性、客观的人文教育，使他们对道德和伦理问题具有一定的认识与判断能力，同时培养他们对人类文明、社会和生命的关怀与尊重；文化学教育，主要是民族传统文化和世界文化的教育，帮助学生形成文化关怀，使其对本土文化产生认同，培养多元文化接纳能力，学会吸取外来文化的精华，帮助学生理解和尊重生活在不同信念、信仰、种族和文化背景下的人们，成为一个具有高尚文化气质的人。[①] 人类学帮助学生以全面的方式理解人，不仅了解人的躯体构造，而且理解人类所有思维与想法的可能性，例如，人类如何行动、如何认知自己的行动、行动的结果又如何影响人的思考以及人与其他群体的互动等，使学生学会理解、尊重人类社会的不同群体，加深与不同群体之间的互动。可见，人文学科在公民教育中承载着帮助学生树立人文理想，形成自由平等、公平正义等价值理念，培育人文精神、人文关怀的使命。

公民教育的社会学科包括政治学、经济学、法学、心理学、地理学、社会学等学科。其中，政治教育应教给学生政府的功能、职责，民主的理念和基本内涵，国家的选举制度、政治制度和民族制度，人民行使参政权、监督权的方式方法，国际社会、国际组织和国家政治经济关系的基本知识，在此基础上，培养公民参与政治事

① 胡梦鲸：《从通识教育到全人教育——课程理念的合理转化》[A]，《各国中小学课程比较研究》[C]，台北：师大书苑有限公司，2002，第44~45页。

务的意愿、能力和技巧；经济教育培养学生获得应具备的经济知识、了解基本的经济制度、市场经济的特点、主要的经济现象，形成经济道德和处理经济问题的基本能力，获得在市场经济社会生存和发展的基本技能；法制教育的主要使命是对公民进行宪法和主要法律的教育，树立“法律面前，人人平等”的观念，培养学生学会利用法律保护公民合法权利，明确作为社会成员必备的社会责任，了解公民应尽的义务，增强守法意识；心理教育培养学生的独立意识、公民意识，以及自尊、自爱、自重、自强等心理特质，懂得尊重、关心、包容他人，具备参与公共事务的意愿和能力，成为心理健康、人格健全的公民。地理教育激发学生对多姿多彩的地理事物的审美情趣和对祖国美好地理环境的热爱，引导学生关注当今世界日益加剧的人口、环境、生态、资源、能源等环境问题，提高学生的环境保护意识。社会教育让学生了解现代社会中的各种生活实态，以及当代社会形成、演进的过程，把握现代社会运行和发展的规律，以及社会良性运行、协调发展的条件和机制，帮助学生解释各种社会现象，如社会制度、社会系统、社会活动、社会关系、社会运作程序、社会团体等，使学生全方位地社会化，更好地适应现代社会生活。社会学科在公民教育中承载着培养学生具备做一名现代公民所应具备的基本知识和参与公共事务、行使公民权利、履行公民义务的基本技能的使命。学生在社会学科学习、探究过程中掌握的方法，如收集资料，选择与运用资料，分析与批判思考结果，理性与客观地进行推论，做决定与解决问题等，是形成现代公民必备能力所不可或缺的。

在以人文学科和社会学科为基础的学科建构上，根据现代社会对公民资质所提出的要求，公民教育政策还应适当地补充一些自然学科和交叉学科，如科学学、环境学、生理学等。科学教育，使学生具备基本的科学素养，树立科学思想，崇尚科学精神，了解必要的科学技术知识，掌握基本的科学方法，并具有一定的应用其处理实际问题、参与公共事务的能力。环境教育兼有自然科学与人文社会科学的内涵，帮助学生从多种角度全面地理解环境系统，掌握社会环境与生态环境及其内部各组成要素之间的密切联系和相互作用，形成正确的环境价值观，养成与环境和谐相处的健康的生活习惯，增强积极参与有关环境和可持续发展决策与行动的意识。生理教育帮助学生了解生物机体的生命活动现象和机体各个组成部分的功能，把握活机体的正常生命活动规律，从而遵循人类生理机能，养成保健的习惯，为健康地履行公民权利和义务奠定基础。高速发展的现代社会具有科技日新月异、人口剧增、资源过度消耗、环境污染、生态破坏、国家和地区之间贫富差距扩大、生活节奏加快、工作压力加大等特点，这些自然学科和交叉学科，承载着帮助中小学生获取适应现代社会基本生活方式的理念、知识和技能，成为积极主动、健康向上的现代公民的使命（见图 7 -1）。

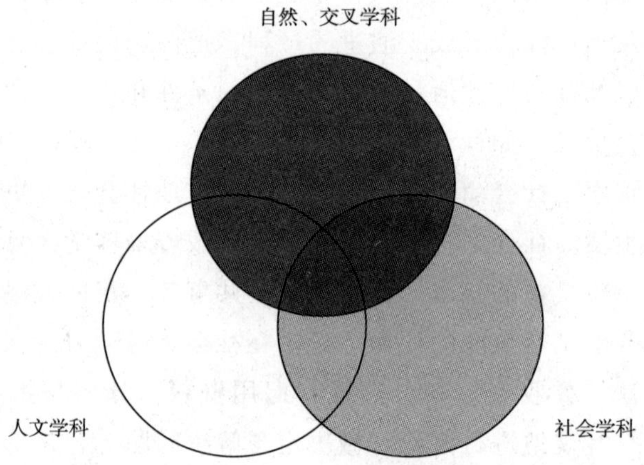

图 7 -1　公民教育学科

（3）公民教育政策涵盖学科的融会贯通

现代社会知识的分化发展，导致学科分化的趋势越来越明显。从学科构成上看，公民教育政策应涵盖的学科不下十个，并且还有增加的趋势。但是，近代以来的研究表明，分科教学的方式不利于学生成长。原因在于：第一，分科教学将本来有着密切联系的学科割裂开来，使学生不能从整体上去把握知识，忽视对知识的真正理解，造成学生“只见树木，不见森林”的思维模式。第二，分科教学的知识传授方式，容易让学生形成死记硬背的习惯，压抑学生的主动性和积极性，造成学生的厌学情绪，形成被动学习的状态。第三，分科教学在一定程度上限制了学生的创造意识、创造精神和创造能力的发展，不利于培养学生解决实际问题的能力及学生情感、道德等社会性的发展。公民教育的终极目标是培养学生的公民意识、公民德行和公民人格，孤立的、支离破碎的分科课程不利于以德行为核心的完整人格的形成。

公民教育中的人文学科、社会学科、交叉学科有各自意涵，但它们之间的密切联系大大超过了它们之间的区别。原因在于，虽然人们对它们的研究对象能够作某种程度的区分，但这些知识本质上却是密切联系在一起的。因为社会归根到底是由人构成的，任何社会现象终究是通过人的社会行为或社会活动来表现的，离开了人，就谈不上什么社会，也不可能有什么社会现象。社会科学与人文学科所呈现的互异又互补的性质，正好构成了两者在公民教育中的共生伙伴关系。[①] 而交叉学科本身就体现了人文学科和社会科学的有机融合。公民教育政策只有以社会知识为主要内容，同时吸取哲学理想、伦理观念、道德规范和人文精神，并加以融合，才能塑造现代社会所必需的具有公共精神、见识丰富而又能做出负责任的抉择的公民。因此，公民教育政策不适用分科课程，而必须以知识与情意并重，相关学科知识充分整合的综合课程呈现。

针对学科课程只向学生传授知识，不能解决实际问题，脱离学生的实际生活，忽视人的情感等心灵世界的种种缺陷，20 世纪初起源于德国的合科教学逐步发展为综合课程。综合课程是主张整合若干相关学科成为一门更广泛的共同领域的课程。它打破了传统分

① Engle, S. H. & Ochoa, A. S. *Education for Democratic Citizenship.* N. Y.: Teachers College Press, Columbia University. 1988.

科课程的知识领域，将相关学科领域组合起来。这种依据学科逻辑联系、组织教材的方式，有利于培养学生系统思考的思维习惯、主动积极的学习态度和健全自律的完整人格。在学科日益分化多元的今天，我国中小学公民教育政策应探索以公民德行为核心，遵循权责一致的原则，采用高度整合相关学科知识的综合课程类型，逐步克服现有政策多科性带来的问题，让学生在有限的学习时间内充分掌握必备的公民知识。

2. 以活动课程培养公民技能，陶冶公民德行

活动课程亦称经验课程、儿童中心课程。它是与学科课程相对应，以儿童从事某种活动的兴趣和动机为中心组织课程的类型。在培养健全自律公民的总体目标里，能从课堂教学里获得的公民知识只是一小部分，主体部分的公民意识、公共精神、公民德行、公民能力等都不是从知识学习中得来的，而是在现实生活中通过亲身体验和实践逐步培养、锻炼出来的。因此，公民教育政策更应关注活动课程的设置。公民教育政策的活动课程由以下三部分构成。

体验课程。体验课程超越具有严密的知识体系和技能体系的学科界限，强调以学生的经验、社会实际和社会需要的问题为核心，以主题的形式对课程资源进行整合，着眼于培养学生的探究精神和解决问题的能力。体验课程的特点是让学生联系社会实际，通过亲身体验进行学习，不断积累和丰富直接经验，并以学生接触社会的广度、深度和自身的感悟、成长体现学习效果。体验课程的目的是让学生通过亲身实践，增强探究和创新意识，学习科学研究的方法，发展终身学习和综合运用知识的能力，同时增强学生的社会责任感。

探究课程。探究课程以学生在日常生活中发现的问题为中心，以小组合作学习为基本方式，其学习过程就是学生收集资料、理性分析、批判思考，通过逻辑推理解决问题的过程。探究课程强调多样化的实践性学习，如调查、访问、考察、操作、服务等。探究课程的特点是从学生生活和社会生活中选择和确定研究专题，主要以个人或小组合作的方式进行，并且，教师在学习过程中扮演的是组织者、参与者和指导者的角色。探究课程的目的是让学生通过亲身实践获取直接经验，养成科学精神和理性态度，掌握基本的科学方法，提高综合运用所学知识协作解决实际问题的能力。

延伸课程。延伸课程建立在体验课程和探究课程的基础上，是引导学生更加深入社会的课程形态。延伸课程的特点是超越教材、课堂和学校的局限，在活动的时空上向自然环境、学生的生活领域和社会活动领域深入延伸，进一步密切学生与自然、社会、生活的联系。延伸课程的学习过程主要表现为社区服务。延伸课程为学生提供了一个相对独立的学习生态化空间，让学生成为这个空间的主导者，以自我和团队为中心，独立承担整个活动的组织工作，推动活动的进行。在这个过程中，学生谋求独立完成整个活动，而不是聆听教诲和听取指导。教师在延伸实践活动这个生态化空间里，只是一个引导者、指导者和旁观者。延伸课程的目的是通过学生在本社区以集体或个人形式参加各种公益活动，培养学生积极参与社会事务的意识，关心公益的公民德行和独立解决问题的能力。

3. 遵循青少年成长基本规律，设置公民教育政策课程

学科课程和活动课程只是代表了教学内容的不同组织和传授方法，中小学公民教育课程政策还必须考虑青少年发展的身心规律，按照不同成长阶段的青少年身心发展的基本特点，合理地安排学科课程和活动课程。参考格罗斯（Gross）和丹尼逊（Dynneson）于1985年提出的公民发展模式理论[①]，可以将中小学公民教育政策的课程划分为四个阶段。

（1）形成性公民课程（5～9岁）

这一阶段的儿童处于小学低年级阶段，发展特点是生物性依赖

① Dynneson, T. L. & Gross, R. E. *An Eclectic Approach to Citizenship: Development Stages* [M], The Social Studies . 1985. pp. 23－27.

开始减少，进入学校接受教育之后，学校环境成为新的挑战。儿童必须学习新的行为，建立新的社会关系，分辨行为的适当性，了解自己和同学。教师是儿童所接触的家庭外的第一位成人，对儿童了解公民身份的意义有极大影响。教师扮演公民身份的媒介（言传），充当学生的公民楷模（身教），是学生获得成人世界中公民行为的资讯来源。这一阶段的公民教育课程应帮助儿童通过具体的活动与经验，关心自己和身边社会以及自己和自然的关系，并使儿童对自己和自己的生活加以思考；在现实中实践生活规范和基本礼仪，养成良好的行为习惯与生活所必需的技能，以确立自立的基础。

（2）分层性公民课程（10～12岁）

这一阶段的儿童处于小学高年级阶段，发展特点是开始了解社会类别和发展成员行为，并开始以多元群体关系的观点来认识社会。他们不但能认同这些团体，并且能分辨其亲疏关系，更能以其亲疏远近来决定参与这些团体的优先次序。他们渴望了解影响个人与团体生活的重要事件，并且能致力于团体利益的改善工作。这一阶段是儿童发展对他人负责的态度及价值观的关键时期。公民教育课程应培养学生形成健康的心理特征和基本的道德习惯，建立正确的伦理观念，养成尊重人性和生命的观念；帮助学生了解本国历史文化及民族传统，以培养学生对国家、民族和历史文化的热爱；增进思考和判断的能力，培养负责的行为与态度，形成作为一名国家、社会成员所必备的基础性公民资质。

（3）横向社会关系公民课程（13～15岁）

这一阶段的青少年处于初中阶段，发展特点是扩展团体内公民的联系。在这一阶段，同伴关系成为影响青少年的主要力量，同伴关系是建立在青少年共有的价值规范上，具体表现在崇拜偶像、追求时髦、奇装异服及特殊的语言等方面。这是因为传统的家庭价值尚未消除，青少年又需要共有的文化。这一阶段的课程应培养学生的道德观念，使其在日常生活中有良好的行为；传授基本的法律和政治知识，使学生正确认识公民的权利与义务；加强学生对社会和经济的基本认识，培养学生关心社会事务的观念和积极参与经济、社会建设的能力；增进学生对中西方文化的基本知识和欣赏能力，养成尊重不同文化的态度。

（4）纵向社会关系公民课程（16~21岁）

这一阶段的青少年处于高中阶段，发展特点是寻求团体内部和团体之间的稳定发展，逐步放弃前一时期的横向关系与价值观，代之以超越年龄、性别、职业及文化联结的纵向关系。为了维持个人所追求的归属感、和谐感，他们必须确立较为广阔的价值观，同时，也必须向他人证明自己行为的正当性，以保持他们在团体内部和团体之间的地位。这一阶段的课程应增进有关哲学、社会、文化、法律、政治与经济方面的知识和能力；发展道德判断能力，培育担负国家主权的公民所必需的基础性教养，养成健全人格；确立正确的人生观、价值观、世界观；让学生深刻理解在现代生活中，个人应担负的责任；关注国际和国家的发展，能根据确切资料，从各角度观察思考，以实事求是的态度作出公正判断的能力；培养国家精神，领悟热爱祖国、谋求和平、繁荣发展的重要性。

（四）以学科渗透、校内活动、校园文化、网络技术等推进政策实施

实施途径是公民教育政策的抓手。实施途径在政策文本中体现为公民教育政策实施的方法和手段。它取决于政府推进公民教育的需要和学生的接受能力、特点。它受国家政治、经济发展影响不大，是政策文本中相对灵活易变的部分。

1. 开设独立的公民教育课并以相关学科渗透开展公民教育

开设独立的公民教育课程，建立完善的公民教育课程体系，这是实施学校公民教育的最基本途径。课堂教学是师生最专注、教学最有效率的环节。设置专门的公民教育科目和课时，不但能引起教

师和学生的重视，还可以使学生更系统地掌握知识，参与思维训练，从而达到很好的效果。学校实施公民教育课堂教学有不同的途径与方式，如学科课程与活动课程并用，必修课与选修课并行，独立课程与渗透课程并举等。独立课程围绕公民教育的价值取向和目标，按照课程的学科构成，结合学生的身心特点和成长需要，安排具有层次性和系统性的公民教育课程，实施中小学一体化的公民教育。选修课程将公民教育整合渗透到相关课程中。公民教育涉及的学科范围包括政治学、法学、伦理学、社会学、心理学、历史学等诸多学科领域，而且随着时代的进步，公民教育的内容也在扩大，如此丰富的内容远非一门课程所能容纳。因此，除了开设独立的公民教育课程之外，还应将公民教育整合渗透到相关学科中，通过多种课程共同促进学校公民教育的实施。

2. 开展班集体、校内社团、社会实践和社区服务活动

在活动中提高认识和实践能力是公民教育的特点。伴随着中小学生的成长过程，他们的活动圈子也不断扩大。首先，全员参与班集体活动。中小学生最早接触的是班级活动。班集体是按照班级授课制的培养目标和教育规范组织起来，以共同学习活动和直接人际交往为特征的社会心理共同体。班集体是一个以学生亚文化为特征的社会群体，班主任是班集体的引导人。班主任应在班集体活动中，传递公民权责一致的价值观，营造民主、平等的氛围，培养学生的社群意识。并且，班主任还应引导学生学会区分、辨别和评价社会现象，形成正确的是非观念，正确处理集体与个体、个体与个体的关系，增强学生道德感和参与社会活动的能力，促进学生人格的健康发展。其次，广泛开展各种以学生为主体的社团活动。学生社团包括：学生会、共青团、文学社、艺术团等不同主题的学生组织。这些团体是学生培养公民意识、公民道德、公民能力的良好平台。社团遵照民主的基本原则运作，开展以学生为主体的活动，并在活动过程中关注学生的主体需要，尊重学生的主体地位，发挥学生的主动性、积极性、创造性，培养学生的主体意识和能力，塑造主体性人格。再次，重点推进社会实践活动。学生走出校门的第一步就是社会实践活动。社会实践是中小学生亲身体验社会生活的机会，通过亲身实践，学生得以增长见识，加深对社会的了解。组织学生开展社会实践活动要经过周密的计划分工、充分的沟通协调、努力地推进实施，才能获得成功。因此，社会实践对于提升沟通协调能力、分析思考能力和协作解决问题能力都有极大帮助。最后，探索推进社区服务。如果说社会实践仍然是在教师指导下开展的话，那么，社区服务就是学生自主地在社会上与人交往的过程。社区服务是学生自主地参与到社会工作当中，利用和开发社区资源，开展各种福利服务和便民生活服务，提升社区成员生活环境的活动。社区服务以学生为主体，学生在个体或集体协作的基础上，通过精心组织的服务获得学习和发展。社区服务旨在培养学生的公民意识、公民能力及社会责任感，使学生对社会有更深刻的理解，并学会在更广阔的社会历史背景下思考社会中的政治问题、道德问题，以及自身如何为社会的进步发挥更积极、切实的作用。

3. 培育民主平等的校园文化

校园文化是学校发展的灵魂，是学校办学理念、基础建设、管理制度以及校风、教风、学风的综合体现。校园文化对学生的人生观、价值观产生着潜移默化的影响，并且对学生产生的影响不是一朝一夕的，而是持久和深远的，并且往往是任何课程所无法比拟的。从培养现代公民的角度看，有利于学生的发展是民主的、平等的、理性的、参与型的校园文化。在民主平等的校园文化中，教师平等地对待每一位学生，充分尊重每一位学生的想法和意见，在充分讨论的基础上按照民主的原则做出共同的决定，让所有学生享有同等的学习和发展权利，在没有歧视的环境下健康成长。在理性参与的校园文化中，教师鼓励每一位学生充分地辩论、推理、分享，以主人公的姿态参与到学校活动中，表达自身的建设性主见，展示自己的才能。在和谐宽松的校园文化中，教师不以条条框框制约学生，而是引导学生无拘束地、开放地发展自己，拥有独立的个性和自我的见解。培育民主、平等校园文化的终极目标在于创设一种氛围，发展学生的创新思维，陶冶学生的道德情操，塑造学生健全的独立人格，全面提升学生的公民素养。

4. 充分利用网络资源开展公民教育

随着信息网络技术的高速发展，以庞大的信息数据库和信息高速公路等要素构成的互联网，将人们带入了全新的网络时代。精彩纷呈的网络文化以其独有的方式深刻地影响着人们的思想观念，潜移默化地改变着学生的生活，也为公民教育提供了崭新的途径。第一，网络能缩短时空距离，拓展公民教育内容。互联网为学校开展公民教育提供了丰富的资源，且不受时空限制。学生可以从互联网上获取大量政治、经济、法律、科技知识，掌握世界各国的最新动态，通过有效的阅读、了解、分析、综合，培养包容多元文化的态度，提高理性思考、国际展望的能力。第二，网络开放、交互式的特点，能够拓宽公民教育的途径。学生可以通过网络聊天、博客等形式，从狭窄的校园走向广阔的社会，通过对社会百态的耳濡目染，培养善恶是非的观念，提升公共精神；教师则可利用无限的网上资源，查阅世界各国公民教育的相关资料，了解公民教育发展动态，学习最新的公民教育方式方法，提高公民教育的实效。第三，网络平台的仿真性，给学生提供了模拟公民行为的机会。通过模拟社会生活与公民活动，学生可以在虚拟的世界中进行仿真练习、模拟观察。网络中的虚拟社区相当于一个社会，学生可以从网络上更好地了解社会，接受教育，然后在真实的社会实践中体验生活，实现政治社会化、法律社会化和道德社会化，进而形成社会所需的态度、品德、能力和人格。

（五）依靠师资队伍建设、管理制度完善和社会公民文化培育等提供政策保障

保障条件是公民教育政策实施的后盾，是政策文本中实现政策

的管理要素。它反映出公民教育的管理水平。随着经济、社会的发展，中小学生成长环境也相应发生变化，公民教育政策的保障条件也应逐步得到完善。

1. 师资队伍保障

实施中小学校公民教育必须依靠一支高素质的教师队伍。一方面，教师应具备开展公民教育的能力。教师是传道、授业、解惑者，教师素质直接影响公民教育的实施效果。从事公民教育的教师应具有正确的公民教育价值取向，善于运用先进的教育教学方法培养学生独立的思维习惯和理性选择的能力，引导学生主动地参与体验、探究和社会服务活动，遵循教育规律和学生身心发展规律开展公民教育。在此基础上，教师还应不断地根据经济社会发展，自觉更新知识，开展学习和研讨，改进教育教学方法，确保公民教育实施。另一方面，教师应该自觉成为一位富有公共精神的现代公民。中小学生是通过模仿学习的，教师的行为和态度对学生具有强烈的引导作用。从事中小学公民教育的教师应树立平等、民主的观念，开放、包容的态度，积极参与社会事务的意识，在日常教学中渗透现代民主观念，通过自己的言传身教影响学生，使学生在不知不觉中接受公民教育。只有教师队伍的素质具备以上两个基本条件时，公民教育的课堂才能真正成为学生公民素质培养的基地。

2. 管理制度保障

制度是人们在推进一项事业的过程中共同遵守的办事规程或行为准则。推行公民教育仅依靠良好的意愿是不够的，关键在于制度保障。中小学实施公民教育的相关制度有：运行制度、评价制度、研修制度、督导制度。运行制度是实施公民教育的体制、机制。公民教育涵盖了学校的大部分学科，需要通过日常课堂教学、班集体和学生社团的实践活动共同推进。这一特点决定了公民教育应有管理体系保障。在校内应建立有明确分管领导、专职部门、专业人员从事公民教育日常管理的体制，各班级、各部门、各社团共同配合的机制。在校外应建立全社会各相关部门共同配合支持公民教育的制度。研修制度是开展公民教育的研讨、交流、培训和进修的制度。公民教育是与经济、社会发展密切联系的综合学科，只有通过各种学术活动，不断地丰富和充实公民教育的知识体系，推进公民教育教师的专业发展，才能适应公民教育的需求。评价制度是对学生接受公民教育效果的评价。公民教育的目的主要在于引导学生在公民意识、公民德行、公民行为等方面发生变化，而不是学生记住了多少知识。公民教育的内容和性质决定了学生进行公民教育学习的效果不能以常用的书面考试或考核的方式检验。教育行政部门应建立科学的学生公民素养评价制度，用以指导和改进公民培养教育教学。督导制度就是教育督导部门或人员依据国家的教育方针政策、法律法规对开展公民教育的情况进行监督、检查、评估、指导。公民教育的实施是否规范、科学，是否得到全社会的支持、配合，需要上级教育督导部门对下一级教育行政部门、所辖学校及政府相关职能部门进行指导、检查和考核。将公民教育纳入政府教育督导、评估范畴，是公民教育落实到位的有效保障。

3. 家庭教育保障

家庭是孩子成长的摇篮，家长是孩子的第一任老师，好的家庭生活是培养人才全面发展的必要组成部分。研究表明，学生最初的民主观念是在家庭中形成的，一经形成，就不会轻易发生改变。并且，学生最早开始学习处理自己与其他人的关系，包括与父母、兄弟姐妹、亲戚朋友等关系不是在学校，而是在家里与家庭成员和朋友的交往中进行的。因此，家庭有责任将现代社会的民主平等观念和约定俗成的家庭、社会伦理观念传递给年轻人。通过家庭教育，让青少年能学到在未来政治生活、社会生活中应遵循的办事规则和为人处世的道理。民主教育方面，家庭可以按照民主的规则讨论和议事，按照少数服从多数的原则做出决定；还可以按照主体教育的原则，让子女平等地表达观点，自由地选择发展的方向，培育健全独立的人格。道德教育方面，家长应教导青少年学会协调个体与他人之间的不同观点，以达成一致意见；还应教导青少年懂得自己的愿望不能随时随地得到满足，必须取决于家庭中其他成员的需要、资源的可供给程度和父母是否认为适当等因素。具备民主参与的政治素养和尊重协作的道德行为习惯是公民在现代社会中行使权利和履行义务的基础，也是公民维护公共善良所必不可少的。

4. 社区教育保障

随着社会作为单独的领域从国家中分离出来，社会承担的公民教育责任越来越明显而重要，因为公民意识的培养不仅需要正规的学校教育，也需要得到社会的广泛支持。社区是中小学生校外活动的主要区域，可以为中小学生增长见识，成为良善公民创造条件。社区承担的公民教育任务包括：一是创设安宁健康的成长环境。社区管理者应整治学校周边环境，加强对文化音像市场、网吧和游戏机房的管理，消除不利于中小学生成长的潜在因素。二是发挥社会资源的教育作用。社区管理者应根据自身条件充分挖掘公民教育资源，利用博物馆、图书馆、少年宫、文化广场等，开展适宜中小学生身心健康发展的活动，满足中小学生求知和探索的要求。三是创设社会实践、社区服务的机会与条件。社会实践和社区服务能锻炼和提升学生参与团体活动与社会事务的能力。社区服务不仅能满足社区发展的需要，还能培养学生积极、健康、宽容的心态，增进对他人的理解和尊重，在潜移默化中建立起民主观念、社会责任感及公益服务精神。因此，利用社区的实际环境，创造条件让中小学生进行实践体验，引导学生参与社区服务是公民教育的重要途径。

5. 公民文化保障

一个社会的文化包括传统风俗、价值观念以及意识形态等，虽然没有契约明示和强力执行，但是它所依赖的大众的价值认同、道德认识和行为习惯也具有强大的威力。公民文化作为非正式制度对法律、法规、政策等正式制度的实施既能起促进作用，也能起阻碍作用。政治学研究表明，一旦非正式制度滞后于正式制度甚至与正式制度不相容，非正式制度就会对正式制度的实施起到阻碍作用。也就是说，文化形态对于公民教育政策的实施有促进或制约的作用。从文化现象本身的构成来看，价值观念是文化的核心问题，价值取向对人们的教育思想、教育态度、教育行为等都具有深刻的统领性制约作用。以价值为核心的公民文化必然影响着人们的教育理念，进而制约着教育目的、教学内容、教学方法，以及教育制度和管理等方面。因此，公民教育政策的实施效果最终还是取决于社会政治文明的发展水平和公民文化的发育程度。我国受封建传统思想影响深重，在臣民文化背景下形成的重功利轻发展、重共性轻个性、重服从轻自主、重认同轻创造的教育价值观显然已不适应现代社会的发展，也将成为阻碍公民教育推进的潜在因素。可以预见，当现代文明的观念深入人心，以人格平等、主动参与、自由民主为基本特点的公民文化在全社会孕育起来后，公民教育政策必然能获得顺利推进，公民教育也将获得繁荣发展的土壤。

简言之，公民教育政策由五大要素构成，每个要素涵盖着相应的具体指标。第一，公民教育政策的价值选择取决于政策制定者根据国家经济、社会发展水平和文化传统，对自由主义、共和主义、社群主义、多元主义等不同公民教育思想的选择和推行。无论选取哪种思想，公民教育所追求的独立自主的人格特质和以权责一致的基本原则处理各种关系的基本价值取向都是始终不变的。第二，公民教育政策的培养目标既有按人类成长和发展的基本规律设置的，培养公民道德和公民人格的目标；也有按照公民角色的不同层次设置的，培养公民美德、公共精神和相应参与技能的目标。第三，公民教育政策的课程内容按照现代社会对公民的要求，具有涵盖社会科学、人文学科及一些自然学科、交叉学科，形成了多学科综合体系的特点。其实施要求学科课程与活动课程并重，并遵循青少年身心成长规律。第四，公民教育政策的实施途径覆盖了学生日常生活的各个方面，通过课堂教学、实践活动、校园文化、网络教育共同实施。第五，公民教育政策实施需要依靠教师队伍建设、管理制度健全、家庭教育配合、社区教育推进、社会文化培育等为其保驾护航。

三　转型社会中小学公民教育政策实施改进

社会成员是否具有公民素养，是区分公民与臣民的重要标志，也是现代社会与传统社会的根本分野。我国正经历从传统社会向现代社会的转型，培育和提升社会成员的公民素养事关现代化和社会转型的进程与成败。当前，我国公民教育政策无论在文本方面，还是实施方面都已经不适应社会转型期的需要，必须积极推进公民教育政策有效改进。

（一）政策价值取向从培养服从性人格转向孕育健全独立人格

公民教育政策应将人的发展放在首要地位，摒弃服从政治和经济需要而牺牲个人，扼杀人的主体性和创造性的传统“工具理性”教育价值观，树立鼓励自由思想和激发主体创造性的教育价值观。公民教育应该致力于培养千千万万健全自律的公民。作为健全自律的公民，他首先是一个具有主体意识的人，并在个性的发展中形成独立人格。[①] 在本体意识上，能够以自我发展的内在需求为本位；在思维方式上，能够坚持科学的个人理性；在行为模式上，富有社会批判和建设精神。[②] 其次，他具有强烈的理性选择意识和高度的社会责任感。个性自由和人格独立不仅不会让他成为自私自利的人，相反，他既有实现自身权利的意识和能力，也有承担作为国家公民、社会公民、世界公民责任的意识和能力。正是在这个意义上，他才能成为健全自律的合格公民。最后，他有强烈的参与社会公共事务的意识和能力。他积极地参与社会和国家公共生活，发挥

① 葛新斌：《公民教育：我国现代化历史进程中的深切呼唤》［J］，《清华大学教育研究》2000 年第 3 期，第 106 ~ 112 页。

② 许纪霖：《知识分子独立人格论》［M］，湖南教育出版社，1988，第 78 页。

对政府部门和公共权力的制约作用。在健全自律公民的人格构成中，个性自由是前提和基础，理性选择意识和高度的责任感是内在素质，参与的意识和能力是外在表现。这种健全自律的公民，不仅能够承担起建设公民社会的历史重任，并且能够参与现代国家的政治生活，能够对现代政治国家起到一种牵制作用。

我国改革开放和社会转型引发了公民教育政策变迁，但是，政策文本的变化一直局限在体现实施途径与保障措施的外围层和体现课程内容的中间层，虽然对体现价值取向和培养目标的核心层有所触及，但没有发生实质性的变化。根据新制度主义学派的“路径依赖”理论，一种制度形成以后，必然要受到自我保护和强化机制的影响，即使制度自身的效率开始降低，甚至对社会生产活动形成一定的阻碍，这种制度的自我保护和强化机制也会使低效率的制度在一定时期内持续存在。公共政策的变迁，受政治、经济、社会、心理等各种因素的影响，与制度变迁体现着同样的自我保护与强化作用。这决定了政策变迁与制度变迁一样，不可避免地要面对突破“自我保护壳”的难题。[①] 我国公民教育政策核心层的价值取向和培养目标就是这个已经不适应社会转型的“自我保护壳”。如果核心层仍不突破，那么外围层和中间层的变化都将失去意义，因为过早进行意识形态教育与培养学生的自主性在逻辑上是矛盾的，为此，我国公民教育政策价值取向必须因应时代需求作出相应的改变。

（二）政策培养目标从国家公民扩展至多维立体公民

长期以来，我国公民教育政策主要着眼于培养“国家公民”，缺乏“社会公民”“世界公民”意识与行为的教育。社会转型之前，中国是一个总体性社会，国家几乎垄断了全部重要的稀缺资

① 王骚、靳晓熙：《动态均衡视角下的政策变迁规律研究》［J］，《公共管理学报》2005 年第 4 期。

源。国家对经济以及各种社会资源的全面垄断，使政治、经济和意识形态高度重叠，国家政权对社会实行全面控制，国家与社会呈现出一种“强国家—弱社会”的关系。我国公民教育政策一直局限于培养爱国、守法和具有基本道德的公民，缺乏对公民整体形象的塑造，这是因为独立自主的公民意识尚未觉醒。改革开放后，国家控制资源的范围逐步缩小，控制力度也有所减弱，相当部分资源不同程度地从国家的垄断中游离出来，进入社会或市场。“自由流动资源”的出现与“自由活动空间”的不断扩展，很大程度上改变了社会成员与国家的关系，特别是弱化了社会成员对国家的依附关系。身份体系的解构使个人获得了前所未有的自由，但是，身份自由并不代表个人就能充分地享受权利。只有成为主体，就是成为公民，建立公民社会，将国家的权力限制在法定范围内，才能保障公民人性尊严和基本权利的实现。另一方面，公共领域的形成也需要公民理性地参与公共事务，形成能够自行调节的良性发展社会机制，减少社会的震荡和冲突，保障社会公平正义。通过公民教育培养现代公民，推进公民社会形成，才能克服个人的软弱无助，杜绝专制政府的出现，因为国家或政府在治理的时候面对的是公民社会，而不仅是个人。培养社会公民无疑是公民教育题中的应有之义。进而，面对全球化的挑战，现代公民教育派生出新的目标，即培养具备全球视野，对全球局势有深刻的认识，掌握全球动态知识，具备跨文化理解和适应能力，了解个人、国家乃至全人类做抉择时所面临问题和风险的世界公民。只有形成全球意识，充分理解人口膨胀、保护环境、基因工程、贫穷儿童、核能的利用与危害等全球议题，具备全球公共事务处理能力的世界公民才能掌握全球公共事务的话语权。因此，培养多维立体公民是公民教育政策刻不容缓的任务，我国公民教育政策制定者应以长远的战略眼光，克服政策变迁的“路径依赖”，将公民教育政策的培养目标扩展至以国家、社会和世界为基本维度的多维立体公民。

（三）课程内容从德育为主转为以培养公民为主线的全方位教育

1. 打破德育与各类教育的界限，以培养公民为主线整合各科教育

当前，我国公民教育政策的课程内容涵盖了爱国主义教育、思想政治教育、道德教育、法制教育、心理健康教育、科学教育、环境教育、民族团结教育、民族精神教育、诚信教育、廉洁教育、公共安全教育、近现代史教育、人权教育等十几项内容，既增加了学生负担，也不利于学生系统地掌握知识。这样庞杂而零散的课程内容重复度高，且缺乏系统性，一定程度上降低了政策的实施效率。公民教育政策制定者应突破我国公民教育以德育为中心的观念，重视道德教育并不等于局限于道德教育。单纯以政治教育和道德教育为主体的公民教育是不足以培养现代公民的，必须开展与现代公民身份息息相关的法制教育、心理健康教育、科学教育、环境教育等。实施整体意义上的公民教育不会降低道德教育的地位，反而将通过提升公民整体素质强化道德教育的效果。因此，公民教育应打破学科界限，以培养合格公民为主线，对现有相关内容进行整合，编写从小学到高中阶段的公民教育专门综合性课程，加快推进我国德育向公民教育的转型。第一，基于社会转型期我国社会主义现代化建设需要安定团结局面和大批优秀人才的现实，整合爱国主义教育、近现代史教育、民族团结教育和民族精神教育，激发学生爱国情感、对各民族文化的包容态度和报效祖国的拼搏精神。第二，针对我国公民权利意识淡薄、政治参与意识缺乏的现状，整合政治教育和人权教育，加强公民权利、民主政治教育，包括公民权利的内涵、权力行使的方法与程序、政治体系的运作及民主、法治、宪政等基本知识和基本技能，全面提升学生的政治素养和参与能力。第三，针对社会诚信缺失、官员腐败等道德下滑、违法乱纪的现象，整合道德教育、法治教育，并与体现中华传统和西方文明的信仰教

育结合起来，帮助学生树立“法律面前，人人平等”、违法必然受到惩罚的观念，鼓励学生追求诚实守信、尊老爱幼、助人为乐、富有责任感等善行美德，并建立让人类精神世界有所依归的人文信仰。第四，为消除臣民文化和依附心理对社会大众造成的负面影响，整合心理健康教育、公共安全教育、科学教育，并与自由、平等、独立等公民精神培养结合起来，帮助学生学习生存本领和生存技巧，获得融入社会生活的基本知识和技能；帮助学生学会充分挖掘自己的潜能，懂得行使“追求个人幸福”的权利，走自己独特的人生道路；促进个人在智力、性格、情趣、意志、责任感等多方面发展，培养学生不仅形成丰富多彩的个性，而且具有独立生活、独立行为、独立思考、自主选择的能力，促进人格的成长和健全，[①] 使他们作为一个公民，一个家庭和社会的基本成员，作为一个生产者、技术发明者和有创造性的理想家，承担各种不同的责任；[②] 帮助学生在遵守法律、遵循道德规范的基础上，敢于追求自己的幸福，在个人生命的过程中，体现出不同的时代特色、社会特点和个性特征。第五，继续加强相关学科课程的渗透。将公民教育与学校实际生活的所有方面结合起来。不但把公民知识、公民文化融入到语文、历史、地理、社会等课程之中，而且要把这些内容渗入到课外与校外活动、学生社团活动之中。例如，通过历史教育培养学生深厚的爱国感情，树立民族自尊心与自信心，并将学校环境作为“隐性课程”向学生进行潜移默化的公民教育。第六，针对我国适应和融入全球化进程的现实需要，加强环境教育，增加多元文化教育、联合国法律教育和全球公共事务、公共规则教育，设置世界公民教育专题，并以塑造世界公民为主线，将全球教育融入各学科、各领域当中，切实提高学生的全球意识、环境意识、国家主

① 吴佩章：《浅议现代化进程中公民教育的内容创新》[J]，《法制与社会》2008年第8期，第255～256页。

② 联合国教科文组织国际教育发展委员会编著《学会生存》[M]，教育科学出版社，1996，第197页。

权意识，培养学生包容多元文化的态度，正确认识资源和领土纷争，具备跨文化适应能力，以及认识和处理国际政治经济事务、多元文化冲突、跨国恐怖主义、全球传染病等全球公共事务的能力。

2. 以公民意识教育为重点，为公民教育实施奠定基础

公民意识是现代公民最重要的心理特征，包括对自身公民身份的心理认同和对公共事务的理性自觉。公民意识首先是对自身作为一个独立自主社会成员的认识，即主体意识，这是形成健全独立公民人格的前提条件。其次是公民对自身享有权利和义务的意识，包括平等意识，即对公民之间地位平等的认识和权利与义务对等的意识，由此延伸出公民“在法律面前，人人平等”的法律意识，自觉维护自身和他人权利的权利意识、积极参与社会公共事务的责任意识。公民道德、公民知识、公民技能等都依靠公民意识发挥作用。如果个体缺乏公民意识，个体的道德行为也只能是狭隘的私德而不是公德，个体的知识与技能也只能为狭隘的私人目的服务，那么，虽然知识丰富、技能精湛，但并不利于公共利益。因此，培养公民意识是公民教育的首要任务。由于我国封建专制统治的历史长达两千多年，为封建王朝服务的官僚群体长期为统治者充当奴仆，完全失去了自主和理性；平民百姓则安于没有公共事务的“乡村社会”生活，养成了在狭小区域里过自给自足的生活，只为亲人和熟人办事和跑腿的习惯。这些心理特点和行为习惯经过千年的积淀，逐步演变成深植于我国社会的臣民文化。臣民文化的首要特征是社会成员主体意识缺乏，没有批判的思维习惯和理性选择能力，以依附权威为生存方式，不懂得争取和维护自身的权利，甚至不了解自己应该享有哪些权利。并且，大部分人只有家庭和国家的观念，不知道在家庭和国家之间还有公共的社会领域，在他们的脑海中公共物品也就是每个人的物品，因此，将公共场所的物品据为己有，缺乏公德心的现象随处可见。当前，我国现代化进程和社会转型将个体无可选择地推向了社会，因而，公民教育政策必须以培养公民意识为要务，正确认识公民社会的重大意义。社会是个人、家庭与国家之间的缓冲地带，如果社会成员缺乏公民意识，或者公民社会发育迟缓，既不利于化解社会矛盾，形成良性运作的社会机制；也使人们无法依靠公民组织与强大的国家力量抗衡，维护自身的权利。随着西方政治文明观念的广泛传播，我国公民意识有所觉醒，但是总体而言，我国大部分社会成员的公民意识仍相当薄弱。因此，加强公民意识教育，加快培育和提升全体社会成员的公民意识，是我国公民教育的中心任务。一切中小学公民教育政策内容的改革创新都应围绕提高公民意识这个重点来设置。

（四）政策实施从德育主义教育模式转为综合教育模式

一直以来，我国以德育替代公民教育，虽然设置了专门的德育课程，以相关学科课程渗透开展德育，通过学生在校内的班集体和学生社团活动，以及校外的社会实践活动开展德育，但是公民教育以德育为中心，并形成了德育主义的教育模式，不可避免地存在德育落后于社会发展需要，可操作性不强等缺点。配合公民教育政策价值取向、培养目标的更新和课程内容的整合重组，公民教育政策实施模式也应有相应的变化。综合教育模式由混合教育模式发展而成，它既承袭了德育主义模式专业性强的优点，也吸收了全面主义模式现实性和操作性强的特点，具有实施方法多样化、实施途径综合性强的特点。我国理应在政策设计上，克服德育主义教育模式形成的不足与惯性，改革知识传授为主的课堂教学，研究和开发综合教育模式，以社会实践活动增长学生的理性参与意识和自主选择能力。

1. 深化课堂教学方法改革

长期以来，我国学校公民教育具有明显的主知主义倾向，即忽视学生的主体性，疏于对学生能力的培养，让学生被动地接受知识。这样培养出来的学生，即便具有丰富的公民知识，也不可能成为民主社会所要求的积极参与国家政治与社会生活的公民。素质教育理念提出和新课程改革以后，学生探索实践的机会多了，但是教学效果仍不理想。因此，应加强政策引导，鼓励教师转变观念，革新公民教育教学方法，促进学生的知识学习和能力运用，并将公民意识和公民道德内化成感情和态度，有效地达成社会主义民主社会对公民知识、公民能力和公民道德的要求。首先，应将学生视为有生命的主体，在整个教学过程中注重保护和发挥学生的主体性，着眼于学生的充分发展，将学生掌握知识的过程转变为一种探究的过程、选择的过程、创造的过程，将情感、体验放在与理智同等重要的位置上。其次，在组织学生活动之前，介绍相关知识或者展示范例，以提高教学的实效性。例如，在合作学习之前，介绍培养合作能力的知识，使学生明白如何才能彼此合作，让学生将合作能力运用到实际范例当中。又如，在批判反思教学之前，先系统介绍关于评判反思技能的知识和要求，并提供范例让学生模仿，以达到知行合一的目的。[①] 最后，采取先进的教学方法，培养和发展学生的创新意识与能力、收集和处理信息的能力、主动和自主获取新知识的能力、分析与解决问题的能力、交流与合作的能力，以及对自然环境和人类社会的责任感与使命感。当前在国际上比较通行并且行之有效的教学方法，如反思探究法强调学生对教学过程的参与，通过学生的反思探究来分析主要的社会问题，培养学生理性分析的思维习惯和合作解决问题的能力，从而培养民主社会的参与型公民；现场教学法让学生置身于实践中，通过观察发现问题，并利用已学到的知识，讨论和分析问题原因，并提出解决问题的方案；角色体验法将学生视为学校的公民，为每个学生提供选举代表和参与学校、班级模拟决策活动的亲身经历；服务学习法鼓励学生运用在社区活动中获得的亲身经历，帮助学生通过实践培养学生的公民意识、社会责任感和合作精神。这些能力取向的教育教学方法，让学生在体验、实践中学习，不仅有利于提高学生兴趣，改善公民教育的教学

① 王文岚：《社会科课程中的公民教育研究》［D］，西北师范大学硕士论文，2004。

效果，而且将使学生受益终生。

2. 引导学生参与实践活动和社会工作

公民教育具有社会性和非学术性的特点，公民能力的提升往往不仅发生在学校，更多的是在社会中通过与他人互动实现的。因此，公民教育要取得成效，就不能仅局限于课堂和课本，而应延伸到课堂以外的校园生活和社区，一方面，引导学生走向社会，培养学生学会关心社区，关心他人，培养服务社区的精神，提高社会责任感和参与意识；另一方面，帮助学生通过实践活动，在发现、分析、解决公共问题的过程中，提升交往能力、查找资料能力、民主协商能力和解决问题能力。只有鼓励和创造条件让学生以公民身份和角色参加校内外实践活动，让学生走进社会、走进生活，才能激发学生形成公民意识，让学生体验到公民的权利和义务。在大力倡导探究活动、社会实践和社区服务的基础上，教师应引导学生适度地参与社会工作。社会工作是一种帮助弱势群体解决他们在社会生活中遇到问题的活动。它的目的和宗旨是帮助社会上的贫困者、老弱者、身心残障者和其他不幸者，预防和解决部分经济困难或生活方式不良而造成的社会问题，完善社会功能，提高社会福利水平和社会生活素质。让学生参与社会工作，不仅能让他们接触社会现实，了解社会底层的生活状态，激发同情心和怜悯心，并且能让他们常常面对新的、独特的、特殊的任务，培养和锻炼细致地分析、灵活地应对问题的能力。更重要的是，社会工作要求实施者遵守一系列道德操守和伦理守则，如：要保持中立，不歧视，无偏见；要保密，尊重个人隐私权；要尊重个人尊严、个人价值及自决权；要尽职，保证服务品质；要和睦相处，协调相关部门等。这些对履行公民权责而言是至关重要的道德素养，只有在实践中才能培养锻炼出来。社会工作相当于学生步入社会之前的模拟训练。经过社会工作锻炼的学生，将能更好地发展潜能，适应复杂多样的社会和社会变迁，不断推进个人生活、家庭与社区生活以及社会生活的全面进步。公民教育是一门引导学生适应社会的科目，只有让学生在探索中锻炼、在行动中学习，才能学到书本无法给予的知识，这正是公民教育的关键所在。

（五）政策保障以教师队伍专业发展和全社会公民文化培育为重点

公民教育政策实施需要采取的措施遍及教育的方方面面，尤其以教师专业发展和公民文化培育为必备条件。一方面，教师是中小学生接触最多的人，往往是青少年学生崇拜的偶像，因此，教师的言传身教对学生人格发展和性格养成具有不可忽视的重要作用。教师自身的公民素养以及教师的公民知识和公民教育技能都直接影响公民教育的效果。另一方面，公民是现代国家成员最普遍、最基本的身份特征，广义的公民教育包括学生在日常学习、生活中的所见所闻及其内心感悟。因此，仅要求家庭、社会各界配合是不够的，只有在全社会形成公民文化氛围，培养公民意识并内化成国民的态度、情感和行为习惯，使全体社会成员发自内心地认同公民行为，支持公民教育，公民教育才能获得真正的保障。

1. 加快公民教育教师队伍专业发展

公民教育政策发布以后不会自动实施，需要政策执行者——教师在实践中加以推行。公民教育与传统观念中的品德教育截然不同。要成为称职的公民教育教师，教师自己首先应该是一名合格的公民，在此基础上，公民教育对教师的专业水平提出了很高的要求：它不仅要求教师具备广博深厚的专业知识，而且强调教师要引导学生质疑、调查、探究，在实践中学习，富有个性地学习。公民教育的有效教学要求教师既重视知识传授，也注意组织学生的各种活动，通过服务学习、价值澄清、角色扮演等方法，培养学生必要的批判思维和参与技能，使之有能力、负责任地参与到民主体系中去。只有深刻理解公民教育的内涵，并具备相应教育教学能力的教师，才能真正达到“育人”的效果。因此，公民教育的效果如何，关键取决于教师的专业化程度。教育行政部门必须加大教师培训力度，提高教师专业化水平。一方面，高度重视公民教育教学工作，增强教师进行道德与公民教育的意愿，同时，鼓励从事公民教育的教师组建研究群体，交流教学经验，激发教师对公民教育的热情，并将从事公民教育的兴趣和意愿作为聘用和评价教师的标准之一。另一方面，强化教师的教学角色意识和专业能力的训练。要以政策保障公民教育教师接受相应的培训，鼓励他们阅读本领域的资料，参加本领域的学术会议，开展与中小学公民教育相关的科学研究，加强公民教育学科建设，改进公民教育教学方法，加快他们专业发展。只有使教师从心底理解公民教育的重要意义，热爱公民教育工作，将培养中小学生成为合格公民当作自己的事业和追求，同时具备相应的知识和技能，形成通过科学研究不断更新知识的习惯，才能有效推进公民教育的实施。

2. 完善学校各种管理制度和机制，营造校内民主氛围

提高公民教育政策的实施效率，除了需要有高素质的教师队伍之外，学校各项管理制度和民主的氛围也是必不可少的。学校民主管理的相关制度包括：一是校长负责制。即在中小学校建立校长负责公民教育的领导管理体制。中小学校长应主持制定切实可行的公民教育工作计划，并组织全体教师、职工，通过课内外、校内外各种教育途径实施公民教育。二是教育督导制度。教育行政部门应建立有效的公民教育监督机制。督导部门要将公民教育作为教育督导评估的一项重要内容，加强对中小学开展公民教育的检查评估工作。鼓励学生、家长和社会有关方面对公民教育状况进行监督和评议，教育行政部门、学校和教师要认真听取各方面的意见和建议，积极改进工作。三是评价制度。目前使用的中小学生评价体系局限于德育，没有体现培养公民的目标，并且评价指标依然以知识掌握为主、能力形成为辅，以课堂学习为主、校外活动为辅，以校内表现为主、社会实践为辅，以品德修养为主，公民素养为辅。这既没有体现公民教育的特色，也使得公民教育在实施中弹性较大。教育行政部门应积极推进公民教育评价政策的改革，将评价导向调整为知识与能力并重，全面考察学生的公民知识、公民道德、公民能力和公民素养。同时，评价体系中还应增设学生参与社会活动的表现，解决公共问题的能力，社区服务的数量、质量等指标。同时，将公民素养的综合考核作为高校招生的重要内容。这样的评价方式既体现公民教育要求，又增强了评价的刚性。最后，应营造有利于公民教育实施的校园文化。在公民教育当中，教师不再是权威，不再是课堂的主人，而是学生学习的促进者、指导者和合作伙伴。公民教育教师应努力营造宽松、和谐、民主的课堂教学氛围，尊重学生的独立人格，允许学生自由地发表意见，充分地发展个性。无论在校园学习还是在日常生活中，学校都应为师生提供平等交流、深入沟通的环境，让学生在民主的校园文化中获得教育和熏陶。

3. 深化招考制度改革，为公民教育保驾护航

长期以来，我国以文化课的分数作为唯一录取标准的招生考试制度，不仅难以全面考察学生的综合素质，也导致了公民教育重知识、轻能力的倾向。在问卷调查和访谈过程中，受访家长和教师都表达了“培养合格公民重要，但是考试升学更重要”的矛盾和无奈心理。事实上，从恢复高考至今 30 多年来，高考在很多方面都进行了改革，但始终没有解决基础教育智力中心、知识中心、考试为中心的局面。死记硬背、“题海战术”的学习方式仍在我国大部分地方，尤其是欠发达地区的中小学当中盛行。面临升学考试的压力，不少学校的公民教育课为语文、数学、英语等考试科目让路，挤占甚至取消了公民教育课和公民教育实践活动。当前，国家已经出台相关政策，通过完善学业水平考试和综合素质评价、建立健全多元录取机制等办法，形成新的高考制度。高考改革为公民教育带来了福音，因为只有减轻学生的应试压力，才能让学生重新获得自由的时间和广阔的空间，主动接触社会，自主探究社会问题，通过观察和思考检验书本知识，培养公民基本素养和参与技能。进而，从加大公民教育政策实施力度的角度看，教育行政部门还应该继续深化招生考试制度改革，在条件成熟的时候，逐步将智力因素、非智力因素结合起来综合考查，将考试成绩、社会服务表现及活动能力等结合起来综合考评，才能更有效地推进我国公民教育上水平、上台阶。

4. 动员家庭和社会积极配合，共同推进公民教育实施

我国历来重视通过家庭和社会教育培养学生品德修养，但是公民教育比品德教育有更深刻的内涵和更高的要求。因此，家庭和社会应进一步从培养公民的角度发挥作用。首先，家庭教育是开展公民教育不可替代的重要途径。学校应主动向家长宣传公民教育的含义和意义，使家长充分认识到公民教育具有超越知识教学和技术学科的意义。同时，通过定期召开家长会、成立家长委员会，设立中小学网上家长学校等方式，动员家长积极配合学校开展公民教育，对子女参与公民教育实践活动给予充分支持，并提供良好的条件。其次，社区蕴藏着十分丰富的公民教育社会资源，社会风气影响着公民教育的实施效果。公民教育重点在社会。我们不能指望仅依靠学校就能将学生培养成积极的、有责任意识的好公民，真正培养出良善公民需要依靠全社会共同努力。各类大众传媒、社会团体，甚至各行各业都负有宣传和支持公民教育的责任。一方面，要以法律和制度对报刊、广播、电视、互联网等宣传媒体的行为加以规范，强化媒体向青少年传播公民教育相关信息的责任，倡导良好的社会风气和道德风尚，为青少年接受公民教育营造良好的社会氛围。另一方面，教育督导部门应加强督导评估，定期开展各级政府对公民教育履行责任状况的评估。落实社会机构为中小学生提供研究性学习、社区服务、社会实践基地和场所的责任，让青少年学生能够在社会实践活动中了解国情、感悟责任、增长能力。并且，教育行政部门应积极争取社会各方面的支持，有效地整合社会资源，加大中小学生公民教育实践基地的建设力度。

5. 建立并落实社会各界配合开展公民教育的责任制度

我国公民教育政策在实施手段和保障条件方面的规定相对较多、较齐全。在校内，涵盖了课堂教学、校园文化、网络教育、班集体活动等实施途径和教师队伍建设、校长负责制、课题研究和学科建设、评价制度等保障条件；在校外，囊括了家庭教育、爱国主义教育基地和其他青少年活动场所建设、营造有利于未成年人成长的氛围、净化未成年人成长环境、加强对未成年人思想道德建设的领导等各项措施。但是，由于公民教育的校外保障条件是依赖其他部门提供的，尽管公民教育政策文件反复强调全社会都要关心和支持青少年的健康成长，但这些政策条款仍主要停留在文字上，并没有真正落实到位。公民教育是需要依靠全社会各部门、各行业、各团体共同配合的，这并不是以文件反复强调各级党委和政府加强领导就可以解决的。商业行为的逐利性决定了网络媒体、影视作品的内容服务于市场需求，经营性质的部门是否接收青少年学生参与社会实践取决于企业发展需要，而不是青少年的健康成长。因此，完善社会各界关心和支持公民教育的保障措施，应着眼于建立相应的责任制度，如在文艺作品中展示公民活动的制度，结合本行业特点定期向中小学生开展公民教育的制度，接收中小学生到社区开展志愿服务的制度等。在明确各部门、各行业对中小学生开展公民教育责任和义务的基础上，定期实施考核，并接受全社会监督，对其管辖范围内各级组织和成员不承担职责或不履行义务的，实施相应的处罚。这就要求公民教育政策进一步强化教育督导部门督政、问责的职能，并使各项责任制度真正发挥保障作用。

6. 推进政治民主化进程，大力培育公民文化

公民教育政策各项保障措施的落实归根结底要依靠公民文化的培育，没有公民文化作为背景，学校民主氛围营造、招考制度改革、全社会共同推进等都是被动的、片面的，终将成为政府官员的套话、空话。因为，文化习俗能为公共政策提供合法性，[①] 公民教育政策最终还是要在全社会形成公民文化的前提下才能顺利实施。

---

① 柯武刚、史漫飞：《制度经济学：社会秩序与公共政策》［M］，商务印书馆，2000。

然而，当前我国社会臣民文化的遗迹仍随处可见。虽然中国总体上已经是一个法治社会，特别是“有法可依”已得到基本落实，然而在“有法必依、执法必严、违法必究”等方面与完全的法治社会尚存在一定差距，甚至有时还表现为以领导意志为转移的法律规避状态。并且，人们的行为主要受身份意识支配，以自我为中心，缺乏公共观念。在处理人际关系上，往往以离自己远近亲疏的人伦关系作为是非判断标准；在处理公共事务上，对待熟人的事情全力以赴，对待陌生人的事情则爱理不理、拖拖拉拉。人与人之间存在明显“人身依附”的关系，即“保护人—被保护人”之间的“庇护制”或“信托制”,[①] 对政治家族、官员的效忠程度远远超过对国家和政府机构的效忠程度。由此而形成的政治立场私人化，政治活动非制度化，领导人家长化随处可见。人们参与意识淡薄，参与政治生活的被动性、逐利性强。在公民法治精神、契约意识、独立人格、参与意识相对缺失的社会文化环境下，中小学公民教育政策的推进将举步维艰。

公民文化是与民主制度相耦合的公民政治态度、情感、信仰和价值取向，属于民主的隐结构，是现代民主政治在文化上的表现形式。作为现代政治文化，公民文化一方面能够起到调整和规范现代人的行为，为社会生活有序展开提供各种组织制度和机制的作用；另一方面，也只有民主政治的推行才能为公民文化培育提供制度保障。因而，只有全社会共同推进政治民主化进程，倡导公民实践活动，鼓励公民在亲身体验中把握公民身份内涵，养成公民意识，提高公民能力，实现从“传统人”向现代人的转变，才能逐步培育和形成公民文化，继而为公民教育政策实施提供良好的社会文化环境。培育公民文化，政府要发挥主导作用。首先，政府应倡导公民积极参与社会公共事务，自觉维护个人权益和公共利益，实施公共

① 戴建安：《浅谈推进政治文明必须加强公民文化建设》［EB/OL］，http：//www. studa. net/minzhu/2010 - 12 - 24/2011 - 02 - 22。

监督。鼓励公民在政治参与中自觉影响政治过程，引导公民在实践中感悟公民文化的内涵，理解公民文化的要义，从而在潜移默化中培育作为民主政治内在根基的公民意识。其次，政府应加大投资力度，提供培养公民政治兴趣和技能训练的场所及物质支持，提高决策透明度，增加资讯和监督管道，创设宽松的政治氛围。引导公民既关注政治输入，又关注政治输出，形成公民政治责任感和监督意识。政治文化的形成不是一朝一夕的事情，任何一个国家的政治文化都是其漫长历史的一种积淀和凝聚。[①] 只有通过长期的实践，逐步将公民文化内化到国民的心理结构之中，才能在更深的层面上影响公民的思维方式和行为方式，从而为公民教育政策实施提供保障条件。

（六）将公民教育政策作为国家根本教育政策，推进政策变迁路径创新

1. 将公民教育政策作为国家根本教育政策

国家现代化的核心和关键就是人的现代化，而人的现代化取决于每个人都成为自由而平等的健全独立的公民，因而，公民教育与一国的现代化进程是同步的。当前，我国公民教育的缺陷正成为制约现代化进程和社会转型的重要因素。公民教育既是一个教育理想，也是一个政治理想。国家的发展以人才为支撑，而公民教育是保障国家公民整体素质提升的系统工程。有远见卓识的政府一定会将公民培养作为国家的重要发展战略。只有将公民教育作为基础教育的重要组成部分，大力推进中小学公民教育的实施，一个国家才不会在激烈的国际竞争中落伍。教育行政部门应倡导全社会共同支持公民教育，首先，让每一位家长认可和助推公民教育。从个体成长的角度看，公民教育有别于普通知识传授。公民教育的关键期在

---

① 王丹亚：《中国传统政治文化批判性分析及其现代化》[J]，《湖北大学学报（哲学社会科学版）》2005 年第 2 期。

青少年阶段，直接影响学生的品德修养和人格形成。一个人的价值观、态度、德行等基本的公民素养等主要在青少年阶段形成，并且形成以后就很难再发生改变，而知识学习是一个持续不断的过程。在一个人的成年阶段，知识的缺陷仍然可以补救，而个性的缺陷则难以纠正；即使纠正，也要经过非常痛苦的过程。尤其是当一个人由于公民素养的缺陷，不能顺利地参与社会活动时，将直接影响他享受应有的公民权利。因此，要让家长真正领会公民教育的含义和意义，积极配合、大力支持公民教育，将培养子女成为合格公民作为首要的教育任务。其次，让社会各界重视和支持公民教育。从社会发展的角度看，经过 30 多年的改革开放，我国社会生活的方方面面发生了翻天覆地的变化，“社会转型”是当代社会的基本现实。这种社会转型是由农业文明向工业文明、由前现代向现代化、由封闭一元性社会向开放多元性社会的全方位转变。其中一个最根本的变化就是市场经济的兴起，以及由此而引发的一系列社会生活方式的深刻变化。社会成员以自由、平等、独立的公民身份参与到市场经济、民主政治以及公民社会的各项活动中是社会发展的必然趋势。也就是说，公民教育是让个体从具备公民资格的“潜在公民”变成适应现代社会的“现实公民”，获得未来社会“准入证”、“通行证”的过程。只有具备了相应的公民知识、公民能力、公民道德和独立人格，个体才能适应我国从传统社会向现代社会转型的过程，并反过来加速推进我国社会主义现代化进程。再次，教育工作者要从全球化进程的战略高度认识公民教育的重大意义。交通工具的便捷和信息技术的发展，加速了政治、经济、科技的全球化进程。任何想在全球事务处理中占据一席之地，并且掌握话语权的国家，都必须主动进入全球化进程，培养具有国际视野、跨国议题知识和全球事务处理能力的公民。20 世纪 80 年代以来，世界各国无不重视公民教育，纷纷按照全球化进程的要求，丰富了全球公民教育的内容。并且，越是发达的国家，其公民教育课程的整合就越充分，保障措施也越完善。2010 年，我国已经成为全球第二大经济体，相比经济发展而言，我国的民主政治和公民教育发展却相对滞后。要确保我国的大国地位，全面提高我国的公民素质和国家声誉，公民教育是最佳途径。因此，我国政府应毫不迟疑地将公民教育作为国家的根本教育政策。让社会各阶层、各群体关心和支持公民教育政策的制定和实施，把公民教育视为与语文、数学、英语等同样重要的核心课程，杜绝公民教育课时被挤占的现象，保障学生参加公民教育实践活动，形成“齐抓共管”的良好局面。

2. 建立公民教育政策评估长效机制

正如美国学者伯兹所说，“在危机和剧烈社会变动的时候，人们通过教育提升公民素养的愿望会有所加强”。[①] 当前，我国社会正面临着深刻的社会转型，伴随着我国经济和社会的高速发展、现代化水平不断提升，国家对公民所需的资质提出了越来越高的要求。在社会转型的背景下，公民教育政策随之调整是不可避免的。但是，作为影响一代人成长的公民教育政策不应该无原则、无标准地以应急的方式变动。改革开放30多年来，我国公民教育政策存在调整过于频繁、目标定位过高、内容缺乏整合等不足，就是由于缺乏政策评估机制导致的。政策评估是检验政策的效果、效益和效率的基本途径，一项构思精良的教育政策投入运行后究竟产生什么效果，是否适合社会发展实际需要，政策实施的效益和效率如何，并不是一目了然的。需要运用一系列技术和手段收集相关信息，并在此基础上加以分析和阐释，才能帮助政策制定者了解政策的特点、优势和不足，从而实施相应的改进。并且，由于社会现实的复杂性、变动性，完全适用的公民教育政策是不存在的。也就是说，现行的公民教育政策将永远滞后于社会发展。因此，政策评估是加强政策制定科学性和提高政策实施效率的永恒主题。通过政策评

① R. Freeman Butts, *Historical Perspectives on Civil Education in The United States*, National Task Force on Citizenship Education (New York, N.Y.: McGraw-Hill, 1977), p. 48.

估，政策制定者可了解政策目标的准确性、政策内容适当性、政策投入的充分性、政策执行实际效果与预期成果的差异性等，从而为选择、修正、持续或终止政策提供所需的信息。美国从在 20 世纪 60 年代起就开展了公民教育政策评估，政策评估使美国政府发现了公民教育政策在政府支持、课程标准、师资队伍等方面的问题，并及时调整，确保了公民教育在学校教育中的贯彻落实。借助政策评估，能有效地保障公民教育政策变迁的科学性，减少随意性和情绪化的政策变动，在大力倡导公民教育政策科学性的今天，我国无疑应建立公民教育政策定期评估与更新的制度，在理据充分的基础上，及时调整和创新公民教育政策，有效地保证政策的科学性和实用性。

3. 推进政策变迁的路径创新

当前，我国中小学公民教育政策变迁存在的“路径依赖”已经在一定程度上引起“报酬递减”，即政策指导下的公民教育所培养的人才滞后于经济、社会发展的需要。要推进我国社会顺利转型，政策变迁路径创新势在必行。历史经验表明，激进的政策变迁不适用于我国，因此，政策变迁应与政策的民主化、科学化进程相结合。让专家、教师、家长及社会各界人士参与到政策制定和政策转换的过程中来。政策研究表明，重视采纳研究成果和吸取实践经验，能提升政策制定的科学性，让教育实践少走弯路。并且，在任何高度复杂的组织中，要想使决策得以贯彻执行，必须充分调动全社会各阶层人士的积极性，因为他们的认可和支持，决定了一项决策能否及时得以贯彻。① 推进我国中小学公民教育政策路径创新要循序渐进地进行，首先，要高度重视和充分发挥专家、智囊团在政策制定中的作用；放手让专家提方案，发议论，开展不同意见的讨论、争论。教育领域是各种学者、人才云集之地，从素有名望的专

① 〔美〕菲利克斯·A. 尼格罗、劳埃德·G. 尼格罗：《公共行政学简明教程》[M]，中共中央党校出版社，1997，第 158 页。

家、教授到初出茅庐的青年学者，人才济济、思想活跃，[①] 他们可以为政策制定提供富有专业性的意见。其次，应保障家长参与公民教育政策制定的权利。家长是子女的主要养护者和教育者，是推动子女发展最具动力性的因素之一，参与教育决策是家长的基本权利。家长在子女发展过程中积累了丰富的教育经验和体会，而且不同的家长具有不同的教育背景和专业特长，在教育决策中吸纳家长的力量，听取家长的意见，不仅可以促进教育管理的科学化和民主化，而且有助于教育行政部门切实从青少年成长需要出发，对中小学生的培养与发展做出科学合理的决策。最后，应该让社会各界广泛参与公民教育政策的制定。教育事关国家发展、民族未来，而且涉及千家万户，关乎人民群众的切身利益。社会上不少有识之士长期关注公民教育，并进行了理性而深刻的思考。吸收社会各界人士深入参与公民教育政策制定，不仅能进一步完善公民教育政策，还能为政策实施奠定坚实的群众基础。因此，在公民教育政策的制定、执行过程中，应充分尊重专家、教师、家长与社会人士的话语权，认同他们在公民教育政策制定中的主体地位，建立专家、教师的政策咨询机制，及时将专家学者的研究成果、教师的实践经验及时吸收到公民教育的政策制定当中。同时，建立教育行政部门与家长、社会人士平等对话的机制，就公民教育政策的调整、创新等广泛征求公众的意见，让公众理解和认同公民教育政策的目标、内容和措施，并在实施过程中积极配合。

---

① 袁振国主编《教育政策学》[M]，江苏教育出版社，2001，第80页。

第八章
结　语

随着社会主义市场经济改革的不断深化和中国特色社会主义民主与法治的推行，我国公民权利意识和法制观念日益增强，公民意识觉醒逐步从自发状态转入自觉状态。政治上，公民参与意识、监督意识明显增强，要求行使公民权利，参与政府决策过程的呼声日益高涨；经济上，公民的物权意识、财产意识明显提升，敢于为维护财产安全向政府提出合理要求。公共意识的提高表现在多个方面，首先，公民对社会事务敏感性增强。一些重要的自然灾害发生后，公民会自发组团前往现场参与救灾，体现出高度的社会责任感和公共精神。其次，公民对政治生活参与热情高涨。一些政府决策在网络上公布后，公民会积极运用自己的专业知识与政府部门开展对话和交流，引导政府部门决策的走向，体现出强烈的参与意识和维权意识。最后，公民组织迅速发展壮大。面对国家对弱势群体的公益援助还不健全的情况，公民自发募集资金，组建社会基金，开展扶困助弱的慈善服务工作。随着公民参与公共事务日渐增多，公民意识得到极大提升，公民开始在各种公共平台上展现自我、张扬个性，追求自我价值的实现，这也有助于加速我国公民主体人格和独立人格的形成。然而，公民意识的觉醒并不代表我国就此可以顺利进入公民社会。如果只是少数社会精英具备公民参与意识，或者大部分公民的参与意识只是停留在盲目的参与热情上，没有与之相匹配的公民知识、公民道德、公民能力、公民人格，那么，即使实行了民主政治制度，也会使宪法和法律的权威遭到藐视、公民自身的合法权益无法维护、正常的政治活动无法进行，最终造成整个社会的无序和失范。因此，一个国家在推进政治民主化的过程中，必须强有力地推行公民教育，不断提高公民的政治素养和参与政治生活的能力，才能使公民准确地表达自己的意愿，切实维护自身的合法权益，稳步推进政治现代化。

公民教育政策是引导、规范、驱动公民教育实施的行为准则。改革开放以来，伴随着深刻的社会转型，我国公民教育政策经历了恢复重建、加快发展、调整充实、提升推进、扩展丰富五个阶段的变迁。相比改革开放之初，我国公民教育政策得到了很大的改进，在教育内容方面，设置了公民教育专门课程，突破了以思想政治教育和道德教育为主的单一范畴，公民教育扩展到心理教育、法制教育、环境教育、科学教育等重要领域；在政策实施途径和保障措施方面，紧密跟踪科技进步和社会发展，革新了课堂教学方法，提出了网络教育的新途径，建立了社区服务的制度。但是，我国公民教育政策的价值取向却至今仍没有发生实质性的改变，公民教育政策的意识形态倾向仍十分明显，局限于国家公民的目标仍主导着我国公民的培养。如果这种状况不发生改变，我国的公民教育政策将不能培养真正意义上的现代公民，因为现有政策中的意识形态倾向与公民教育的核心精神——培养公民自主意识和独立人格是相违背的，培养目标在社会公民和全球公民方面是缺失的。这继而将进一步影响我国政治文明的推进和公民文化的培育，影响我国的社会转型和现代化进程。一个国家的发展如果不能融入世界进步的整体，必然会出现停滞的态势，古埃及以及古希腊的兴衰就充分证明了这一点。为加速我国从传统社会向现代社会转型，政策制定者必须以敏感的触觉、高远的视野、宽阔的胸怀，接纳西方政治文明中进步的思想和文化，并结合国情对我国中小学公民教育政策进行改进和创新，使我国中小学公民教育政策的价值取向和培养目标回归公民身份的本真意涵，真正发挥对公民教育的引导、规范和监督作用。

无论是调整政策价值取向，还是修改政策培养目标均会触动政策核心层，属于政策变迁的路径创新，在相对激烈的非常规型政策变迁范畴。人们对新生事物的抗拒和保守心理会激发波及社会各阶层的广泛而剧烈的争论，增加不稳定因素，但是，争论可以让人们理清思路、辨明真理。没有争论，就没有思想启蒙、文化觉醒和社会进步。尤其在当下，传统社会与现代社会特征并存，社会大众的公民意识还处于萌芽状态，臣民文化与公民文化正在进行较量和交锋的时期，更需要有一场社会成员广泛参与的大讨论。在讨论过程中，人们逐步认识和理解公民身份，接纳公民文化，掌握参与公共政治活动所需的技能，学会独立思考、公正理性地抉择。随着人们参与政治活动的行为从自发转为自觉，公民教育政策价值取向、培养目标的创新将日渐得到人们的认可与接受。

社会转型是一个长期追求的目标，公民教育政策的路径创新也并非一朝一夕所能成功的事，需要上下配合，坐言起行。能否落实，关键取决于政府的决心和意志。“不积跬步，无以至千里；不积小流，无以成江海”，“千里之行始于足下”，相信与推进社会转型和民主政治的渐进性改革同步，理想之中的公民教育政策将会逐步呈现在我们眼前。

附　录

一　社会转型期我国中小学公民教育相关政策目录

(一)十一届三中全会召开标志着进入第一阶段

序号	时间	部门或领导人	名称	类型
1	1978 年	邓小平	《解放思想,实事求是,团结一致向前看》	国家领导人讲话
2	1979 年	教育部	《全日制十年制中小学教学计划试行草案》	课程教学要求
3	1979 年 9 月 5 日	教育部	《全国中小学思想政治教育工作座谈会纪要》	综合指导意见
4	1980 年 9 月 12 日	教育部	《关于改进和加强中学政治课的意见》	课程教学要求
5	1981 年 3 月	教育部	《全日制五年制小学教学计划(修订草案)》	课程教学要求
6	1981 年 3 月 9 日	教育部	《关于小学开设思想品德课的通知》	课程教学要求
7	1981 年 6 月 1 日	中共中央	《关于建国以来党的若干历史问题的决议》	国家发展政策
8	1981 年 8 月	教育部	《〈中学生守则〉试行草案》	师生行为规范
9	1981 年	教育部	《〈小学生守则〉试行草案》	师生行为规范
10	1982 年 5 月	教育部	《全日制五年制小学思想品德课教学大纲(试行草案)》	课程教学要求

续表

(二)十二大召开标志着进入第二阶段				
序号	时间	部门或领导人	名称	类型
11	1982年9月	中共中央	《十二大报告》	党代会报告
12	1982年12月	全国人大	《1982年宪法》	国家法律
13	1983年7月2日	中宣部、中央研究室	《关于加强爱国主义宣传教育的意见》	全民公民教育
14	1985年5月	中共中央、国务院	《关于教育体制改革的决定》	国家基本教育政策
15	1985年8月7日	国家教育委员会、司法部	《关于加强小学法制教育的意见》	单项指导意见
16	1985年8月1日	中共中央	《关于改革学校思想品德和政治理论课程教学的通知》	课程教学要求
17	1985年10月	中共中央	《关于进一步加强青少年教育预防青少年违法犯罪的通知》	单项指导意见
18	1985年	国家教育委员会	《关于落实中学思想政治课改革实验的通知》	课程教学要求
19	1986年5月17日	国家教育委员会	《全日制小学思想品德课教学大纲》	课程教学要求
20	1986年	国家教育委员会	《中学思想政治课改革实验教学大纲(初稿)》	课程教学要求
21	1986年4月	全国人大	《义务教育法》	国家法律
22	1986年9月28日	中共中央	《关于社会主义精神文明建设指导方针的决议》	国家发展政策
23	1988年	国家教育委员会	《初级中学思想政治课改革教学大纲》	课程教学要求
24	1988年	国家教育委员会	《高级中学思想政治课改革教学大纲》	课程教学要求
25	1988年8月10日	国家教育委员会	《小学德育纲要(试行)》	综合指导意见
26	1988年8月20日	国家教育委员会	《中学德育大纲(试行)》	综合指导意见
27	1988年8月10日	国家教育委员会	《小学生日常行为规范(试行)》	师生行为规范
28	1988年8月20日	国家教育委员会	《中学生日常行为规范(试行)》	师生行为规范

续表

序号	时间	部门或领导人	名称	类型
29	1988 年	国家教育委员会	《小学班主任工作暂行规定(试行)》	师生行为规范
30	1988 年	国家教育委员会	《中学班主任工作暂行规定》	师生行为规范
31	1988 年	国家教育委员会	《关于加强中小学德育工作骨干队伍建设的意见》	综合指导意见
32	1988 年 12 月 25 日	中共中央	《关于改革和加强中小学德育工作的通知》	综合指导意见

(三)1989 年 6 月标志着进入第三阶段

序号	时间	部门或领导人	名称	类型
33	1989 年 11 月	国家教育委员会	《关于在中小学语文、历史、地理等学科教学中加强思想政治教育和国情教育的意见》	课程教学要求
34	1989 年 11 月	国家教育委员会	《中小学语文学科思想政治教育纲要》	课程教学要求
35	1989 年 11 月	国家教育委员会	《中小学历史学科思想政治教育纲要》	课程教学要求
36	1989 年 11 月	国家教育委员会	《中小学地理学科国情教育纲要》	课程教学要求
37	1990 年 4 月	国家教育委员会	《关于进一步加强中小学德育工作的几点意见》	综合指导意见
38	1990 年	国家教育委员会	《关于实施〈中华人民共和国国旗法〉严格中小学升旗制度的通知》	单项指导意见
39	1991 年 4 月	国家教委办公厅	《关于在中小学进一步开展爱国主义教育活动的意见》	单项指导意见
40	1991 年 8 月	国家教育委员会	《中小学加强近代史、现代史及国情教育的总体纲要(初稿)》	单项指导意见
41	1991 年	国家教育委员会	《小学生日常行为规范》	师生行为规范
42	1992 年	国家教育委员会	《九年义务教育全日制小学、初级中学课程方案(试行)》	课程教学要求
43	1992 年	国家教育委员会	《全日制中学思想政治课教学大纲(试用)》	课程教学要求
44	1992 年 2 月 19 日	国家教育委员会	《小学、初中国防教育纲要(试行)》	单项指导意见

续表

序号	时间	部门或领导人	名称	类型
45	1992 年 2 月 19 日	国家教育委员会	《学校国防教育常规》	单项指导意见
46	1992 年 5 月 24 日	国家教育委员会	《国家教育委员会副主任何东昌同志在全国中小学德育工作会议上的讲话》	综合指导意见
47	1993 年	国家教育委员会	《九年制义务教育全日制初级中学思想政治课教学大纲（试用稿）》	课程教学要求
48	1993 年	国家教育委员会	《全日制高级中学思想政治课教学大纲（试用稿）》	课程教学要求
49	1993 年 2 月 13 日	中共中央、国务院	《中国教育改革和发展纲要》	国家基本教育政策
50	1993 年 3 月 26 日	国家教育委员会	《小学德育纲要》	综合指导意见
51	1993 年	中宣部、国家教委、广播电影电视部、文化部	《关于运用优秀影视片在全国中小学开展爱国主义教育的通知》	单项指导意见
52	1994 年 8 月 23 日	中共中央	《爱国主义教育实施纲要》	单项指导意见
53	1994 年 8 月 31 日	中共中央	《关于进一步加强和改进学校德育工作的若干意见》	综合指导意见
54	1994 年	国家教育委员会	《中学生日常行为规范》	师生行为规范
55	1994 年	中共中央、国务院	《关于加强科学技术普及工作的若干意见》	全民公民教育
56	1995 年 2 月 27 日	国家教育委员会	《中学德育大纲》	综合指导意见
57	1995 年 12 月 20 日	国家教育委员会	《国家教委关于进一步加强和改进中学思想政治课教学工作的意见》	课程教学要求

（四）《国民经济和社会发展“九五”计划和 2010 年远景目标》颁布标志着进入第四阶段

序号	时间	部门或领导人	名称	类型
58	1996 年	中共中央	《国民经济和社会发展“九五”计划和 2010 年远景目标》	国家发展政策

续表

序号	时间	部门或领导人	名称	类型
59	1996年	中共中央	《关于加强社会主义精神文明建设若干重要问题的决议》	国家发展政策
60	1996年	国家教育委员会	《全日制普通高级中学思想政治课课程标准(试行)》	课程教学要求
61	1996年	国家环保总局、中宣部、国家教育委员会	《全国环境宣传教育行动纲要》	单项指导意见
62	1997年3月	国家教育委员会	《九年义务教育小学思想品德课和初中思想政治课课程标准(试行)》	课程教学要求
63	1997年11月	教育部、全国妇联	《家长行为规范》	师生行为规范
64	1998年3月16日	国家教育委员会	《中小学德育工作规程》	综合指导意见
65	1999年1月	国务院	《面向21世纪教育振兴行动计划》	国家基本教育政策
66	1999年8月13日	教育部	《关于加强中小学心理健康教育的若干意见》	单项指导意见
67	1999年9月29日	中共中央	《关于加强和改进思想政治工作的若干意见》	全民公民教育政策
68	1999年6月	国务院	《中共中央国务院关于深化教育改革全面推进素质教育的决定》	国家基本教育政策
69	2000年6月28日	江泽民	《江泽民关于教育问题的谈话》	综合指导意见
70	2000年11月16日	科技部、教育部、中宣部、中国科协、共青团中央	《2001～2005年中国青少年科学技术普及活动指导纲要》	单项指导意见
71	2000年12月14日	中共中央办公厅、国务院办公厅	《关于适应新形势进一步加强和改进中小学德育工作的意见》	综合指导意见
72	2001年	中国科协	《全民科学素质行动计划》	单项指导意见
73	2001年5月29日	国务院	《关于基础教育改革与发展的决定》	国家基本教育政策
74	2001年6月	教育部	《基础教育课程改革纲要(试行)》	国家基本教育政策

续表

序号	时间	部门或领导人	名称	类型
75	2001年6月1日	教育部	《义务教育阶段课程设置方案(试行)》	国家基本教育政策
76	2001年7月	教育部	《历史与社会课程标准(实验稿)》	课程教学要求
77	2001年9月20日	中共中央	《公民道德建设实施纲要》	全民公民教育
78	2001年10月17日	教育部	《九年义务教育小学思想品德课和初中思想政治课课程标准(试行)》	课程教学要求
79	2002年5月28日	教育部	《九年义务教育小学〈品德与生活课程标准(实验稿)〉(1~2年级使用)》	课程教学要求
80	2002年5月28日	教育部	《九年义务教育小学〈品德与社会课程标准(实验稿)〉(3~6年级)》	课程教学要求
81	2002年9月10日	教育部	《中小学心理健康指导教育纲要》	单项指导意见
82	2003年5月13日	教育部	《全日制义务教育初中思想品德课程标准(实验稿)》	课程教学要求
83	2003年9月24日	全国整顿规范市场经济秩序领导小组办公室、中共中央宣传部、中央精神文明建设指导委员会办公室、司法部、教育部、中华全国总工会	《关于开展社会诚信宣传教育的工作意见》	全民公民教育
84	2003年	教育部	《中小学环境教育实施指南(试行)》	单项指导意见

(五)中共中央提出科学发展观标志着进入第五阶段

序号	时间	部门或领导人	名称	类型
85	2003年10月	中共中央	《中共中央关于完善社会主义市场经济体制若干问题的决定》	国家发展政策
86	2004年2月26日	中共中央、国务院	《关于进一步加强和改进未成年人思想道德建设的若干意见》	全民公民教育政策

续表

序号	时间	部门或领导人	名称	类型
87	2004 年 3 月 1 日	全国人大	《宪法修正案》	国家法律
88	2004 年 3 月 2 日	教育部	《普通高中思想政治课程标准(实验稿)》	课程教学要求
89	2004 年 3 月 25 日	教育部	《〈中小学生守则〉、〈小学生日常行为规范(修订)〉和〈中学生日常行为规范(修订)〉》	师生行为规范
90	2004 年 3 月 25 日	教育部办公厅	《教育部办公厅关于进一步加强中小学诚信教育的通知》	单项指导意见
91	2004 年 3 月 30 日	中共中央宣传部、教育部	《中小学开展弘扬和培育民族精神教育实施纲要》	单项指导意见
92	2004 年 8 月	教育部	《关于学习贯彻〈中共中央国务院关于进一步加强和改进未成年人思想道德建设的若干意见〉的实施意见》	综合指导意见
93	2004 年 9 月 28 日	中共中央宣传部、中央文明办、国家发展与改革委员会、教育部、民政部、财政部、文化部、全国总工会、共青团中央、全国妇联	《关于加强和改进爱国主义教育基地工作的意见》	单项指导意见
94	2004 年 10 月 1 日	中共中央	《中共中央关于加强党的执政能力建设的决定》	国家发展政策
95	2005 年 1 月 1 日	中共中央	《建立健全教育、制度、监督并重的惩治和预防腐败体系实施纲要》	精神文明建设政策
96	2005 年 4 月	教育部	《关于整体规划大中小学德育体系的意见》	综合指导意见
97	2005 年 5 月	教育部	《教育部关于进一步推进义务教育均衡发展的若干意见》	国家基本教育政策
98	2005 年 7 月 1 日	教育部办公厅	《关于在大中小学开展廉洁教育试点工作的意见》	单项指导意见
99	2006 年 3 月 4 日	胡锦涛	《牢固树立社会主义荣辱观》	全民公民教育

续表

序号	时间	部门或领导人	名称	类型
100	2006 年 4 月 7 日	中共中央办公厅、国务院办公厅	《关于进一步加强和改进未成年人校外活动场所建设和管理工作的意见》	全民公民教育
101	2006 年 4 月 25 日	教育部	《关于大力加强中小学校园文化建设的通知》	单项指导意见
102	2006 年 9 月	全国人大	《义务教育法》	国家法律
103	2006 年 10 月	中共中央	《关于构建社会主义和谐社会若干重大问题的决定》	国家发展政策
104	2007 年 2 月 7 日	国务院办公厅	《关于转发教育部中小学公共安全教育指导纲要的通知》	单项指导意见
105	2007 年 3 月 27 日	教育部	《关于在大中小学全面开展廉洁教育的意见》	单项指导意见
106	2007 年 7 月 24 日	中共中央宣传部、教育部、司法部、全国普及法律常识办公室	《中小学法制教育指导纲要》	单项指导意见
107	2008 年 11 月 26 日	教育部办公厅、国家民委办公厅	《学校民族团结教育指导纲要（试行）》	单项指导意见
108	2009 年 8 月 1 日	中共中央办公厅、国务院办公厅	《关于深入开展民族团结宣传教育活动的实施意见》	单项指导意见
109	2009 年 11 月 1 日	国务院新闻办公室	《国家人权行动计划》	单项指导意见
110	2010 年 1 月 4 日	教育部	《关于贯彻落实科学发展观进一步推进义务教育均衡发展的意见》	国家基本教育政策
111	2010 年 7 月 1 日	中共中央、国务院	《国家中长期教育改革和发展规划纲要（2010～2020 年）》	国家基本教育政策

二　社会转型期我国中小学公民教育政策问卷调查（家长问卷）

尊敬的家长：

您好！感谢您回答本问卷！本问卷主要目的是了解我国中小学校公民教育政策的情况，为研究中小学校公民教育政策提供依据。

本问卷采取不记名的方式，所提供材料只为课题研究所用，敬请根据实际情况填写，谢谢您的支持和参与！

2009 年 6 月

导语：我国宪法规定，具有中华人民共和国国籍的人就是公民。在当代，公民教育（Civil Education）是培养具有参与意识和社会责任感的健全自律公民的教育，与德育强调先进性相比，公民教育更强调合格公民的培养。

一、个人基本资料（请在以下符合的项目上打√）

1. 性别 （1）男 （2）女

2. 学历 （1）大专及以下 （2）本科 （3）硕士生
（4）博士生

3. 职业 （1）公司、企业单位职员 （2）事业单位职员
（3）自主经营人员 （4）公务员 （5）其他

4. 子女学段 （1）小学（1～2 年级） （2）小学（3～4 年级）
（3）小学（5～6 年级） （4）初中 （5）高中

5. 居住地域 （1）城镇学校 （2）城乡接合部 （3）农村

6. 所在城市 （1）福州 （2）广州 （3）武汉
（4）合肥 （5）西安 （6）兰州

7. 家庭人（含小孩）均月收入
（1）2000 元以下 （2）2000～5000 元
（3）5000～10000 元 （4）10000 元以上

8. 家庭教育投入占支出费用
（1）30% 以上 （2）25～30%
（3）15～24% （4）15% 以下

（注：家庭教育投入指家庭用于一名子女学习的所有费用，含捐资助学费、课外兴趣班学费、书本费等，但不含吃住、娱乐等费用）

二、问卷调查内容（请在您认为合适的项目上打√）

1. 您认为，通过学校教育将子女培养成合格公民：

（1）非常重要 （2）比较重要

（3）不太重要 （4）很不重要

2. 您对当前中小学公民教育的满意程度：

（1）非常满意 （2）比较满意

（3）不太满意 （4）很不满意

3. 您认为，将子女培养成合格公民与训练子女获取高分相比：

（1）同样重要 （2）培养合格公民更重要

（3）获取高分更重要

（4）两者都不重要，重要的是（请填写）

4. 您认为，学校为了应付中考（高考）减少公民教育活动：

（1）非常必要 （2）比较必要

（3）不太必要 （4）没有必要

5. 您认为，参与社会活动对提高子女的公民意识和公民素养：

（1）非常必要 （2）比较必要

（3）不太必要 （4）没有必要

6. 您认为，目前子女所在学校开展的公民教育活动：

（1）非常充足 （2）比较充足

（3）不太足够 （4）很不足够

7. 您对子女参与社会活动的做法是：

（1）鼓励子女积极参与 （2）有选择地让子女参与

（3）尽量不让子女参与 （4）拒绝让子女参与

8. 您认为，家长对培养子女成为好公民的责任：

（1）有主动培养的重要责任 （2）有纠正不良行为的责任

（3）根据老师要求履行责任 （4）完全没有责任

9. 您认为，社会转型期我国公民教育政策应倾向于体现（可多选）：

（1）我国社会制度 （2）中华传统美德

（3）西方主流文化　　　　（4）全球化趋势

（5）其他（请填写）：

（注：社会转型期指十一届三中全会以来，由计划经济体制向社会主义市场经济体制转变，进而引发生产方式、社会结构、社会形态全面变动的时期。）

10. 您认为，我国公民教育政策能否适应当前社会转型的需要？

（1）非常适应　　　　（2）比较适应

（3）不太适应　　　　（4）很不适应

11. 您认为，制定我国中小学公民教育政策应让哪类人群参与（可多选）：

（1）教育行政人员　　　　（2）教育专家、学者

（3）家长及关心教育人士　　　　（4）中小学教师

12. 您对在我国中小学公民教育中体现意识形态内容的看法是：

（1）非常必要　　　　（2）比较必要

（3）不太必要　　　　（4）没有必要

13. 您认为，我国教授爱党、爱社会主义等内容的时间段应在：

（1）小学（1～2年级）　　　　（2）小学（3～4年级）

（3）小学（5～6年级）　　　　（4）初中

（5）高中　　　　（6）高中以后

14. 您认为，将公民教育纳入相关教育法律当中：

（1）非常必要　　　　（2）比较重要

（3）不太重要　　　　（4）很没必要

15. 要提升我国中小学公民教育政策实施效果，应采取哪些措施（可多选）？

（1）扩大政策制定参与者范围

（2）加强政策制定前的研究

（3）争取家长积极支持

（4）将公民教育纳入教育督导评估

（5）加强政策宣传

（6）其他（请填写）：

16. 您对我国转型期公民教育政策的其他意见和建议：

三　社会转型期我国中小学公民教育政策问卷调查（教师问卷）

尊敬的老师：

您好！感谢您回答本问卷！本问卷主要目的是了解我国中小学校公民教育政策的情况，为研究中小学校公民教育政策提供依据。本问卷采取不记名的方式，所提供材料只为课题研究所用，敬请根据实际情况填写，谢谢您的支持和参与！

教育部“转型期中小学校公民教育理论、政策与实践研究”课题组

2009 年 6 月

导语：我国宪法规定，具有中华人民共和国国籍的人就是公民。在当代，公民教育（Civil Education）是培养具有参与意识和社会责任感的健全自律公民的教育，与德育强调先进性相比，公民教育更强调合格公民的培养。

一、个人基本资料（请在以下符合项目的编号上打√）

1. 性别　（1）男　（2）女
2. 教龄　（1）5 年以下　（2）6～15 年　（3）16～25 年　（4）26 年以上
3. 学历　（1）大专及以下　（2）本科　（3）硕士生　（4）博士生
4. 职称　（1）初级　（2）小（中）教二级　（3）小（中）教一级　（4）小（中）教高级

5. 职务 （1）校长 （2）副校长
（3）德育主任 （4）其他行政职务
（5）普通教师

6. 任教学科
（1）专职品德（思想政治）课 （2）兼职品德（思想政治）课
（3）其他科目（请填写）：

7. 所在学校
（1）小学（1~2年级） （2）小学（3~4年级）
（3）小学（5~6年级） （4）初中 （5）高中

8. 所在地域 （1）城镇学校 （2）城乡接合部 （3）农村

9. 所在城市 （1）福州 （2）广州 （3）武汉
（4）合肥 （5）西安 （6）兰州

10. 收入水平
（1）2000元以下 （2）2000~3000元
（3）3000~4000元 （4）4000~5000元
（5）5000元以上

二、问卷调查内容（请在以下符合项目的编号上打√）

1. 您了解《公民道德建设实施纲要》这一公民教育政策吗？
（1）非常了解 （2）比较了解
（3）不太了解 （4）没听说过

2. 您认为，制定我国中小学公民教育政策应让哪类人群参与（可多选）：
（1）教育行政人员 （2）教育专家、学者
（3）家长及关心教育人士 （4）中小学教师

3. 您认为，在我国公民教育与中小学德育的关系：
（1）公民教育就是德育 （2）公民教育是德育的转型
（3）公民教育是德育的一部分 （4）德育是公民教育的一部分
（5）其他（请填写）：

4. 您认为，我国公民教育政策能否适应当前社会转型的需要吗？

(1) 非常适应　　　　　　　　(2) 比较适应

(3) 不太适应　　　　　　　　(4) 很不适应

(注：社会转型期指十一届三中全会以来，由计划经济体制向社会主义市场经济体制转变，进而引发生产方式、社会结构、社会形态全面变动的时期。)

5. 您认为，社会转型期我国公民教育政策应倾向于体现（可多选）：

(1) 我国社会制度　　　　　　(2) 中华传统美德

(3) 西方主流文化　　　　　　(4) 全球化趋势

(5) 其他（请填写）：

6. 您认为，目前我国制定专门的公民教育政策的必要性是：

(1) 非常必要　　　　　　　　(2) 比较必要

(3) 不太必要　　　　　　　　(4) 没有必要

7. 你校每年组织公民教育活动的次数：

(1) 11 次以上　　　　　　　(2) 6~10 次

(3) 1~5 次　　　　　　　　(4) 没组织过

8. 您认为，我国中小学公民教育政策对于培养现代公民：

(1) 非常完善，不需修改　　　(2) 比较完善，需要补充

(3) 不太完善，需较大修改　　(4) 非常欠缺，需全面变革

9. 您每年讲授公民教育课（或在课堂教学中渗透公民教育的内容）的次数？

(1) 11 次以上　　　　　　　(2) 6~10 次

(3) 1~5 次　　　　　　　　(4) 没开课

10. 您对在我国中小学公民教育中体现爱党、爱社会主义等内容的看法是：

(1) 非常必要　　　　　　　　(2) 比较必要

(3) 不太必要　　　　　　　　(4) 没有必要

11. 您认为，我国教授爱党、爱社会主义等内容的时间段应在：

(1) 小学（1~2 年级）　　　　(2) 小学（3~4 年级）

(3) 小学(5~6年级)　　(4) 初中

(5) 高中　　(6) 高中以后

12. 您比较认可哪一种公民教育的方式(可多选):

(1) 设立专门的公民教育学科

(2) 在各科教学中渗透公民教育知识

(3) 在德育课程中开设部分公民教育课

(4) 组织学生参与社会活动

(5) 其他(请填写):

13. 您认为我国中小学公民教育政策在学校的贯彻落实情况:

(1) 非常到位　　(2) 比较到位

(3) 不太到位　　(4) 很不到位

14. 您对我国中小学公民教育政策实施的效果:

(1) 非常满意　　(2) 比较满意

(3) 不太满意　　(4) 很不满意

15. 要提升我国中小学公民教育政策实施效果,应采取哪些措施(可多选)?

(1) 扩大政策制定参与者范围

(2) 加强政策制定前的研究

(3) 争取家长积极支持

(4) 将公民教育纳入教育督导评估

(5) 加强政策宣传

(6) 其他(请填写):

16. 您认为,公民教育政策应通过下列哪种方式呈现(可多选):

(1) 全局性教育政策　　(2) 德育领域教育政策

(3) 专门公民教育政策　　(4) 公民教育课程标准

17. 您认为,将我国现行德育改称公民教育的必要性:

(1) 非常必要　　(2) 比较重要

(3) 不太重要　　(4) 很没必要

18. 目前在我国制定公民教育纲要性文件的重要性是:

（1）非常重要　　　　　　　　（2）比较重要

（3）不太重要　　　　　　　　（4）不重要

19. 您认为，将公民教育纳入相关教育法律当中：

（1）非常必要　　　　　　　　（2）比较重要

（3）不太重要　　　　　　　　（4）很没必要

20. 您对我国转型期公民教育政策的其他意见和建议：

参考文献

中文文献

一　著作类

1. 罗荣渠：《现代化新论》[M]，北京大学出版社，1993。
2. 金耀基：《从传统到现代》[M]，中国人民大学出版社，1999。
3. 〔美〕西里尔·E. 布莱尔编《比较现代化》，杨豫等译，上海译文出版社，1998。
4. 郑杭生、李强等：《当代中国社会结构和社会关系研究》[M]，首都师范大学出版社，1997。
5. 陆学艺、景天魁主编《转型中的中国社会》[M]，黑龙江教育出版社，1994，第23页。
6. 蓝维等：《公民教育：理论、历史与实践探索》[M]，人民出版社，2007，第21页。
7. 〔美〕弗朗西斯·C. 福勒：《教育政策学导论（第2版）》，许庆豫译，江苏教育出版社，2007。
8. 成有信等：《教育政治学》[M]，江苏教育出版社，1993。
9. 袁振国主编《教育政策学》[M]，江苏教育出版社，1996。
10. 孙绵涛主编《教育政策学》 [M]，武汉工业大学出版社，

1997。
11. 胡斌武：《社会转型时期学校德育的现代化》［M］，中央编译出版社，2006。
12. 张品兴等主编《梁启超全集》［M］，北京出版社，1999。
13. 焦国成主编《公民道德论》［M］，人民出版社，2004。
14. 〔英〕彼得·德怀尔：《理解社会公民身份：政策与实践的主题和视角》［M］，北京大学出版社，2011。
15. 张秀雄：《公民教育的理论与实践》［M］，台北：师大书苑公司，1998。
16. 李荣安、古人伏编《世界公民教育：香港及上海中学状况调查研究》［M］，香港：乐施会，2004。
17. 陈振明主编《政策科学——公共政策分析导论》［M］，中国人民大学出版社，2003。
18. 刘复兴主编《教育政策的价值分析》［M］，教育科学出版社，2003。
19. 张国庆：《现代公共政策导论》［M］，北京大学出版社，1997。
20. 孙绵涛：《教育政策论——具有中国特色的社会主义教育政策研究》［M］，华中师范大学出版社，2002。
21. 金生鈜：《德性与教化》［M］，湖南大学出版社，2003。
22. 〔希腊〕亚里士多德：《政治学》［M］，中国人民大学出版社，2003。
23. 〔美〕乔治·霍兰·萨拜因：《政治学说史》［M］，商务印书馆，1990。
24. 〔法〕卢梭：《社会契约论》［M］，何兆武译，商务印书馆，1980。
25. 〔美〕约翰·罗尔斯：《作为公平的正义——正义新论》［M］，上海三联书店，2002。
26. 吴政达：《教育政策分析：概念、方法与应用》［M］，台北：高等教育文化事业有限公司，2002。

27. 林火旺：《伦理学》[M]，台北："国立"空中大学，1997。

28. 中央教育科学研究所编《中华人民共和国教育大事记（1949～1982）》[M]，教育科学出版社，1983。

29. 孙少平：《新中国德育 50 年》[M]，福建教育出版社，2002。

30. 《中国教育年鉴 1985～1986》[M]，湖南教育出版社，1988。

31. 《邓小平文选（第 2 卷）》[M]，人民出版社，1994，第 51 页。

32. 《世纪中国中小学课程标准、教学大纲汇编·思想政治卷》[M]，人民教育出版社，2001。

33. 《中国教育年鉴 1989》[M]，人民教育出版社，1990。

34. 卓晴君、李仲汉：《中小学教育史》[M]，海南出版社，2000。

35. 《中国教育年鉴 1991》[M]，人民教育出版社，1992。

36. 《中国教育年鉴 1996》[M]，人民教育出版社，1997。

37. 《品德与生活》[M]，人民教育出版社，2002。

38. 《历史与社会》[M]，人民教育出版社，2002。

39. 〔美〕加布里埃尔·A. 阿尔蒙德、西德尼·维伯：《公民文化——五个国家的政治态度和民主制》[M]，徐湘林等译，华夏出版社，1989。

40. 〔美〕富兰克·布朗：《美国的公民教育》[M]，台北：东大图书公司，1988。

41. 《美国社会科课程标准》[M]，台北：台湾"教育部"编印，1996。

42. 郭雯霞：《中日两国小学社会课的比较研究：一个社会认识教育论的视角》[M]，民族出版社，2005。

43. 陈玉琨等主编《90 年代美国的基础教育》[M]，广西师范大学出版社，1998。

44. 吴文侃主编《中小学公民素质教育国际比较》[M]，人民教育出版社，2002。

45. 文军：《传承与创新：现代性、全球化与社会学理论的变革》[M]，华东师范大学出版社，2004。

46. 〔美〕洛林·W. 安德森：《布卢姆教育目标分类学》[M]，外语教学与研究出版社，2009。
47. 邓泽民、赵沛：《职业教育教学设计》[M]，中国铁道出版社，2006。
48. 〔美〕菲利克斯·A. 尼格罗、劳埃德·G. 尼格罗：《公共行政学简明教程》[M]，中共中央党校出版社，1997。
49. 联合国教科文组织：《学会生存》[M]，教育科学出版社，1996。
50. 赵晖：《社会转型与公民教育》[M]，人民教育出版社，2007。
51. 孙兰芝主编《公民教育的国际视野》[M]，西南师范大学出版社，2009。
52. 〔美〕沃尔特·C. 帕克：《美国小学社会与公民教育》[M]，谢竹艳译，江苏教育出版社，2009。
53. 梁金霞：《中国德育向公民教育转型研究》[M]，知识产权出版社，2009。
54. 吴遵民编著《教育政策国际比较》[M]，上海教育出版社，2009。
55. 张乐天主编《教育政策法规的理论与实践》[M]，华东师范大学出版社，2009。
56. 李钢：《话语文本国家教育政策分析》[M]，社会科学文献出版社，2009。
57. 经济合作与发展组织编《教育政策分析 2004》[M]，清华大学教育研究所译，教育科学出版社，2007。
58. 黄明东：《教育政策与法律》[M]，武汉大学出版社，2007。
59. 张芳全：《教育政策规划》[M]，台北：心理出版社股份有限公司，2006。
60. 黄乃荧主编《教育政策科学与实务》[M]，台北：心理出版社股份有限公司，2006。
61. 刘世闵：《社会变迁与教育政策》[M]，台北：心理出版社股份有限公司，2005。
62. 刘仲成：《教育政策与管理》[M]，台北：高雄复文图书出版社，2005。
63. 张芳全：《教育政策指标研究》［M］，台北：五南图书出版股份有限公司，2006。
64. 单中惠主编《外国素质教育政策研究》［M］，山东教育出版社，2004。
65. 孙志麟编《教育政策与评鉴研究：追求卓越》［M］，台北：学富文化事业有限公司，2004。
66. 张芳全：《教育政策分析》［M］，台北：心理出版社股份有限公司，2004。
67. 吴志宏等编《教育政策与教育法规》［M］，华东师范大学出版社，2003。
68. 资中筠：《启蒙与中国社会转型》［M］，社会科学文献出版社，2011。
69. 华桦：《教育公平新解：社会转型时期的教育公平理论和实践探究》［M］，上海社会科学院出版社，2010。
70. 张文茂等：《城镇化与社会转型：北京郊区农村经济社会结构转型研究》［M］，燕山出版社，2010。
71. 金观涛：《探索现代社会的起源》［M］，社会科学文献出版社，2010。
72. 傅德田：《社会转型问题的伦理反思》［M］，中国社会科学出版社，2009。
73. 卢汉龙、吴书松编《社会转型与社会建设》［M］，上海社会科学院出版社，2009。
74. 伍俊斌：《公民社会基础理论研究》［M］，人民出版社，2010。
75. 周俊：《全球公民社会引论》［M］，浙江大学出版社，2010。
76. 周国文：《和谐社会的公民伦理研究：全球化时代哲学视域的一种转向》［M］，海风出版社，2010。
77. 周永坤：《公民权利：有尊严的活着》［M］，人民出版社，2010。
78. 张昌林：《共和主义公民身份与当代中国政治发展》［M］，山东大学出版社，2010。
79. 〔美〕约翰·克莱顿·托马斯：《公共决策中的公民参与》[M]，孙柏瑛等译，中国人民大学出版社，2010。
80. 李万县：《组织公民行为本质研究》[M]，中国社会科学出版社，2010。
81. 李春霞等：《公民文化与中国传统文化》[M]，河南人民出版社，2010。
82. 杨福禄：《和谐社会构建中的公民教育问题研究》[M]，山东人民出版社，2010。
83. 〔英〕莫里斯·罗奇：《重新思考公民身份：现代社会中的福利、意识形态和变迁》[M]，郭忠华等译，吉林出版集团，2010。
84. 肖滨、郭忠华、郭台辉：《现代政治中的公民身份》[M]，上海人民出版社，2010。
85. 铁锴：《公民政治及其在当代中国的逻辑建构：主体性视域下的理性思考》[M]，人民出版社，2010。
86. 〔美〕斯蒂芬·马塞多：《自由主义美德：自由主义宪政中的公民身份、德性与社群》[M]，马万利译，译林出版社，2010。
87. 江国华：《宪法与公民教育：公民教育与中国宪政的未来》[M]，武汉大学出版社，2010。
88. 美国公民教育中心：《认识正义》[M]，郭家琪译，台北：财团法人民间司法改革基金会：法制教育向下扎根中心：台北律师公会，2010。
89. 唐克军：《比较公民教育》[M]，中国社会科学出版社，2008。
90. 〔美〕内尔·诺丁斯编《公民教育：培养全球性意识》[M]，邱连煌译，台北：文景书局，2008。
91. 顾成敏：《公民社会与公民教育》[M]，知识产权出版社，2007。
92. 王啸：《全球化时代的中国公民教育》[M]，福建教育出版社，

2006。
93. 辛世俊:《公民权利意识研究》[M],郑州大学出版社,2006。
94. 刘大明:《"民族再生"的期望:法国大革命时期的公民教育》[M],中国社会科学出版社,2005。
95. 秦树理主编《国外公民教育概览》[M],郑州大学出版社,2005。
96. 赵亚夫:《学会行动:社会科课程公民教育的理论与实践》[M],高等教育出版社,2004。
97. 朱晓宏:《公民教育》[M],教育科学出版社,2003。
98. 罗谟鸿等:《当代中国社会转型研究》,西南师范大学出版社,2007。
99. 〔美〕加布里埃尔·阿尔蒙德、西德尼·维巴:《公民文化——五国的政治态度和民主》,马殿军等译,浙江人民出版社,1989,第10页。

二　论文类

100. 谭运莲:《浅议社会转型》,http://www.14edu.com/shehuixue/0512319152010_2.html. [EB/OL],2010-05-12/2010-10-03。
101.《什么是公民社会》,[EB/OL] http://baike.baidu.com/view/660324.htm. [EB/OL],2010-06-23/2010-10-03。
102. 刘秀嫚、张秀雄、张佩雯:《公民行动取向的社会科课程发展与教学研究》[A],载张秀雄、邓毓浩主编《多元文化与民主公民教育》[C],台北:公民与道德教育学会,2006。
103. 陶建钟:《公民身份、公民文化与公民教育》[J],《浙江学刊》2009年第3期。
104. 胡瑞琴、俞祖华:《近代中国社会转型问题研究综述》[J],《青岛大学师范学院学报》2006年第3期。
105. 叶行昆:《论商鞅变法与制度创新》[J],《财经研究》1999年第2期。

106. 范国睿:《欧美主要国家的学校公民教育：基于教育政策的分析》[J],《教育发展研究》2006 年第 6 期。
107. 王颖：《当代中国公民教育历史性复兴的现实反思》[J],《教育理论与实践》2003 年第 2 期。
108. 萧扬基：《公民与公民教育——新世纪公民教育发展方向》[J],《公民训育学报》第 10 辑。
109. 萧宗六：《教育方针、教育政策与教育法规》[J],《人民教育》1997 年第 11 期。
110. 张新平：《简论教育政策的本质、特点及功能》[J],《江西教育科研》1999 年第 1 期。
111. 高峰:《公民·公民教育·思想政治教育》[J],《东北师范大学学报（哲学社会科学版)》2002 年第 4 期。
112. 李士江:《叶圣陶公民教育思想初探》[J],《苏州教育学院学报》2002 年第 2 期。
113. 黄崴:《公民教育：责权主体的教育》[J],《现代教育论丛》1997 年第 2 期。
114. 高峰:《西方政治社会化的基本评估与我国的公民教育》[J],《中共天津市委党校学报》2007 年第 4 期。
115. 丁建军：《公民教育与中国民主宪政建设》[J],《沧桑》2007 年第 6 期。
116. 万明钢:《论公民教育》[J],《教育研究》2003 年第 9 期。
117. 葛新斌：《公民教育：我国现代化历史进程中的深切呼唤》[J],《清华大学教育研究》2000 年第 3 期。
118. 王文岚:《当代西方公民教育理论探微》[J],《兰州大学学报（社会科学版)》2005 年第 6 期。
119. 赵晖:《当代世界公民教育的理念考察》[J],《外国教育研究》2003 年第 9 期。
120. 黄甫全：《自我意识的发展与公民教育的基本策略》[J],《学术研究》1999 年第 2 期。

121. 檀传宝：《通过公民生活实现公民教育》[J]，《生活教育》2006年第1期。
122. 叶飞：《公民教育与公民意识的培养——兼论公民教育在学校德育中的实施》[J]，《思想理论教育》2008年第5期。
123. 曾盛聪：《论中国现代化进程中的公民人格教育》[J]，《探索》2006年第3期。
124. 李萍、钟明华：《公民教育——传统德育的历史性转型》[J]，《教育研究》2002年第10期。
125. 刘国华：《学校公民教育刍议》[J]，《学术研究》1998年第2期。
126. 王文岚：《社会科课程中的公民教育新取向及其教学策略》[J]，《教育研究》2007年第7期。
127. 张斌贤：《试论公民教育的意义、动力和实施途径》，《教育评论》[J]，1997年第3期。
128. 吕丽艳：《现代社会、现代性与公民教育》[J]，《高等教育研究》2007年第12期。
129. 路红、戴健林：《现代公民教育与中国传统社会心理》[J]，《学术研究》1999年第11期。
130. 万明钢、王文岚：《全球化背景中的公民与公民教育》[J]，《西北师范大学学报（社会科学版）》2003年第1期。
131. 谢少华：《试论教育政策研究分类的理论基础》[J]，《华东师范大学学报（教育科学版）》2002年第1期。
132. 刘复兴：《教育政策价值分析的三维模式》[J]，《教育研究》2002年第4期。
133. 刘丽媛：《影响教育政策制定的因素分析》[J]，《教学与管理》2004。
134. 张爱阳：《素质教育政策执行失真的制度环境分析》[J]，《教育与职业》2008年第1期。
135. 张英魁：《影响教育政策执行的内部因素分析》[J]，《教育评论》2007 年第 2 期。

136. 胡春梅:《教育政策执行偏差的一种归因分析》[J],《内蒙古师范大学学报》2007 年第 11 期。

137. 周小虎、王玲:《论教育政策制定的利益指向——利益集团理论的分析视角》[J],《教育科学》2006 年第 1 期。

138. 向玉琼:《公共政策滞后的阐释与矫正》[J],《广东行政学院学报》2007 年第 2 期。

139. 张烨:《试论我国教育政策分析的可能范式》[J]《清华大学教育研究》2006 年第 4 期。

140. 段素菊:《全球化·公民资格·教育改革——欧盟教育政策个案研究》[J],《学术论坛》2003 年第 3 期。

141. 〔英〕奥雅·奥斯勒、侯·斯塔克:《民主公民的教育:1995~2005公民教育的研究、政策与实践述评》[J],《中国德育》2006 年第 12 期。

142. 王璐:《英国和谐社会建设中公民的权利与责任及其对教育政策的影响》[J],《比较教育研究》2008 年第 3 期。

143. 杨静:《我国农村教育政策分析——兼论农村公民人格的培育》[J],《理论界》2007 年第 3 期。

144. 张晓东:《国家德育政策视域下的中小学公民教育》[J],《教育导刊》2008 年第 10 期。

145. 李军:《香港学校公民教育政策及九七后的对策》[J],《华东师范大学学报(教育科学版)》1997 年第 2 期。

146. 王世伟、曹彦杰:《香港政府公民教育政策的演变趋势——从“疏离的子民”到“积极参与的公民”》[J],《中国德育》2009 年第 6 期。

147. 周宏芬:《对我国小学德育政策(1978~2000)多元视角政策分析》[D],南京师范大学硕士论文,2003,第 5 页。

148. 张晓东:《大德育反思——一种基于德育政策视角下的实践建构》[J],《江苏教育研究》2008 年第 5 期。

149. 凡艳华:《德育政策与德育实效性》[J],《时代文学》2008年第4期。

150. 黄甫全:《学校公民教育:问题及其对策》[J],《学术研究》1997年第4期。

151. 蒋先福:《公民的涵义、地位及其意义》[D],湖南师范大学硕士论文,2002。

152. 李萍、钟明华:《公民教育——传统德育的历史性转型》[J],《教育研究》2002年第10期。

153. 曾盛聪:《论中国现代化进程中的公民社会——实然与应然的分析视角》[J],《学海》2005年第2期。

154. 郭忠华:《当代公民身份的理论轮廓——新范式的探索》[J],《公共行政评论》2008年第6期。

155. 檀传宝:《论"公民"概念的特殊性与普适性——兼论公民教育概念的基本内涵》[J],《教育研究》2010年第5期。

156. 蓝维:《公民教育的现代崛起于现时代特征》[J],《江西教育科研》1999年第2期。

157. 赵明玉:《自由主义公民教育思想探析》[J],《外国教育研究》2007年第3期。

158. 彭如婉:《社群主义的公民教育观》[A],载张秀雄《公民教育的理论与实践》[D],台北:师大书苑公司,1998。

159. 章玉琴:《多元文化论公民观及国民教育观之探究》[J],《公民训育学报》1999年第8期。

160. 张立新:《全球化背景下公民教育研究的新视野——对我国课程与教学的启示》[J],《外国教育研究》2007年第10期。

161. 王永进、邬泽天:《我国当前社会转型的主要特征》[J],《社会科学家》2004年第6期。

162. 汤蓓蓓、周运清:《浅论中国转型期的社会分化与整合》[EB/OL],http://www.ccrs.org.cn/big/qlzgzxqdsh.htm. 2003-11-16/2010-10-18。

163. 糜海燕、符惠敏、李佳敏:《我国社会转型的内涵把握及特征解析》[J],《江南大学学报（人文社会科学版)》2009 年第 1 期。

164. 戴桂斌:《第三部门对社会矛盾冲突的调控作用探析》[J],《江西社会科学》2007 年第 11 期。

165.《公民社会理念的由来及现实意义的思考》 [EB/OL], http: //www. yxres. com/lw/zzx/list. asp. 2009 - 05 - 30 /2010 - 10 - 18。

166. 黄崴:《主体性教育理论: 时代的哲学》[J],《教育研究》2002 年第 4 期。

167. 陈淑英:《美国公民教育政治功能的强化及对我国的启示》[EB/OL], http: //www. csscipaper. com/edu/sixiang zhengzhi jiaoyudongtai/. 2010 - 06 - 08/2010 - 10 - 18。

168. 袁祖社:《中国传统社会的“伦理本位”特质与民众“公共精神”的缺失》[J],《陕西师范大学学报（哲学社会科学版)》2007 年第 36 期。

169. 黄磊:《转型期公民政治参与的特点》[J],《人大研究》2007 年第 3 期。

170. 朱健刚:《公民社会在社会转型中崛起》[J],《南方都市报》2010 年 1 月 18 日。

171.《中小学生〈守则〉与〈规范〉的变迁》[EB/OL], http: //news. sina. com. cn/c/2004 - 05 - 14/2010 - 11 - 21。

172. 翟博:《新中国 60 年我国教育方针政策的形成与演变图》[N],《中国教育报》2009 年 9 月 23 日。

173. 邓小平:《十年最大的失误是在教育方面》[EB/OL], http: //news. xinhuanet. com/ziliao, 2005 - 02 - 23/2010 - 05 - 20。

174. 王青玲:《中学政治课程三十年发展阶段划分的探讨》[J],《宁波大学学报（教育科学版)》2009 年第 1 期。

175. 刘铁芳:《新时期我国教育方针的基本问题》[J],《教育科学研究》2010 年第 5 期。

176. 《初中思想品德新课标的四大新亮点》[EB/OL], http: //www. czsxpd. fhedu. cn/Html/21/Menu/7 Article/6 /. 2009 - 08 - 27/2010 - 07 - 30。

177. 刘学海:《高中思想政治新旧课程标准比较分析》[EB/OL], http: //www. jxxfzx. com/Article/jsyd/jslw/Politics/2010 - 06 - 02/2011 - 01 - 09。

178. 彭定光:《伦理学研究的回顾与前瞻》[N],《光明日报》2006 年 2 月 7 日。

179. 黄晓婷:《国家意志还是自主选择: 爱国主义公民教育政策探析》[J],《广州大学学报》2010 年第 1 期。

180. 王元珍、李晓丹:《影响我国公民意识教育的制约因素及对策》[J],《四川理工学院学报(社会科学版)》2010 年第 6 期。

181. 朱仁显:《政策评估与政策优化》[J],《理论探讨》1998 年第 2 期。

182. 邵泽斌、张乐天:《教育政策: 一个结构主义的分析视角》[J],《教育理论与实践》2007 年第 11 期。

183. 高力克:《五四伦理革命与公民精神》[J],《浙江社会科学》1999 年第 3 期。

184. 吴兴智:《协商民主与我国公民文化发展》[N],《学习时报》2009 年 6 月 22 日。

185. 王红:《美国公民教育的目标·内容·途径与方法综述》,《外国教育研究》2004 年第 3 期。

186. 高书国:《21 世纪初美国教育发展战略特点评述》[J],《世界教育信息》2004 年第 1 期。

187. 吴雪萍、张程:《促进社会和谐的英国公民教育》[J],《教育发展研究》2007 年第 11 期。

188. 赵晖:《战后日本现代化进程中的学校公民教育》[J],《外国教育研究》2002 年第 11 期。

189. 高峰:《美国公民教育的基本内涵》[J],《比较教育研究》

2005 年第 5 期。

190. 〔日〕日比裕:《战后社会科教育史》[J],《名古屋大学教育学部纪要(教育学科)》1994 年第 42 期。

191. 李萍:《日本学校中的公民教育浅议》[EB/OL], http://www.gwdwx.com. 2007 - 11 - 19/2011 - 02 - 23。

192. 江彦桥:《我国需要更高层次的国际教育战略》[J],《教育发展研究》2005 年第 3 期。

193. 吕耀中:《英国学校多元文化教育研究》[D],华东师范大学博士论文,2008。

194. 夏人青:《英国战后国际教育政策的演变》[J],《全球教育展望》2005 年第 5 期。

195. 展瑞祥:《共生理念下的日本中小学国际理解教育》[J],《科教文汇》2009 年第 2 期。

196. 洪文梅:《当代日本国际理解教育的考察与思考》[D],西北师范大学硕士论文,2005。

197. 姬振旗:《英国中小学公民教育问题探析》[J],《外国教育研究》2008 年第 3 期。

198. 赵虎吉:《什么是民主政治》[N],《学习时报》2005 年 10 月 9 日。

199. 陈向阳:《非政府组织在中国的现状及挑战》[J],《中国政治》2005 年第 8 期。

120. 高红:《公民社会组织的社会整合功能》[EB/OL], http://www.yfzs.gov.cn/gb/info/xsll/shfx/2009 - 02 - 24/2011 - 02 - 09。

121. 《公民美德构成现代社会政治文明建设的社会根基》[EB/OL], http://www1.tyust.edu.cn/yuanxi/xuanchuanbu/xcb/onews. 2008 - 06 - 03/2011 - 02 - 11。

122. 胡梦鲸:《从通识教育到全人教育——课程理念的合理转化》[A],载《各国中小学课程比较研究》[C],台北:师大书苑有限公司,2002。

123. 王骚、靳晓熙：《动态均衡视角下的政策变迁规律研究》[J]，《公共管理学报》2005 年第 4 期。

124. 胡艳蓓：《现代化进程中的公民与公民教育》[J]，《教育评论》2008 年第 2 期。

125. 吴佩章：《浅议现代化进程中公民教育的内容创新》[J]，《法制与社会》2008 年第 8 期。

126. 王文岚：《社会科课程中的公民教育研究》[D]，西北师范大学硕士论文，2004。

127. 戴建安：《浅谈推进政治文明必须加强公民文化建设》[EB/OL]，http://www.studa.net/minzhu/2010－12－24/2011－02－22。

128. 王丹亚：《中国传统政治文化批判性分析及其现代化》[J]，《湖北大学学报（哲学社会科学版）》2005 年第 2 期。

外文文献

一 著作类

1. Cater V. Good, Ced.: *Dictionary of Education* (2nd. Edition) [M], New York: McGraw-Hill, 1959.

2. Stanley E. Dimond: *Encyclopedia of Educational Research* [M], New York: Macmillan, 1960.

3. Kruschke, E. R. & Jackson, B. M., *The Public Policy Dictionary* [M], Santa Barbara, CA: ABC-CLIO. 1987.

4. Cogan, J. J. Multidimensional Citizenship: *An Executive Summary of the Citizenship Education Policy Study* [M], Tokyo: Sasakawa Peace Foundation. 1997.

5. Pike, G. & Selby, D. *In the Global Classroom 2* [M], Toronto: Pippin Press. 2000.

6. Dunn, W. A. *Public Policy Analysis*: *An Introduction* [M], New

Jersey: Prentice-Hall. 1994.

7. Dye, T. R. *Understanding Public Policy.* [M], New Jersey: Prentice-Hall. 1994.

8. Bruno, J. E. Educational Policy Analysis: a Quantitative Approach [M], New York: Crane, Russak & Company, Inc. 1976.

9. Patton, C. V., & Sawicki, D. S. Basic Methods of Policy Analysis and Planning [M], Prentice Hall. 1993.

10. Keith Faulks, Citizenship [M], Routledge, 2000.

11. Bulmer, M. and Rees, A. M., Citizenship Today: *The Contemporary Relevance of T. H. Marshall* [M], London and Bristol, PA: University College London Press, 1996.

12. Thomas H. Marshall, *Citizenship and Social Class* [M], Cambridge: Cambridge University Press, 1950.

13. Oldfield, Adrian. *Citizenship and Community: Civil Republicanism and the Modern World* [M], London: Routledge. 1990.

14. Pratte, R. *The Civil Imperative* [M], New York: Teahers College Press, Columbia University. 1988.

15. MacIntyre, Alasdair. *After Virtue: A Study in Moral Theory* [M], 2th Notre Dame: University of Notre Dame Press. 1984.

16. Clarke, P. B., *Citizenship* [M], London: Pluto Press, 1994.

17. Derek Heater. *What is Citizenship?* [M], London: Polity Press, 2002.

18. ORIT ICHILOV. *Citizenship and Citizenship Education in a Changing World* [M], The Wobum Press, 1988.

19. Advisory Group on Citizenship. *Education for Citizenship and the Teaching of Democracy in School (the Crick Report)* [M], London: Qualification and Curriculum Authority, 1988. Forword Terms of reference. Appendixc.

20. Advisory Group on Citizenship. *Education for Citizenship and the*

Teaching of Democracy in School (*the Crick Report*) [M], London: Qualification and Curriculum Authority, 1988. Forword Terms of reference.

21. *Berman, Sheldon, Children's Social Consciousness and The Development of Social Responsibility* [M], Albany: State University of New York Press, 1997.
22. Bell D. *The Cultural Contradictions of Capitalism* [M], New York: Basic Books, 1976
23. Simon H A. *Reason in Human Affairs* [M], Standford, CA: Standford University Press, 1983.
24. Dynneson, T. L. & Gross, R. E. An eclectic approach to citizenship: Development stages. *The Social Studies* [M], 1985.
25. Pratte, R. *The Civil Imperative* [M], New York: Teahers College Press, Columbia University. 1988.

二 外文论文

26. National Council for the Social Studies. Social Studies in the Middle school [J], Social Education (55).
27. Dubnick, M. J., & Bardes, B. A. Thinking about Public Policy: A Problem-solving Approach. New York: Wiley. 1983.
28. Cibulka, J. G. *Policy Analysis and the Study of the Politics of Education* [A], In J. D. Scribner & D. Layton (Eds.), The study of Educational Politics. London: Falmer Press, 1995.
29. Patrick, John. *Concepts at the Core of Education for Democratic Citizenship* [A], Charles Bahmueller and John Patrick (Eds.) *Principles and Practices of Education for Democratic Citizenship* [C], Bloomington: The ERIC Clearinghouse for Social Studies/ Social Sciences Education. 1999.
30. Kubow, P., Grossman, D., & Ninomiya, A. *Mutidimensional*

Citizenship: *Educational Policy for the Twenty-first Century* [A], J. J. Cogan & R. Derricott. (Eds.) *Citizenship for the 21st Century* [C], London: Kogan Page. 1998.

31. Kerr, D. *Citizenship Education*: *An International Comparison* [A], Lawton, D., Cairns, J. & Gardner, R. (Eds.), *Education for Citizenship* [C], London: Continuum, 2000.

32. Hicks, D. *Thirty Years of Global Education*: *A Reminder of Key Principles and Precedents* [J], Educational Review, 55 (3).

33. Quade, E. S. *Analysis for Public Decisions*. New York: American Elsevier Publishing Co. 1975.

34. The Curriculum Development Council of Education Department of Hong Kong Government. *Guidelines on Civil Education in Schools* [R], HongKong: The Government Printer of Hong Kong. 1996. ib.

35. Thomas Kwan-Choi Tse and John Chi-Kin Lee, *China*: *Defending Socialism with Chinese Characteristics* [A], Michael Williams and Graham Humphreys.

36. Citizenship Education and Lifelong Learning: *Power and Place* [C], New York: Nova Science Publisher, Inc. 2003.

37. Rachel Murphy. *Citizenship Education in Rural China* [A], Vanessa L. Fong and Rachal Murphy. *Chinese Citizenship*: *View from the Margins* [C], New York: Routledge. 2006.

38. Judith V. Tonney, A. N. Oppenheim, Russell F. Farnen: *Civil Education in Ten Countries* [J], New York: John Wiley & Sons, 1975.

39. B. F. Brown: *Education for Responsible Citizenship—The Report of the National Task Force on Citizenship Education* [J], New York: McGraw-Hill, 1977, 10.

40. Mabe, R. Alan. *Moral and Practical Foundations for Civil Education* [J], The Social Sutdudies, 1993. 84 (4).

41. Spiecker, Ben & Steutel, Jen. *Political Liberalism, Civil Education and the Dutch Government* [J], *Journal of Moral Education*, 24 (4).

42. Skinner, Quentin. *On Justice, the Comon Good and the Priority of Liberty* [A], Chantal Mouffe ed.: *Dimensions of Radical Democracy: Pluralism, Citizenship, Community* [D], London: Verso. 1992: 219.

43. Ingalsbee, Timothy. *Conceive-A-Community: A Group Exercise for Teaching the Theory and Practice of Communitarianism* [J], Teaching Sociology, 20 (10).

44. Sigal Ben-Porath. *Civil Virtue out of Necessity Patriotism and Democratic Education.* [J], Theory and Research in Education. Sage Publication, 2007. 23.

45. U. S. Department of Education Strategic Plan 2002 - 2007, http: //www. ed. gov/plub/straplan. 2002 - 2007.

46. Gyte, G & Hill, *D. Citizenship in Schools* [C], In Fogelman, K. (ed) Citizenship in Schools. London: David Fulton. 199.

47. DES. *Personal and Social Education: from 5 to 16* [J], London: HMSO. 1989.

48. NCC. The National Curriculum and Whole Curriculum Planning-circular 6. 1990.

49. NCSS (National Council for the Social Studies), Curriculum Standard for Social Studies. Expectations for Excellence. 4 Printed, 2001.

50. DES. Social Science within PSE Courses: A report by HMI. London: HMSO. 1991.

51. Branson, Maragaret Stimmann. The Role of Civil Education (1995). A Report of the Task Force on Civil Education. Center of Civil Education. http: //www. Civiled. org/papers/articles. role. html.

52. John J. Patrick. The National Assessment of Education Progress in Civils [EB/OL], http: //www. Ericdigests. . Org/2000 - 4/ Givils. Htm, 2008 - 1 - 14.

53. DES. National Curriculum: From Policy to Practice. 1989.

54. The American Forum for Global Education. *Global Literacy: Challenges, Culture and Connections* [C], New York: The American forum for Global Education. 1998.

55. Department for Education and Employment (DfEE) and Qualificaions and Curriculum. Authority (QCA) . *The National Curriculum for England: Citizenship* [Z], London: Crown. 1999. 25.

56. Kerr. David: Citizenship Education : an International Comparison [EB/OL], http: //www. inca. org. uk/pdf/citizenship.

57. Joel Westheimer, Joseph Kahne. Educating the "Good" Citizen: Political Choices and Pedagogical Goals, PS: Political Science and Politics, 2004 (2) .

58. Rosenau, J. Turbulence in World Politics: *A Theory of Change and Continity.* Princeton: Princeton Univertiy Press. 1990.

59. The Commission on Global Governance. *Towards the Global Neighbourhood.* Oxford: Oxford Universtiy Press. 1995.

60. Engle, S. H. & Ochoa, A. S. Education for Democratic Citizenship. N. Y. : Teachers College Press, Columbia University. 1988.

61. R. Freeman Butts, Historical Perspectives on Civil Education in the United States, National Task Force on Citizenship Education (New York, NY: McGraw-Hill, 1977).

后记

本书系教育部人文社会科学一般项目“转型时期我国中小学公民教育理论、政策与实践”（项目批准号：06JA880071）主要研究成果之一。

本书是由我的博士论文修改提炼而成。论文得以出版，首先要感谢我的导师黄崴教授。2007 年，当我进入中山大学继续师从黄崴教授攻读博士学位时，我对学业的艰辛并没有真切的体验。最近一年，勤于笔耕，身体明显虚弱，精力日见不足。在学术研究艰难前行之时，常常寝食难安，深感自己学术功底浅薄。幸有恩师黄崴教授不嫌学生浅陋，从论文的选题、构思，到写作、修改均给予精心指导，让学生茅塞顿开，才使论文得以完成。

从 2000 年算起，我师从黄崴教授已 13 年。10 多年来，黄崴教授严谨的学术态度、勤奋的学术作风、精深的学术造诣、高尚的学术品格、儒雅的学者风度深深感召着我，鼓励着我，激励着我努力进取，不负师恩。论文正式出版也算是对黄老师多年关心、指导的一个交代吧。

本书得以出版，我还要感谢广州市社会科学联合会的评审、立项和资助；感谢社会科学文献出版社的孙燕生编辑，不辞辛苦多次联系；感谢我的师友孟卫青副教授对我提出的修改建议；感谢给我提供学习机会的广州市教育局屈哨兵局长、华同旭书记、潘煦杭副书记、雷忠良副局长、邵国良处长、谷忠鹏处长等。没有他们的支持，我不可能再次步入学术殿堂，实现自己的学术理想。

求学期间，冯增俊教授、陈昌贵教授、卢晓中教授等给予我诸多的指导和帮助，在此致以诚挚的谢意。

于慧、贾汇亮等各位同窗好友在我学习期间给予相当大的支持，在此一并致谢。

最后，我还要感谢我的家人，是他们无私的爱鼓励我一路走来。

黄晓婷

2013 年 5 月

图书在版编目(CIP)数据

中小学公民教育政策：变迁与展望/黄晓婷著. —北京：社会科学文献出版社，2013.6
(羊城学术文库)
ISBN 978-7-5097-4655-4

Ⅰ.①中… Ⅱ.①黄… Ⅲ.①中小学教育-公民教育-教育政策-研究-中国 Ⅳ.①G631.7

中国版本图书馆 CIP 数据核字（2013）第106410号

·羊城学术文库·
中小学公民教育政策
——变迁与展望

著　　者 / 黄晓婷

出 版 人 / 谢寿光
出 版 者 / 社会科学文献出版社
地　　址 / 北京市西城区北三环中路甲29号院3号楼华龙大厦
邮政编码 / 100029

责任部门 / 社会政法分社（010）59367156
电子信箱 / shekebu@ssap.cn
项目统筹 / 王　绯
责任编辑 / 孙燕生
责任校对 / 赵敬敏
责任印制 / 岳　阳
经　　销 / 社会科学文献出版社市场营销中心（010）59367081　59367089
读者服务 / 读者服务中心（010）59367028

印　　装 / 三河市尚艺印装有限公司
开　　本 / 787mm×1092mm　1/20
印　　张 / 18.6
版　　次 / 2013年6月第1版
字　　数 / 320千字
印　　次 / 2013年6月第1次印刷
书　　号 / ISBN 978-7-5097-4655-4
定　　价 / 68.00元